Persuasión Prohibida, Técnicas Secretas de Manipulación, Estoicismo y Memoria Fotográfica:

Domina el Control Mental, Desarrolla la Inteligencia Emocional y la Resiliencia.

Table of Contents

Técnicas Secretas de Manipulación:

Las 7 técnicas más poderosas para influir en la gente, persuasión, control mental, lectura de personas, PNL. Cómo analizar a las personas y el lenguaje corporal.

acciones realizadas fuera de su ámbito directo. En cualquier caso, no hay ninguna situación en la que el autor original o la editorial puedan ser considerados responsables de ninguna manera por cualquier daño o dificultad que pueda resultar de cualquier información discutida aquí.

Además, la información contenida en las páginas siguientes tiene únicamente fines informativos, por lo que debe considerarse universal. Como corresponde a su naturaleza, se presenta sin garantía de su validez prolongada ni de su calidad provisional. Las marcas comerciales que se mencionan se hacen sin el consentimiento por escrito y no pueden considerarse en ningún caso un respaldo del titular de la marca.

Alguna vez se ha preguntado cómo algunas personas pueden conseguir que otras hagan lo que ellas quieren, independientemente de que la otra persona quiera hacerlo o no. Existe una cualidad tácita casi hipnótica que hace que las personas realicen la acción deseada. Pueden ser sus palabras, su lenguaje corporal, su voz, sus estrategias furtivas o una combinación de todas ellas. El resultado final es que siempre tienen a la gente comiendo de sus manos y haciendo lo que quieren. Aunque todos hemos manipulado a la gente de una forma u otra en distintos grados a lo largo de nuestra vida, algunas personas dominan el arte de manipular, influir y persuadir a la gente para que realice la acción deseada.

Aunque las cosas parezcan de color de rosa y bonitas por fuera, incluso con una crianza ideal, una gran educación y una carrera estelar, todos hemos sido víctimas de tácticas desagradables utilizadas por personas para salirse con la suya aprovechándose de nuestros sentimientos, nuestra autoestima y nuestras emociones. Todos hemos formado parte de relaciones manipuladoras en las que los hilos de nuestros sentimientos y emociones eran controlados hábilmente por otra persona para satisfacer sus necesidades.

Aunque los seres humanos en general prosperan con

el amor, la bondad y la gratitud, no se puede negar que es una especie egocéntrica. Sí, somos egoístas por naturaleza. Aunque no creas que ser egoísta o servicial es un rasgo negativo. ¿Por qué no habríamos de pensar en nosotros mismos? Sin embargo, algunas personas llevan este egocentrismo demasiado lejos. En su intento de satisfacer sus necesidades, pisotean los sentimientos y las emociones de los demás.

Cuando la gente empieza a recurrir a técnicas intencionadas, calculadas y astutas para salirse con la suya es lo que la convierte en malvada. La intensidad de esto puede variar de una persona a otra dependiendo de su crianza, entorno, personalidad, experiencias, educación y varios otros factores.

Todos somos culpables de utilizar la manipulación en algún momento, a menudo sin darnos cuenta. Del mismo modo, a menudo somos manipulados por personas cercanas a nosotros sin darnos cuenta de que estamos siendo víctimas de la manipulación. Y esto es precisamente lo que la hace tan siniestra e insidiosa. Nos hacen pensar, sentir y actuar de una manera determinada para satisfacer la necesidad de otra persona sin tener en cuenta nuestras emociones.

Por ejemplo, puede que le hagan sentir culpable por trabajar duro o por dedicar muchas horas al trabajo, aunque lo haga para construir un futuro para sus seres queridos. O le harán sentir que es una persona irresponsable por tomarse un descanso de las tareas domésticas y soltarse la melena con los amigos.

La cruda realidad de la manipulación es que se origina en personas que están lidiando con problemas relacionados con la seguridad, la autoconfianza y la comodidad. Intentan forzar su suerte en un intento de sujetar a otras personas por miedo a perderlas. Los manipuladores actúan desde un profundo sentimiento de inseguridad. Irónicamente, no se dan cuenta de que, en su intento de controlar a las personas por miedo a perderlas, acaban haciendo precisamente eso. Perder a la gente.

Otras veces, los manipuladores simplemente se aprovechan de la gente para servir a sus propósitos egoístas y degolladores. Son fríos, calculadores y despiadados en sus actos. No tienen en cuenta los sentimientos y las emociones de sus víctimas. Según ellos, el mundo es un "perro come perro", y para sobrevivir creen que tienen que utilizar a otras personas.

Los manipuladores operan con el punto de vista de que tienen que alcanzar su fin por cualquier medio que sea, y si eso acaba perjudicando a algunas personas en el camino, que así sea. Son personas a las que hay que vigilar activamente y evitar.

El propósito de este libro es que conozcas los trucos furtivos que la gente utiliza para manipular a los demás. Pretende descubrir cómo la gente utiliza la manipulación emocional, el control mental y la persuasión para satisfacer sus propias necesidades.

Cuando es capaz de identificar las técnicas manipuladoras inteligentes, le resulta más fácil protegerse de ellas. Aprenderá a leer las señales de advertencia de la manipulación y a utilizar técnicas prácticas para salvaguardar sus emociones y su confianza en sí mismo, logrando así una completa inmunidad contra las tácticas astutas de la gente.

La manipulación es muy diferente de la persuasión. Mientras que la persuasión otorga a la otra persona el derecho a elegir su respuesta a una situación concreta, la manipulación sí da a la víctima el derecho a elegir. La manipulación sólo tiene un camino: el que el manipulador quiere que tomes. Sólo hay una "elección correcta": la elección del manipulador. No hay ninguna consideración o preocupación por sus deseos, elecciones y emociones. Pagarás con el infierno si no eliges la opción que ellos quieren que elijas.

Las tácticas típicas de manipulación incluyen

-Quejándose

-Víctima del juego

-Inducción de la culpa

-Comparando

-Ofrecer excusas y racionalizar

-Soberbia ignorancia

-Chantaje emocional

-Evasión

-Demostrar una falsa preocupación

-Subir a la gente

-Culpar a los demás y utilizar defensas del tipo "¿quién soy yo?

-Mentira

-Negando

-Falsos halagos

-Intimidación

-Dar la ilusión del desinterés

-Vergüenza

- Utilizar las técnicas de entrada en la puerta

y más

¿Se ha preguntado alguna vez cómo algunas personas pueden conseguir que otras hagan exactamente lo que quieren? ¿O cómo consiguen un gran número de seguidores que están más que dispuestos a estar de acuerdo con ellos o a seguir sus instrucciones? ¿Cuáles son las habilidades vitales secretas que estas personas utilizan en el mundo real para influir en la gente y conseguir que acepten cosas?

Dominar el fino arte de ganar e influir en la gente es una ventaja para la vida. Le permite sacar lo mejor de los demás, los anima a ver las cosas desde su perspectiva y, en última instancia, les ayuda a hacer exactamente lo que usted quiere.

Es importante entender que ninguna de las técnicas descritas en el libro entra dentro de las estrategias del arte oscuro de persuadir a la gente. Influir en la gente no consiste en destruir su autoestima para sentirse bien consigo mismo.

Al contrario, se trata de construirlos animándolos e inspirándolos. Existen múltiples estrategias psicológicas para influir en las personas sin que se sientan mal consigo mismas. Adoptamos un enfoque enormemente positivo y constructivo cuando se trata de ser un increíble influenciador y de influir en las personas en la dirección correcta.

¿Se pregunta por qué algunos influencers inspiran a un grupo de seguidores que se desviven por complacerles mientras que otros apenas consiguen que la gente reconozca sus instrucciones? Se trata de crear una conexión que impulse a la gente en la dirección correcta. Por mucho que los escritores de psicología pop no quieran que lo creas, influir en la gente es más que un montón de trucos psicológicos. Se trata de profundizar en las emociones de las personas, en su subconsciente y en sus motivaciones más imperiosas.

Según una leyenda que circula, Benjamín Franklin quiso una vez complacer a un hombre que no le gustaba mucho. Se adelantó y le pidió al hombre que le prestara (a Franklin) una rara publicación. Cuando Franklin la recibió, le dio las gracias amablemente. El resultado: los dos se hicieron grandes amigos.

En palabras de Franklin, "Aquel que ha hecho una vez una amabilidad estará más dispuesto a hacer otra que aquel a quien tú mismo has obligado". Actos aparentemente pequeños como (dar las gracias o ser amable) llegan muy lejos a la hora de forjar lazos en los que la gente le quiera de verdad y le escuche.

¿Ha oído hablar de la hipnosis conversacional? El término ha cobrado mucha fuerza recientemente y no es más que una serie de técnicas utilizadas para influir inconscientemente en el comportamiento de un individuo o grupo de tal manera que crean que su opinión ha cambiado con su propia voluntad.

Por supuesto, esta área de persuasión/influencia en las personas cae en la zona gris. Influir en las personas haciéndoles creer que es por su voluntad puede ser engañoso. Cada persona debe determinar si quiere utilizar estos trucos de forma ética o no. Sin embargo, hay un montón de técnicas probadas de sombrero blanco para empezar a hablar y comportarse de una manera que haga que la gente se siente y tome nota.

La comunicación eficaz es la base de sus encuentros personales y profesionales. Las palabras, las acciones y los gestos que utiliza para conectar con la gente les ayudan a entenderle y le facilitan influir en sus acciones a su favor.

Influir sutilmente en la gente consiste en ser un comunicador poderoso, un influenciador carismático y un individuo persuasivo. Hay montones de maneras de conseguir que la gente esté de acuerdo contigo sin ser argumentativo o negativo. Este libro le dice cómo hacerlo. Le ayuda a entender cómo reaccionan las personas ante diferentes estímulos, qué los lleva a hacer lo que hacen y cómo animarles/inspirarles de forma positiva. Empecemos ahora mismo.

Ahora que eres bastante competente en la identificación de tácticas de manipulación emocional y encubierta, vamos a entender qué lleva a las personas a manipular a los demás. Esto puede ayudarle a tratar con ellos de forma más eficiente.

Todos hemos sido víctimas de todo tipo de cosas, desde la mentira patológica, pasando por hacernos sentir inadecuados, hasta sufrir horribles campañas de desprestigio. Están más allá de las normas razonables de comportamiento humano. ¿Qué hace que las personas se conviertan en siniestros manipuladores? ¿Qué lleva a los manipuladores a utilizar las tácticas que utilizan? ¿Qué los lleva a desafiar las normas de comportamiento humano y a recurrir a técnicas turbias para salirse con la suya?

La manipulación es un arma de doble filo con connotaciones en gran medida negativas. Sin embargo, en determinadas circunstancias, también puede utilizarse para cumplir un propósito final positivo cuando ninguna otra táctica directa resulta eficaz. Este manual de manipulación no sólo le proporcionará un tesoro de consejos de manipulación y persuasión, sino también consejos para tratar con los manipuladores en la vida diaria y, especialmente, en las relaciones interpersonales. He adoptado una visión global de la manipulación como un martillo que puede usarse para destruir cosas o para golpear un clavo en la pared. Piense en ella como una herramienta poderosa: puede utilizarla para construir algo o para destruirlo. La forma de utilizar la manipulación está en sus manos. Mientras que, por un lado, se le ofrecen un montón de técnicas de manipulación para influir en la gente, por otro, hay consejos para salvaguardarle de la manipulación siniestra o negativa.

Siga leyendo para conocer más a fondo lo que hace que las personas manipulen a los demás de una forma que nunca imaginaría.

¿Por qué la gente manipula?

Los manipuladores viven constantemente bajo el miedo y la inseguridad. ¿Y si esto no sucede? ¿Y si mi pareja me deja por otra persona? ¿Y si alguien se impone sobre mí? Quieren ganar y controlar todo el tiempo para combatir una sensación inherente de miedo.

¿De dónde surge este miedo? Tiene su origen en un profundo sentimiento de indignidad. Esto se traduce simplemente en que ciertamente no soy digno de las cosas y personas buenas de la vida, por lo que estas cosas y personas me abandonarán. Para evitar que me abandonen, debo recurrir a algunas técnicas solapadas que me den el control absoluto sobre las personas y las cosas que creo que no merezco. En resumen, el mensaje subyacente es: ¡no me merezco o no soy digno de las personas y las cosas!

Miedo

¿Por qué una persona utiliza la manipulación para cumplir con su propia agenda? Simple, ¡miedo!

Es obvio que los manipuladores temen que nunca podrán obtener el resultado deseado con sus propias habilidades. Que si actúan con ética, la gente y la vida no les recompensarán positivamente. Operan desde el punto de vista de que la gente es la vida y la gente está posicionada en su contra. Los manipuladores temen a todo el mundo como su enemigo y creen que la vida no les será necesariamente favorable si actúan favorablemente.

Tienen miedo de que los recursos sean limitados y de que, si no ganan algo, lo hagan otros. Piensan que es un universo de "perro come perro" en el que hay que controlar a la gente para que les ayude a conseguir el resultado deseado. Este control puede ser de cualquier forma: emocional, psicológico, financiero o práctico. Quieren controlar a la gente para poder lograr su agenda deseada y dejar de lado su miedo.

Baja o nula conciencia

La falta de conciencia es otra razón fundamental para la manipulación. Cuando una persona no se da cuenta de que es responsable de su propia realidad, hay una mayor tendencia a operar sin conciencia. Los manipuladores no creen que exista un sistema justo. Además, han dejado de evolucionar. No aprenden de las experiencias anteriores ni tratan de lograr un estado de congruencia entre las emociones internas y la vida externa.

Consideran la manipulación como un mundo seguro para obtener el resultado deseado, a pesar de que estos resultados no les han aportado satisfacción en el pasado. Emocional y psicológicamente siguen volviendo al punto de partida de vez en cuando, sin aprender nunca la lección. Para evitar esta lección, crearán otra razón para manipular. Así, quedan atrapados en un círculo vicioso de indignidad o insatisfacción y luego crean otra necesidad de manipulación.

La manipulación no es rentable más allá del breve arreglo inicial, ya que la acción manipuladora no es auténtica, equilibrada ni eficaz. Es una reacción de defensa ante la percepción de dolor, indignidad, miedo o inseguridad. Al ser manipuladora, la persona intenta compensar estas emociones.

La manipulación es un acto deliberado que no está alineado con la conciencia de la persona ni con el bien mayor. La persona no opera con un entendimiento de "somos uno", lo que significa que busca ganar a través de la manipulación mediante la autenticidad en lugar de la no autenticidad. Todo lo que se gana a través de la no autenticidad sólo conduce a victorias estrechas, problemas continuos, vacío o miedo, e indignidad. Esto crea una sensación de indignidad aún mayor. De nuevo, la indignidad es el miedo a no ser digno del amor y la aceptación de los demás.

Las personas manipuladoras no aprenden, evolucionan ni se dan cuenta del poder de la autenticidad. La falta de comprensión del poder real de la autenticidad y la valía proviene de saber que uno es apreciado y aceptado por lo que realmente es. En esencia, un sentimiento de indignidad es a menudo el núcleo de la manipulación.

No quieren pagar el precio que conlleva alcanzar sus objetivos.

Las personas suelen manipular para satisfacer sus necesidades porque no quieren pagar el precio que conlleva su objetivo. A menudo se esfuerzan por lograr el objetivo o servir a su propósito sin querer devolver o pagar el precio a cambio.

Por ejemplo, si no quiere que su pareja le deje, la

relación requerirá trabajo. Tendrá que dar a su pareja amor, compasión, comprensión, tiempo, lealtad, ánimo, inspiración, un futuro seguro y mucho más.

Un manipulador puede no querer que su pareja le deje, pero no quiere pagar el precio de mantener una relación feliz, segura y sana, en la que la pareja nunca le deje. Puede que no quieran ser leales o pasar mucho tiempo con su pareja, y sin embargo esperan que se quede. Cuando las personas no están dispuestas a pagar el precio de conseguir lo que quieren, pueden recurrir a la manipulación o a técnicas turbias para conseguir esos objetivos sin pagar el precio que conllevan.

Del mismo modo, si una persona manipuladora quiere ser ascendida en su lugar de trabajo, en lugar de trabajar duro, quedarse más allá de las horas de trabajo, mejorar sus habilidades o conseguir un título, simplemente manipulará su camino hacia el puesto. La persona no está dispuesta a pagar el precio o a hacer lo necesario para ser promovida.

A veces, está muy arraigado en la psique de una persona que los deseos son malos o que no debería tener ningún deseo, ya que le hace parecer egoísta. La manipulación se convierte entonces en una forma de conseguir lo que desean o necesitan sin siquiera pedirlo.

Los manipuladores saben que todo tiene un precio. Una persona no les hará un favor sin esperar un favor a cambio. No seguirán recibiendo cosas si no demuestran amabilidad y gratitud. Una persona no los amará o tendrá sexo con ellos sin obtener compromiso, lealtad y amor a cambio. Los manipuladores tratan de tentar la suerte intentando conseguir algo sin pagar el precio que conlleva. A menudo es una salida fácil.

Piensan que no los van a atrapar

Otra razón por la que las personas manipulan es que creen que pueden salirse con la suya con sus actos furtivos y que las víctimas no se darán cuenta de que están siendo manipuladas. También confían en que la víctima no puede hacer nada aunque se descubra su tapadera de manipulación.

¿Qué es lo que hace que los manipuladores sientan que no van a ser descubiertos? Algunas personas parecen intrínsecamente despistadas, vulnerables, inseguras e ingenuas. Este es el tipo de personas de las que se aprovechan los manipuladores. Creen que una persona que tiene poca confianza en sí misma, un bajo sentido de la autoestima o que no tiene ni idea de cómo funciona el mundo es menos probable que se dé cuenta de que está siendo manipulada.

Además, los manipuladores saben que en caso de que se descubra su tapadera de manipulación, la víctima no podrá hacer mucho. Eligen astutamente objetivos con poca confianza en sí mismos, autoaceptación, imagen corporal o sentido de la autoestima. Es más fácil jugar con las vulnerabilidades de estas personas que con las personas asertivas y seguras de sí mismas que no permiten que se aprovechen de ellas.

Por ejemplo, digamos que una persona tiene poca conciencia de la dinámica social, no entiende las bromas con facilidad, no identifica una broma a tiempo, no es capaz de diferenciar entre la cortesía genuina y las insinuaciones sexuales, no puede distinguir cuando alguien se siente realmente atraído por él o simplemente quiere irse a la cama con él y otras dinámicas sociales e interpersonales similares son más propensas a ser manipuladas.

Los manipuladores son muy conscientes de que sus víctimas no pueden hacer nada si ni siquiera se dan cuenta de que se está abusando de sus debilidades. A menudo se aprovechan de la falta de conocimiento de sus víctimas diciendo que se están imaginando cosas o inventando algo. Una persona ya despistada e insegura es menos probable que cuestione esta idea. Cuando uno ya se tambalea bajo los sentimientos de inseguridad, despiste y vulnerabilidad, ¿qué tan difícil es para el manipulador aprovecharse de estos sentimientos reforzándolos aún más? Manipuladores

Los manipuladores manipulan porque creen que pueden herir o molestar a sus víctimas más de lo que las víctimas pueden herir o molestar a ellos. Casi siempre se dirigen a personas que parecen agradables y vulnerables. Cuando las personas son ajenas a la deshonestidad que existe en las relaciones sociales, no están realmente acostumbradas a las lealtades deshonestas. Esto no les proporciona los medios para enfrentarse o contrarrestar la deshonestidad, lo que les hace menos conscientes de que están siendo manipulados.

No son capaces de aceptar sus defectos

Cuando las personas son incapaces de asumir sus defectos o no aceptan la responsabilidad o la rendición de cuentas por las faltas, existe una necesidad inherente de hacer que los demás se sientan menos que ellos.

Si los manipuladores no son lo suficientemente buenos o se sienten miserables sobre sí mismos, existe el deseo de hacer que otros se sientan igualmente indignos o miserables sobre sí mismos. Cuando una persona cree que es indigna de alguien, manipulará a la persona para que se sienta indigna también, de modo que pueda obtener el control sobre su percepción de que necesita al manipulador en su vida para sentirse digno. Al menospreciar a los demás o ganar control sobre ellos, experimentan una forma de pseudo superioridad. Si no pueden ser lo suficientemente buenos para los demás, hagamos que los demás sientan que no son lo suficientemente buenos también para mantener el control sobre ellos.

En efecto, los manipuladores no quieren que sus víctimas se den cuenta de que ellos (los manipuladores) no son lo suficientemente buenos o no son dignos de ellos (las víctimas). Por lo tanto, el manipulador cultivará cuidadosamente un sentimiento de impotencia e indignidad dentro de la víctima para mantenerla enganchada a él/ella. Si una persona se da cuenta de que es más atractiva, inteligente, rica, capaz, eficiente, autosuficiente, etc., mayores serán sus posibilidades de dejar al manipulador. Por otro lado, si el manipulador les inyecta la sensación de no estar "completos", necesitarán a alguien que los "complete".

Los manipuladores no son capaces de aceptar sus defectos ni de enfrentarse a las críticas. A menudo se enfrentan a problemas psicológicos profundos o a inseguridades. Al manipular a los demás, no tienen que enfrentarse a sus propias inseguridades para sentirse superiores a los demás. Para alguien que opera con una perspectiva tan estrecha, incluso una pequeña corrección, retroalimentación o crítica puede parecer una gran derrota.

Las personas que manipulan no saben cómo afrontar la derrota. Si duda en dar su opinión porque la persona se pone a la defensiva o saca las cosas de quicio o no se toma las cosas con el espíritu adecuado, puede ser una señal de que está tratando con alguien que no puede aceptar las críticas.

Observe que los manipuladores rara vez expresan sentimientos de gratitud o agradecimiento. Les resulta difícil ser agradecidos con los demás porque, en su opinión, al hacerlo están aumentando su sensación de estar obligados con otra persona, lo que no les da ventaja en ninguna relación.

Por ejemplo, si le hace a alguien un gran favor, se

siente obligado a devolverlo, lo que le sitúa por encima de él en la dinámica de la relación hasta que le devuelva el favor. Los manipuladores no quieren darle ventaja sintiéndose obligados. Por lo tanto, demostrarán un mínimo de agradecimiento para que no crea que ha hecho algo enorme por ellos o que están obligados a usted. La idea es estar siempre por encima de usted y esta sensación de estar en deuda no les hace sentirse superiores.

Evitar la aceptación de sus defectos

Cuando las personas son incapaces de asumir sus defectos o no aceptan la responsabilidad o la rendición de cuentas por las faltas, existe una necesidad inherente de hacer que los demás se sientan menos que ellos.

Si los manipuladores no son lo suficientemente buenos o se sienten miserables sobre sí mismos, existe el deseo de hacer que otros se sientan igualmente indignos o miserables sobre sí mismos. Cuando una persona cree que es indigna de alguien, manipulará a la persona para que se sienta indigna también, de modo que pueda obtener el control sobre su percepción de que necesita al manipulador en su vida para sentirse digno. Al menospreciar a los demás o ganar control sobre ellos, experimentan una forma de pseudo superioridad. Si no pueden ser lo suficientemente buenos para los demás, hagamos que los demás sientan que no son lo suficientemente buenos también para mantener el control sobre ellos.

En efecto, los manipuladores no quieren que sus víctimas se den cuenta de que ellos (los manipuladores) no son lo suficientemente buenos o no son dignos de ellos (las víctimas). Por lo tanto, el manipulador cultivará cuidadosamente un sentimiento de impotencia e indignidad dentro de la víctima para mantenerla enganchada a él/ella. Si una persona se da cuenta de que es más atractiva, inteligente, rica, capaz, eficiente, autosuficiente, etc., mayores serán sus posibilidades de dejar al manipulador. Por otro lado, si el manipulador les inyecta la sensación de no estar "completos", necesitarán a alguien que los "complete".

Los manipuladores no son capaces de aceptar sus defectos ni de enfrentarse a las críticas. A menudo se enfrentan a problemas psicológicos profundos o a inseguridades. Al manipular a los demás, no tienen que enfrentarse a sus propias inseguridades para sentirse superiores a los demás. Para alguien que opera con una perspectiva tan estrecha, incluso una pequeña corrección, retroalimentación o crítica puede parecer una gran derrota.

Las personas que manipulan no saben cómo afrontar la derrota. Si duda en dar su opinión porque la persona se pone a la defensiva o saca las cosas de contexto o no se toma las cosas con el espíritu adecuado, puede ser una señal de que está tratando con alguien que no puede aceptar las críticas.

Observe que los manipuladores rara vez expresan

sentimientos de gratitud o agradecimiento. Les resulta difícil ser agradecidos con los demás porque, en su opinión, al hacerlo están aumentando su sensación de estar obligados con otra persona, lo que no les da ventaja en ninguna relación.

Por ejemplo, si le hace a alguien un gran favor, se siente obligado a devolverlo, lo que le sitúa por encima de él en la dinámica de la relación hasta que le devuelva el favor. Los manipuladores no quieren darle ventaja sintiéndose obligados. Por lo tanto, demostrarán un mínimo de agradecimiento para que no crea que ha hecho algo enorme por ellos o que están obligados a usted. La idea es estar siempre por encima de usted y esta sensación de estar en deuda con su persona no les hace sentirse superiores.

Aunque todo el mundo es culpable de utilizar la manipulación (a sabiendas o sin saberlo) en algún momento, lo que diferencia a los manipuladores emocionales es que habitualmente pisotean las emociones y los sentimientos de las personas para servir a sus propias necesidades egoístas. Para algunas personas es una forma de vida utilizar los sentimientos de los demás en un intento de aumentar su control psicológico o su superioridad sobre la persona.

1. Jugar con los miedos de la gente. Los manipuladores emocionales tienden a exagerar los hechos y a resaltar sólo puntos específicos en un intento de infundirte miedo. Por ejemplo, un hombre que no quiere que su mujer siga una carrera a tiempo completo fuera de casa puede decirle algo como "las investigaciones revelan que el 60% de los divorcios se producen cuando ambos cónyuges tienen una carrera a tiempo completo", ocultando disimuladamente que puede haber otras razones que no sean la carrera o el trabajo de la mujer. Esto está inteligentemente construido para aprovecharse del miedo de la mujer a perder la relación si cede a sus ambiciones.

2. Las acciones y las palabras no deben coincidir. Los manipuladores emocionales le dicen exactamente lo que creen que quiere oír, pero rara vez lo acompañan con acciones. Prometen compromiso y apoyo. Sin

embargo, cuando llegue el momento de cumplir su compromiso, le harán sentir culpable por plantear exigencias poco razonables.

En un momento dado, le dirán lo afortunados que son por conocer a una persona como tú, y al siguiente le criticarán por ser una carga. Esta es una táctica inteligente para socavar la creencia de una persona sobre su cordura. Los manipuladores emocionales seguirán diciendo cosas que se ajusten a su propósito y, de repente, moldearán una percepción contraria haciendo lo contrario de lo que dijeron para desequilibrar la cordura.

Esto también tiene un precio, que reclamarán furtivamente en el futuro. Como manipulador emocional, recuerde constantemente a las personas cómo les ha ayudado y lo utiliza como palanca para que se sientan obligadas consigo. Si les recuerda constantemente un favor que les hizo voluntariamente, hará que la otra persona sienta que le debe algo, hay muchas probabilidades de que esté siendo manipulado emocionalmente.

3. Convertirse en maestros de la distribución de la culpa. Pocas personas aprovechan el poder de la culpa como los manipuladores practicados. Los manipuladores emocionales inducen el sentimiento de culpa en otras personas para satisfacer sus necesidades. Si alguien saca a relucir un tema que le ha molestado durante la discusión, los manipuladores le hacen sentir culpable por sentirse como se siente, por muy justificados que parezcan estos sentimientos.

Los manipuladores emocionales hacen que la gente se sienta culpable por mencionar el tema. Cuando alguien no menciona el tema, le hacen sentir miserable por no ser abierto y hablar de ello.

Sigue haciendo sentir la culpa en usted, independientemente de la dirección de los pensamientos y acciones de la otra persona. De una forma u otra, encuentra razones para hacerle sentir culpable. Cualquier cosa que decidan hacer está mal. Independientemente de los problemas que la otra persona pueda tener colectivamente, un manipulador emocional siempre le hará sentir que es sólo culpa suya. Los manipuladores culpan a la gente de todo lo desafortunado que ocurre en su vida y construyen un fuerte sentimiento de culpa en su interior. Si quiere conseguir que la gente haga lo que usted quiere, induzca un sentimiento de culpa y arrepentimiento. La culpa es una de las fuerzas de manipulación más fuertes que impulsan a las personas a profundizar y ceder a lo que usted desea que hagan.

Los manipuladores emocionales se aprovechan de sus víctimas haciéndose pasar por ellas. Hacen creer a sus víctimas que la culpa es siempre suya, independientemente de si son realmente responsables o no. La culpa siempre se asigna a la víctima y el manipulador se hace pasar por ella. Esto se hace con el fin de desplazar la responsabilidad de las deficiencias del manipulador para culpar a la víctima, lo que se hace con la intención de inducirla a la culpa. Cuando la víctima se siente culpable de la situación desagradable, es más sencillo para el manipulador conseguir que tome la acción deseada.

Los manipuladores se concentran en cómo la otra persona les hizo hacer algo o cómo es la culpa de la otra persona por la que ellos (los manipuladores) están sufriendo. Siempre es la otra persona la que hace que el manipulador esté enfadado, herido y molesto. Como manipulador, rara vez acepta la responsabilidad de sus propias acciones.

Veamos un ejemplo para ilustrar mejor esta estrategia de manipulación emocional. Su pareja está enfadada con usted por haber olvidado su aniversario. Lo razonable sería disculparse por la metedura de pata y compensarle más tarde con una sorpresa o un buen regalo. Sin embargo, los manipuladores recurren al juego de la culpa. La culpa se invierte en dirección a la otra persona. Se hace que la otra persona se sienta culpable por haberle hecho sentir tan mal por haber olvidado un aniversario. Se tiende a introducir un sentimiento de culpa para que la otra persona haga lo que tú quieres.

Así que para justificar el olvido de su aniversario ante su pareja e inducir un sentimiento de culpa, puede hablar de lo estresado, cansado, ocupado y agotado que ha estado, y de lo desconsiderado que es por su parte culparte de olvidar un aniversario cuando últimamente ha estado trabajando muy duro en un proyecto. En efecto, hemos hecho que la otra persona se sienta culpable por una expectativa razonable. Se le da la vuelta a la tortilla para que no asuma la culpa de haber olvidado el aniversario.

Sin embargo, los manipuladores empedernidos no se detendrán ahí, sino que irán un paso más allá y repasarán todos los casos en los que la otra persona ha olvidado ocasiones importantes en un intento de justificar sus propios olvidos. Hace sentir a la otra persona que es realmente su culpa por esperar que recuerde todas las fechas cuando está estresada con el trabajo. Actúa como una especie de justificación de sus olvidos. Los maestros de la manipulación saben cómo tejer un sentimiento de culpa en la conciencia de la otra persona para llevarla a realizar la acción prevista. Utilizan generosamente la culpa y el sentimiento de culpabilidad para satisfacer sus necesidades.

Por ejemplo, supongamos que una persona saca a relucir algo que le ronda por la cabeza desde hace tiempo. Lo más probable es que los manipuladores les hagan sentir que están haciendo una montaña de un grano de arena, y que no es gran cosa. Hacen que la otra persona se sienta culpable por hacer un problema de un asunto aparentemente sin importancia. En lugar de aceptar sus problemas y comprometerse a trabajar en ellos, se da la vuelta a la tortilla para que la otra persona se sienta culpable por mencionar el problema o sus verdaderos sentimientos. Esta técnica de manipulación se utiliza sobre todo en las relaciones personales, cuando una persona se abre a la otra, y ésta le devuelve la palabra y le culpa por sacar a relucir algo tan trivial.

Hace que la otra persona se sienta culpable de todo lo que hace. Si permanece en silencio, le acusa de no compartir sus sentimientos o de no confiar en usted para resolver sus problemas. Si resulta que comparte sus sentimientos, le culpa de crear problemas donde no los hay. Hay una constante agitación de la culpa para hacer sentir a la otra persona que siempre tiene la culpa para cumplir con su propia agenda.

Todas las acciones de la otra persona se le atribuyen o se presentan/posicionan como su culpa hasta que se ajustan a su agenda. Al mismo tiempo, se pone en el papel de la desafortunada víctima. Inducir un sentimiento de culpa es, de hecho, una de las estrategias de manipulación más poderosas para conseguir que alguien le obedezca. Esto es aún más efectivo en personas que sufren de baja autoestima o niveles reducidos de confianza en sí mismos.

Por ejemplo, si quiere que alguien realice la acción deseada, enumere con confianza una lista de favores que le haya hecho o todos los casos en los que se ha desvivido por ayudarle. A continuación, explique cómo se ha sentido defraudado cada vez que esperaba algo de ellos. Se convierte en una víctima proyectada que hizo todas las cosas maravillosas para ayudarles en su momento de necesidad, y ellos se convierten en los seres ingratos que no hacen frente a sus necesidades cuando se les exige. Esto está jugando sutilmente en la mente de las víctimas para hacerles pensar que no están devolviendo el favor o siendo ingratos.

Los manipuladores suelen conseguir que la otra persona haga lo que ellos quieren diciendo algo como: "Está bien Roger, no puedo esperar nada más de ti. Es realmente mi culpa que siga esperando mucho de ti y de nuestra relación". Esto induce un sentimiento de culpa en la otra persona, como si estuviera decepcionando al manipulador, lo que puede ser o no el caso. Le está diciendo que siempre le está decepcionando y que no puede esperar nada más de él.

¿Ha observado alguna vez cómo jugamos a la manipulación e introducimos un sentimiento de culpa en nuestras relaciones personales muchas veces? Fíjese en cómo las personas mayores hacen que sus hijos experimenten un sentimiento de culpa al mencionar que éstos nunca tienen suficiente tiempo para ellos.

Cuando los adolescentes piden permiso a sus padres para hacer salidas nocturnas y llegar tarde a las fiestas y se les niega, se quejarán de que los padres no les dejan vivir su vida o de que son demasiado asfixiantes, sobreprotectores y dominantes. Hablarán de que, tarde o temprano, tendrán que negociar con el mundo que les rodea sin que sus padres estén cerca para protegerles todo el tiempo.

Todos conocemos a esa persona que siempre está culpando a otras personas o a las circunstancias de sus defectos. Utilizarán estratégicamente su sensación de impotencia para conseguir que la otra persona realice la acción deseada. Los manipuladores dan a los demás la impresión de que ellos (la otra persona) han decidido su destino (el del manipulador) a través de sus acciones y elecciones, a menudo de forma negativa. Entonces harán sentir a la víctima que ahora es responsable de los males del manipulador y que debe reparar el daño.

Las víctimas comienzan a aceptar esta noción de que son responsables de una situación negativa creada para el manipulador y a menudo responden afirmativamente a la petición del manipulador de compensar lo aparentemente negativo que se les ha hecho creer que han hecho. El manipulador se posiciona como alguien que necesita ayuda y está condenado si no recibe la ayuda oportuna. La otra persona se siente fatal y acaba haciendo lo que quiere porque, en cierta medida, se siente responsable de su impotencia o de su desafortunada situación.

4. Hágase la víctima. En lo que respecta a la manipulación emocional, nada de lo que ocurre es nunca un error tuyo. Independientemente de sus acciones, siempre culpe a otro de sus fallos.

Insista en que le obligaron a hacer algo. Si se enfadan o se sienten heridos, usted es el responsable de crear expectativas poco razonables. Si se enfadan o molestan, usted es el responsable de herirlos. No hay ninguna responsabilidad por ninguna acción.

Por ejemplo, si una persona se olvida del cumpleaños de su pareja, y ésta se enfada por ello, generalmente se disculpará y prometerá arreglarlo en el futuro. Sin embargo, una persona emocionalmente manipuladora no se limitará a negar que es su culpa; también hará que su pareja se sienta desgraciada por culparla.

Se desprenderán de lo estresados que han estado hasta tarde debido a algo que la pareja ha hecho y que es imposible que recuerden. El manipulador irá un paso más allá y le recordará casos en los que ha olvidado algo importante para justificar su culpa.

5. Los manipuladores emocionales esperan demasiado, demasiado pronto. Desde una relación interpersonal hasta una asociación empresarial, los manipuladores emocionales siempre toman la autopista, mientras pasan por alto algunos pasos en el camino. Pueden compartir demasiado al principio de una relación y esperar que la otra persona haga lo mismo.

Su vulnerabilidad, transparencia y sensibilidad son una astuta treta. Se trata de una farsa "especial" para hacerle sentir parte de su círculo íntimo. Lenta e insidiosamente, no sólo se sentirá apenado por sus sentimientos, sino también responsable de ello.

6. Los manipuladores emocionales menosprecian su fe en la comprensión de la realidad. Estas personas, hay que reconocerlo, son unos mentirosos y tramposos excepcionalmente hábiles. Insistirán con seguridad en que algo ha ocurrido cuando no lo ha hecho y negarán que haya ocurrido cuando sí lo ha hecho. Lo hacen de una manera tan tortuosa y

solapada que empiezas a cuestionar su propia cordura.

Por ejemplo, si sospecha de su pareja y le enfrenta a ello, la pareja emocionalmente manipuladora lo negará rotundamente (aunque sea la verdad), y a su vez le hará sentir como una persona loca y desconfiada que no tiene control sobre la realidad.

Aunque su sospecha no es infundada, le hará sentir culpable por espiar y no confiar en su pareja. Llegará un punto en el que empezará a cuestionar su propia naturaleza sospechosa y su cordura. Estoy seguro de que muchos de ustedes están asintiendo con la cabeza a esto!

Sé que a estas alturas ya ha identificado a esas personas y relaciones y lo más probable es que ni siquiera fueras consciente de esas tácticas sarcásticas e insidiosas cuando nos manipulaban.

7. Todo el mundo debe sentirse como ellos. Vaya, esta es otra técnica de manipulación emocional solapada que se utiliza para absorber a otras personas en su estado emocional. El manipulador emocional quiere que todos se sientan como ellos. Si están de mal humor, todo el mundo a su alrededor debe ser consciente de ello.

Sin embargo, la cosa no acaba ahí. No sólo todos deben saber cómo se sienten, sino que también deben ser absorbidos por el estado emocional del manipulador. Cualquier cosa que otras personas estén sintiendo o experimentando debe ser bajada y deben coincidir instantáneamente con la frecuencia emocional del manipulador. Esto hace que las personas a su alrededor sientan que son responsables de los sentimientos del manipulador emocional, y que sólo ellos deben arreglarlo.

8. The eagerness to help becomes a burden later. Emotional manipulators will initially offer to help (and quite enthusiastically) only to later appear as martyrs. They will act as if what they initially agreed to do was an enormous burden.

Si les recuerda que se comprometieron con la tarea, se darán la vuelta y le harán sentir como un paranoico a pesar de que parezcan deseosos de ayudar. ¿El objetivo? Inducir un sentimiento de culpa, sentirse obligado hacia ellos y probablemente incluso cuestionar su cordura.

9. Juegos de superioridad. Independientemente de la intensidad de sus problemas y desafíos, siempre harán ver que sus problemas son mucho peores. Intentarán socavar la autenticidad de sus problemas reforzando constantemente lo grandes que son sus problemas o desafíos.

Le harán sentir culpable por quejarse de cosas "triviales" cuando ellos se enfrentan a problemas serios. ¿El objetivo? Que no tenga ningún motivo para quejarse de lo 'no serio', mientras que ellos tienen todo el derecho a seguir recordándole sus problemas 'serios'. En otras palabras, quieren que se calle y deje de quejarse de sus problemas, y que siempre esté por encima de ellos en cualquier situación.

10. Conocen sus botones emocionales y saben cómo pulsarlos a voluntad. Todos tenemos nuestros puntos débiles emocionales. Los manipuladores emocionales conocen hábilmente sus puntos débiles y no dudan en utilizarlos para servir a sus propios objetivos siniestros. Utilizarán el conocimiento de sus puntos débiles en su contra.

Por ejemplo, si está inseguro de su aspecto, le harán comentarios sarcásticos sobre todo, desde su ropa hasta su peso. Si está preocupado por un discurso, se aprovecharán de sus miedos diciéndole lo duro, exigente y crítico que es el público. Utilizan el conocimiento de sus emociones no para hacerle sentir mejor, sino para manipularle para que se sienta peor.

11. Los manipuladores emocionales utilizan el humor para atacar sus debilidades percibidas y quitarle poder o hacerle sentir inadecuado. Fíjese en cómo algunas personas hacen continuamente comentarios críticos o sarcásticos sobre su pareja o amigo, a menudo con el disfraz de humor. La idea es hacer que la otra persona se sienta inadecuada, inferior o insegura.

Los manipuladores emocionales intentan quitarle poder a la persona jugando con sus debilidades percibidas. Los comentarios abarcan todo, desde el aspecto de la persona hasta su viejo teléfono o sus habilidades. Hacen comentarios sarcásticos y aparentemente divertidos sobre todo, incluido el hecho de que haya llegado 30 segundos tarde.

La idea es hacerle quedar mal y sentirse peor contigo mismo. De este modo, el manipulador trata de ganar dominio psicológico sobre usted, desgraciadamente sin que se dé cuenta (ahora sí, ¿verdad?). El hecho de socavarle hace que se perciba como inferior, lo que automáticamente les da la tan necesaria superioridad psicológica.

12. Los manipuladores emocionales le juzgan y critican constantemente para hacerle sentir inferior. En el ejemplo anterior, vimos cómo los manipuladores utilizan técnicas encubiertas para restarle poder disfrazando sus comentarios sarcásticos de humor. Sin embargo, en este caso, el manipulador emocional le desprecia, margina, critica y ridiculiza abiertamente en un intento de conseguir una superioridad psicológica sobre usted.

Su premisa es que si le hacen sentir inadecuado y desequilibrado, sus posibilidades de conseguir que haga lo que ellos quieren aumentan. Dejará de creer en sus capacidades, su cordura y su valía, lo que les ayudará a ejercer un mayor control sobre sus pensamientos, emociones y acciones.

El agresor emocional fomentará intencionadamente la sensación de que algo no va bien en usted y que, por mucho que se esfuerce, no será lo suficientemente bueno. De manera significativa, el manipulador emocional enfatizará los puntos débiles sin ofrecer soluciones constructivas o positivas ni ayudarle de manera significativa a superar los aspectos negativos.

13. Los manipuladores emocionales le darán el tratamiento de silencio. Otro arte que los manipuladores emocionales han dominado es el de dar a las personas el tratamiento de silencio para presionarlas a hacer lo que el manipulador quiere. le harán esperar intencionadamente y sembrarán semillas de duda, inseguridad e incertidumbre en su mente. Los manipuladores emocionales utilizan el silencio como palanca para conseguir que haga lo que ellos quieren, manteniéndole emocionalmente privado o inseguro.

Estar en el extremo receptor del tratamiento silencioso es una señal de advertencia de que está tratando con un manipulador emocional. Es un tipo de abuso emocional mediante el cual se demuestra el desprecio a través de actos no verbales como permanecer en silencio o retirar toda comunicación.

El tratamiento silencioso se utiliza como herramienta para incitar a sus víctimas a hacer algo específico o hacerlas sentir inadecuadas por la negativa a reconocer su presencia. Si sus acciones no coinciden con lo que el manipulador quiere que haga, utilizará el tratamiento silencioso para comunicar su decepción y castigar a sus víctimas.

14. Jugar a fingir. Sí, ellos también pueden hacerse los bobos siempre que sea necesario. Fingirán que no entienden lo que quiere exactamente o lo que desea

de ellos. Este es uno de los trucos pasivo-agresivos, donde la responsabilidad debería ser de ellos, se convierte en la suya. Así, la carga de lo que es esencialmente su responsabilidad se echa sobre sus hombros. Esto lo suelen utilizar las personas que intentan ocultar algo o evitar una obligación.

15. Raise your voice and show negative emotions. Some emotional manipulators know how to use the power of their voice and body language to coerce you into meeting their demands.

A menudo levantan la voz como un tipo de manipulación agresiva con la creencia de que si suenan lo suficientemente intimidantes con su voz, tono y lenguaje corporal, invariablemente se someterá a sus demandas. La voz agresiva se combina a menudo con un lenguaje corporal intimidatorio, como gestos exagerados y la postura de pie, para aumentar el efecto de sus acciones manipuladoras agresivas.

16. Negative surprises as the norm. Whoa! Don't these people know how to throw you off balance with their negative surprises in an obvious attempt to gain a psychological edge over you? Suddenly, they will come up with some information that they cannot do something or fulfill a commitment as promised.

Por lo general, la información negativa se lanza sobre usted sin ninguna advertencia previa para cogerle desprevenido. No le queda tiempo para idear una contra-movida. Los manipuladores emocionales son lobos con piel de cordero y no escatimarán una sola oportunidad para causarte malestar, daño o perjuicio si se interpone.

Capítulo 2: Técnicas de manipulación encubierta

Reconocer las tácticas de manipulación encubierta es complicado porque, a diferencia de la manipulación abierta, éstas no son obvias ni están a la vista. Suelen ser técnicas solapadas para tratar de obtener el control de los pensamientos, sentimientos y decisiones de la víctima. Su objetivo es derribar el sentido de autoestima de la persona y destruir su creencia en sus percepciones. Cuando aprende el juego del manipulador, puede jugarlo mejor que ellos.

La manipulación socava la capacidad de la víctima para tomar decisiones conscientes y actuar de acuerdo con sus intereses. En su lugar, se convierten en meras marionetas en manos de otra persona. Los manipuladores no valoran los valores, deseos y límites personales de las personas. En pocas palabras, le obligarán a hacer algo que normalmente no haría.

Entonces, ¿cuáles son las tácticas de manipulación encubierta más utilizadas y cómo las detecta en su vida cotidiana? Siga leyendo para descifrar los juegos de manipulación encubierta de la gente. Aunque puede utilizarlas como estrategias de manipulación para conseguir que la gente haga lo que usted quiere, asegúrese de no utilizarlas en exceso o de intentar darles un giro lo más positivo posible.

1. Crear una falsa sensación de intimidad. ¿Se ha dado cuenta de que la gente comparte constantemente información íntima sobre sí misma en las primeras etapas de una relación? Hablarán de su familia, de sus antecedentes y de sus vidas (a menudo se presentan como víctimas como circunstancias) en un intento de ganarse su simpatía, al tiempo que crean una ilusión de intimidad.

2. Introducir a otras personas en el cuadro en un intento de hacerle sentir inseguro. De nuevo, algunas personas siempre intentan crear una sensación de inseguridad o incomodidad en sus víctimas introduciendo a otras personas en el panorama. Por ejemplo, su pareja puede hablar de encontrarse con una exnovia/novio o un buen amigo para hacerle sentir inseguro.

Por supuesto, no todos los que se reúnen con amigos o exparejas están siendo manipuladores. Sin embargo, los manipuladores encubiertos utilizan constantemente esta táctica de introducir a otras personas en el panorama para desestabilizar a su pareja. Cuando una persona intenta poner a otras personas en su contra para hacerle sentir inadecuado, puede estar seguro de que se trata de una táctica de manipulación encubierta.

3. Otra técnica de manipulación encubierta es el "pie

en la puerta", que es bastante fácil de reconocer. Consiste en hacer una pequeña petición a la que la víctima accede, a la que sigue la petición realmente prevista. Es más difícil de rechazar una vez que la víctima dice estar de acuerdo con la petición inicial.

La técnica del pie en la puerta, como su nombre indica, tiene como objetivo meter el pie en la puerta hasta que uno se encuentre cómodamente posicionado o colocado para pedir lo que quiere que haga la otra persona. Se remonta a la época en que los vendedores puerta a puerta colocaban el pie en la puerta para evitar que los posibles compradores se dieran un portazo en la cara. Colocar el pie en la puerta les ofrecía más tiempo para mantener la conversación y, en última instancia, realizar una venta. Esta ingeniosa estrategia de manipulación se utiliza eficazmente en todos los ámbitos, incluso hoy en día.

¿Cómo puede utilizarse eficazmente la estrategia de manipulación del pie en la puerta en el escenario actual?

Es igual de sencillo y eficaz, sólo que ahora está avanzando en la mente de una persona en lugar de en su puerta. Empiece por establecer una relación con la persona. Intente romper el hielo haciendo una pequeña petición. Recuerde que la clave es hacer una pequeña petición que la otra persona pueda cumplir fácilmente. En realidad, lo que está haciendo es meter el pie en la puerta para desarrollar una relación con la persona y conseguir que conceda una petición mayor o real más adelante. Si pide directamente lo que realmente quiere que hagan por usted, es posible que se nieguen. Empiece con una petición que no sea demasiado difícil de cumplir para la otra persona. Vaya al grano poco a poco y con constancia. Pase a la petición real de forma lenta y sutil.

Se trata de conseguir que la persona diga una serie de "sí" en una secuencia antes de pasar al asesinato real. Esto reducirá psicológicamente las posibilidades de que la persona rompa el patrón y diga que no para la petición final o real. Precisamente por eso, los psicólogos y expertos en comportamiento instan a los vendedores a formular a sus clientes potenciales varias preguntas que den como resultado un "sí". Según las investigaciones en el campo de la psicología y las ciencias del comportamiento, si un cliente potencial responde afirmativamente a seis preguntas en una secuencia, hay más posibilidades de que compre su producto/servicio o realice la acción deseada.

Utilice esta información en su favor formulando seis preguntas en serie a las que es más probable que respondan afirmativamente. La estrategia funciona a nivel subconsciente y merece la pena probarla.

Lanzamos una secuencia de respuestas positivas que hacen casi imposible que la mente subconsciente de la otra persona rechace nuestra petición final. Una vez que la persona inicia un bucle de respuesta a sus peticiones de forma positiva, subconscientemente se hace difícil romper el patrón, y ofrecer de repente una respuesta negativa.

Esto es exactamente lo que hacían los vendedores de antes. Ponían el pie en la puerta y se ofrecían a sí mismos 3-4 minutos extra con los clientes potenciales para construir el impulso de la venta, desarrollar la relación y hacer una venta. Ahora pensemos en la misma estrategia en el entorno actual. ¿Cómo se da a sí mismo esa pequeña apertura que eventualmente puede aprovechar haciendo que la gente haga lo que usted desea?

Tomemos un ejemplo para entender cómo se puede aplicar esta manipulación o persuasión en el escenario actual. Jane está terminando el proyecto que le exige construir una maqueta de los nueve planetas. Le pide a su madre que le ayude creando un modelo aproximado para el proyecto de los nueve planetas. Por supuesto, su madre hace el boceto, reúne todos los materiales necesarios para construir la maqueta y lo tiene todo listo para que Jane haga su proyecto. A continuación, Jane le pide a su madre que junte todas las piezas. Ella hace lo que le pide. Finalmente, la madre de Jane termina de hacer todo el encargo sin ninguna aportación o esfuerzo por parte de Jane. Jane utilizó la estrategia del pie en la puerta para manipular a su madre para que completara su proyecto por ella en lugar de pedírselo directamente al principio. Si Jane le hubiera pedido directamente a su madre que completara el proyecto, ésta se habría negado en redondo. Sin embargo, consiguió que su madre dijera una serie de "sí" con pequeñas peticiones que finalmente terminaron con su madre completando todo el proyecto.

Esta técnica de manipulación y persuasión fue estudiada por primera vez por Fraser y Freeman durante el siglo XX. El objetivo es conseguir que la gente responda o acepte una pequeña y sencilla petición que conduzca a un "sí" mayor. El dúo de psicólogos se dio cuenta de que una vez que la gente accede a una petición aparentemente pequeña, aumentan las posibilidades de que respondan afirmativamente a peticiones mayores. En este ejemplo, Jane consiguió que su madre terminara toda la tarea juntando varias partes de la misma y consiguiendo que aceptara cada una de estas pequeñas tareas o peticiones. Una vez acordada la pequeña petición inicial de crear un boceto para el modelo, Jane pudo conseguir que su madre cumpliera su petición más grande. Este no habría sido el caso si hubiera pedido a su madre que completara todo el proyecto desde el principio.

Al utilizar la estrategia del pie en la puerta, asegúrese de que la petición es lo suficientemente pequeña como para que la gente no responda de forma negativa. Al mismo tiempo, debe ser lo suficientemente importante como para que la otra persona sienta que ha hecho una buena acción al responder a su petición de forma positiva. Haga que la petición sea positiva para que los demás no piensen que no vale la pena cumplirla. Asegúrese de que la petición es algo que la persona estará dispuesta a hacer sin muchas influencias externas como recompensas o presiones.

Si alguien rechaza la petición real, dará la impresión de ser alguien que accede a algo que no tiene intención de hacer. Cuando se opongan a la petición real, rápidamente cambiarás las tornas para aparecer como la parte agraviada. Deja de tratarse de sus exigencias, ya que ahora es usted el perjudicado. El foco de atención se desplaza a sus quejas y ellos se colocan ahora a la defensiva. A veces, las advertencias y la preocupación por su bienestar se ocultan hábilmente como una preocupación. Los manipuladores siempre intentan socavar las elecciones y decisiones de la otra persona en un intento de sacudir su confianza en sí misma o su sentido de la autoestima. Una vez más, esta técnica de manipulación debe utilizarse con suficiente precaución y cuidado.

4. "Snakes in Suits" - In their publication Snakes in Suits, Robert Hare and Paul Babaik advise that people protect themselves from manipulators who offer out-of-place and excessive compliments. It's a major red flag of manipulation. Focus on what follows. Keep asking yourself, what does this person want from me exactly?

5. Forzar el trabajo en equipo. ¿Se ha dado cuenta de que algunas personas siempre están creando una sensación forzada de espíritu de equipo o de propósito compartido donde no existe? Las frases típicas que utilizan son: "somos un solo equipo",

"cómo manejamos esto como equipo", "ya lo hemos hecho", etc. Supuestamente, intentan dar la impresión de que ambos están involucrados en algo como un equipo.

En una situación así, ¿cómo puede saber si la persona le está ayudando de verdad o simplemente intenta manipularle? ¿Siente una extraña sensación de incomodidad al aceptar su ayuda? ¿Son sus palabras congruentes con su lenguaje corporal? (más adelante hablaremos del lenguaje corporal) ¿Le da la persona la opción de rechazar la ayuda? ¿Se toma su negativa con el espíritu adecuado? Si la respuesta es negativa, es posible que esté tratando con un manipulador encubierto, que intenta manipularle bajo la apariencia de ofrecerle ayuda.

6. Primera impresión halagadora. Los manipuladores experimentados suelen causar una primera impresión estelar. Utilizan un montón de características seductoras como modales impecables, aspecto atractivo, sonrisa carismática y cortesía para despistar a sus víctimas sobre sus verdaderas intenciones. Sí, existen más allá de las películas, en las que los estafadores se muestran como esos personajes estereotipados con una personalidad y una lengua deslumbrantes.

Con los manipuladores, lo que aparece a simple vista superficie no es la verdad. Sin embargo, con el tiempo y la observación, se dará cuenta de las grietas en sus máscaras hábilmente usadas. Cuando se vuelve realmente sádico, utiliza el silencio para torturar a sus víctimas. Por ejemplo, un compañero de trabajo habla con todo el mundo en el trabajo pero le ignora o se niega a mantener cualquier conversación con usted.

7. Los manipuladores encubiertos aparentan ser desinteresados manteniendo sus verdaderas intenciones, ambiciones, objetivos y agendas astutamente ocultas. Sus verdaderas intenciones se ocultan bajo el disfraz de una causa desinteresada. Esto es difícil de identificar. Estas son las personas que actuarán como si estuvieran trabajando duro en nombre de otra persona mientras ocultan su verdadera ambición de poder y dominio sobre los demás.

For example, a covert manipulator will give their boss the impression that they are willing to work extra hours when the boss is on vacation just to fulfill their ambition of eventually taking the boss's position.

8. Gas lighting. The term "gaslight" as a technique of covert manipulation comes from the play of the same name, which was later adapted into a film. It has also been used in literature and psychological research.

Utilizando la técnica de la luz de gas, un manipulador tergiversará la realidad para cumplir sus objetivos. Independientemente de la verdad, tiene trucos bajo la manga para hacerle creer que la culpa es suya por no ser capaz de percibir las cosas correctamente. Está tan arraigado en su mente que deja de confiar en sus percepciones y, en cambio, acepta la versión artificiosa de la verdad del manipulador. La técnica pretende que se sienta tan incompetente mentalmente que deje de confiar en su versión de la realidad. Llega a un punto en el que si alguien intenta cuestionar sus percepciones, desconfíe de él.

9. Racionalización. La racionalización es una técnica mediante la cual el manipulador ofrece alguna forma de justificación para una acción hiriente, ofensiva o inapropiada. Lo que hace que esta técnica sea tan difícil de detectar es que la explicación ofrecida suele tener suficiente sentido para que cualquier individuo razonable se la crea.

La racionalización cumple tres propósitos fundamentales, entre ellos, eliminar la resistencia que los manipuladores puedan tener sobre su acción inapropiada, evitar que los demás les señalen con el dedo y ayudar al manipulador a justificar sus acciones a los ojos de la víctima.

Los manipuladores que utilizan la racionalización suelen comportarse de forma muy afectuosa a veces y luego, de repente, se muestran distantes o fríos. Cuando la víctima se cansa de su comportamiento y se enfrenta a ellos o los evita, lo más probable es que griten o lloren y mencionen cómo han estado deprimidos o disgustados últimamente y cómo es una persona tan mala por enfrentarse a ellos sobre su comportamiento aparentemente inapropiado cuando es usted quien se está comportando insensiblemente.

Le conmoverán hasta las lágrimas con lo estresante que es su vida, incluso se disculparán por ello a veces.

Sin embargo, a los pocos días, repetirán el patrón. Los manipuladores son extraordinarios intérpretes. Pueden interpretar el papel de víctima con facilidad. Pueden fingir emociones, llorar a voluntad, reírse cuando quieren y fingir que están tristes o felices a petición. Examina con atención los actos de las personas que "te quieren" o que siempre intentan ganarse la simpatía.

10. 10. El análisis de los problemas y el desplazamiento de la meta. La diferencia entre la crítica positiva y la crítica negativa/destructiva es que un manipulador vendrá con normas casi impracticables y ataques personales. Estos autoproclamados críticos pretenden ayudar a su desarrollo, cuando en realidad no quieren verle mejorar. Simplemente operan con la intención de criticarle, hundirle y convertirle en un chivo expiatorio de todas las maneras posibles.

Los manipuladores encubiertos son maestros en el arte de "mover los postes de la portería" para asegurarse de que nunca les falten razones para sentirse decepcionados contigo. Incluso cuando presenta pruebas para validar su postura o actúa para cumplir con su petición, se les ocurrirá otra expectativa elevada para que la cumpla o le pedirán más pruebas para validar su argumento. Sí, ¿quién dijo que tratar con manipuladores era fácil?

Por ejemplo, pueden empezar por meterse con usted por no tener una carrera de éxito. Cuando tenga una carrera exitosa, le cuestionarán por no ser aún multimillonario. Cuando esa expectativa se cumpla, le exigirán por qué su vida personal y laboral nunca está equilibrada. Los postes de la meta seguirán cambiando y las expectativas aumentarán en un intento de hacerle sentir incompetente de una u otra manera.

Una de las formas más sencillas de detectar a un manipulador es observar si le inculca constantemente una sensación de indignidad o si siempre le hace sentir que lo que hace nunca es lo suficientemente bueno. Una persona auténtica o constructiva nunca le inducirá una sensación de indignidad. Le señalarán suavemente sus limitaciones y a menudo le sugerirán formas de superarlas. Los manipuladores, por el contrario, nunca ofrecerán sugerencias para ayudarle a superar sus limitaciones.

Si una persona le critica constantemente sin ayudarle a superar el problema o las limitaciones de forma significativa, lo más probable es que sea víctima de una manipulación encubierta. Lo presentarán astutamente como una crítica constructiva, aunque sólo sea una crítica puntillosa sin ofrecer soluciones.

Si una persona sigue exigiendo más pruebas para validar sus argumentos o sigue aumentando sus expectativas, es evidente que su objetivo no es comprenderte mejor. Lo que pretende es provocarle una sensación de incapacidad o de que tiene que seguir demostrándose a sí mismo todo el tiempo.

11. No pedir disculpas. Los manipuladores

encubiertos rara vez se disculpan por sus acciones. En su lugar, negarán, mentirán o cambiarán la culpa para evitar aceptar la responsabilidad de su acto. Tenga en cuenta esta técnica de manipulación encubierta examinando si la persona se disculpa y acepta la responsabilidad de sus errores.

Si una persona le hace sentir constantemente que está exagerando las cosas o que reacciona de forma exagerada en lugar de disculparse, lo más probable es que esté tratando con un manipulador encubierto. Los manipuladores tienen una fuerte necesidad de tener la razón, incluso a costa de enmendar la relación. Ocultar las disculpas no es más que otro mecanismo de control para ellos.

12. Socavar su éxito. Una vez tuve un amigo al que su pareja le hacía sentir constantemente culpable por tener éxito. Él estaba creando un futuro prometedor para ellos y sus futuros hijos, pero ella le hacía sentir constantemente mal por el hecho de que trabajaba tanto y apenas tenía tiempo para ella. Le acusaba de ser egoísta y de pensar sólo en sus objetivos, cuando en realidad estaba construyendo un futuro para su familia.

Cuando le cuenta a su pareja o a un amigo íntimo sobre un ascenso o una nueva oferta de trabajo, ¿cómo suelen reaccionar? Deberían alegrarse de que progrese en la vida. Los que se preocupan de verdad por usted querrán verle triunfar. Los manipuladores tratarán constantemente de minimizar y socavar su éxito. Siempre encontrarán alguna forma de infundir negatividad en cualquier forma relacionada con su historia de éxito. Esto surge de una clara sensación de inseguridad de que ahora se está volviendo más autosuficiente y ya no los necesitará.

La sensación de que cuanto más éxito tenga, menos podrán controlarle los lleva a comportarse de forma irracional. Así, le harán sentir miserable por su éxito. A veces, incluso se enfadan sin motivo aparente. Una de sus mayores preocupaciones es que la independencia financiera le dará la capacidad de sobrevivir sin su ayuda. Esta perspectiva puede resultar amenazante para una persona que está acostumbrada a que su amigo o pareja dependa excesivamente de él.

13. 13. Ciclo de miedo y alivio o uso del miedo seguido del alivio. Esta es otra estrategia de manipulación encubierta que se utiliza en una variedad de entornos, popularmente utilizada por los anunciantes, los gerentes de marca y los vendedores para persuadir a su grupo de consumidores objetivo a tomar la acción deseada a favor de sus productos o servicios. ¿Cómo funciona la cadena de miedo y alivio? Básicamente, actúa en un nivel psicológico que hace que todo el proceso sea eficaz.

Esta técnica de manipulación encubierta consiste en jugar con los miedos de la otra persona para conseguir que tome la acción requerida a su favor. Se introduce una sensación de miedo y se le hace pensar en lo peor que puede ocurrir en una determinada situación. A continuación, se ofrece una sensación de alivio. La persona experimentará una gran sensación de alivio y positividad que le ayudará a tomar una decisión rápida para cumplir con su agenda.

Veamos un ejemplo. Comience diciendo algo como: "Cuando me puse tus pendientes en la fiesta la otra noche, oí un chasquido. Estaba seguro de que el pendiente se había roto. Más tarde, me di cuenta de que, en realidad, mi hermana estaba viendo un vídeo en su tableta. ¿No es gracioso? Eso me recuerda que me puedes prestar esos preciosos pendientes de nuevo para un próximo evento".

¿Qué acaba de hacer? Ha llevado a la persona a través de una curva de miedo seguida de alivio para provocar un rápido cambio en sus emociones a nivel psicológico que le ayude a actuar en la dirección deseada. La otra persona siente un gran alivio al saber que no le ha pasado nada a sus pendientes y que se encuentra en un estado adecuado. Entre en un estado mental más receptivo, flexible y positivo, lo que hace que sea más sencillo para usted conseguir que haga lo que desea.

Empiece por sembrar semillas de inseguridad y miedo en la otra persona. Haga que se imagine lo peor que puede pasar en esa situación. A continuación, siga con tacto aportando una solución o sumergiéndose en una narración sobre cómo las cosas no eran tan malas como la otra persona pensaba o imaginaba. Una vez que la persona se dé cuenta de que las cosas no son tan desafortunadas como había imaginado, será más fácil conseguir que se ponga en un estado de ánimo más receptivo y agradable. El rápido torbellino de emociones que se produce en la montaña rusa facilita que la otra persona se ponga en un estado de ánimo más positivo una vez que se le ofrece algo de esperanza para combatir su miedo. Esta positividad puede utilizarse para conseguir que hagan lo que usted quiere.

Piense en el impacto que tiene la persona a nivel psicológico. La víctima pasa por un ciclo o patrón de emociones poderosas. El miedo es una emoción enorme que es capaz de hacer que la gente tome muchas acciones rápidas. Sin embargo, debe utilizarse con moderación. Más allá de un punto, si la gente se da cuenta de que simplemente usas el miedo como una herramienta para manipularlos, dejarán de responder a él. El miedo hace que la gente se sienta incómoda y nerviosa. A esto le sigue inmediatamente el positivismo, una enorme sensación de alivio y una esperanza instantánea.

Veamos otro ejemplo para entender cómo un mercado impulsado por el consumo utiliza esta estrategia de manipulación al máximo cuando se trata de conseguir que la gente tome decisiones relacionadas con la compra. Casi todos los vendedores de seguros utilizan el ciclo de alivio del miedo en sus clientes potenciales para conseguir que les compren un seguro. Les transmiten una sensación de miedo, estrés, pánico y ansiedad para informarles de que sus objetos de valor siempre corren el riesgo de perderse o destruirse en varias circunstancias desafortunadas. Hablarán de robos, incendios, atracos y otras situaciones desafortunadas en las que sus objetos de valor pueden perderse, destruirse o ser robados. A continuación, le propondrán una solución: contratar una póliza de seguro para no sufrir pérdidas económicas. Esta técnica de ciclo de miedo-alivio genera cierta esperanza, certeza, seguridad y alivio en la persona para llevarla a tomar una decisión de compra rápida. Piensan que la póliza es la solución o el rayo de esperanza cuando se trata de proteger el valor de sus objetos de valor.

14. Pida mucho y reduzca la escala. Es lo contrario de la técnica del pie en la puerta. En la jerga psicológica, también se conoce como la técnica de la "puerta en la cara". Comience haciendo una petición ridícula e irracional a alguien (que está garantizado que rechazará). Más tarde, vuelve y pide algo mucho más factible y menos ridículo (lo que buscaba en primer lugar).

Puede parecer una locura, pero la idea es hacer que la otra persona se sienta arrepentida de haber rechazado su petición inicial (aunque sea obviamente ridícula). La próxima vez que se le ocurra algo más razonable, la persona se sentirá obligada a cumplirlo. Esto es como la retribución por haber rechazado su petición anterior, y se sienten más obligados a ayudarle a usted que a otra persona. Varias empresas y vendedores utilizan esta técnica para vender a sus clientes.

15 Falsa confianza. De acuerdo, se viste de forma atractiva, tiene un aspecto muy cuidado, lleva los

accesorios más elegantes y aun así se pregunta por qué la gente no le escucha, no le sigue o no suscribe sus opiniones.

Lo más probable es que le falte el accesorio más importante: la confianza. Sí, tiene que matar al demonio de la baja confianza si realmente quiere inspirar la fe de los demás. La ropa, los accesorios y el aseo personal sólo pueden llevarle hasta cierto punto.

Uno de los principios más fundamentales de la confianza es que puede fingirla totalmente incluso cuando no la siente. Todo depende de su lenguaje corporal, su voz, sus expresiones y sus gestos (que afortunadamente están bajo su control). Puede fingir ser una persona muy segura de sí misma incluso cuando se siente como un limón por dentro.

Nuestro lenguaje corporal repercute invariablemente en nuestro estado mental y viceversa. Cuando se actúa con confianza durante mucho tiempo, se acaba confundiendo al cerebro para que crea que, efectivamente, se es una persona muy segura de sí misma. Entonces, el cerebro se reprograma automáticamente y dirige al cuerpo a mostrarse confiado, creyendo que ha metido la pata en alguna parte. Así, lo que empieza como un acto pretencioso, en realidad le lleva a transformarse en un individuo más confiado y seguro de sí mismo.

Tiene que actuar con seguridad y confianza en sí mismo si realmente quiere que la otra persona se crea lo que dice. Si no parece convencido de algo, hay pocas posibilidades de que pueda convencer a los demás. Por lo tanto, la confianza es uno de los accesorios más importantes para un manipulador.

Capítulo 3: Técnicas de manipulación de la PNL

¿Qué es la programación neurolingüística?

La Programación Neurolingüística o PNL, en términos sencillos, es el lenguaje de programación de su mente. Todos hemos tenido casos en los que hemos intentado comunicarnos con alguien que no habla nuestro idioma. ¿El resultado? No nos han entendido.

Va a un restaurante a bordo y pide un filete de lujo pero acaba recibiendo un guiso insípido debido a la mala interpretación del lenguaje y los códigos.

Esto es precisamente lo que ocurre cuando intentamos comunicarnos con nuestra mente subconsciente. Creemos que le estamos ordenando que nos dé relaciones más felices, más dinero, un mejor trabajo y otras cosas similares. Sin embargo, si eso no es lo que realmente aparece, algo se está perdiendo en la traducción. La mente subconsciente/inconsciente tiene el poder de ayudarnos a lograr nuestros objetivos sólo si la programamos utilizando códigos que reconoce y entiende.

Si está pidiendo a su mente inconsciente un filete y recibiendo un guiso, es hora de hablar su idioma. Piense en la PNL como un manual de usuario para el cerebro. Cuando las personas dominan la PNL, adquieren fluidez en el lenguaje de la mente subconsciente, lo cual es excelente cuando se trata de reprogramar sus pensamientos, ideas y creencias y los de otras personas. Esto les da el poder de influir y persuadir a las personas y, en el lado negativo, incluso de manipularlas.

La Programación Neurolingüística es un conjunto de técnicas, métodos y herramientas para mejorar la comunicación con las capas más profundas de nuestro cerebro. Es un enfoque que combina el desarrollo personal, la psicoterapia y la comunicación. Sus creadores (John Grinder y Richard Bandler) afirman que existe un fuerte vínculo entre el lenguaje, los patrones de comportamiento y los procesos neurológicos, que puede utilizarse para mejorar el aprendizaje y el desarrollo personal.

Influencia frente a manipulación

Entonces, ¿cree que un martillo es una herramienta de utilidad o de destrucción? Bueno, depende de cómo lo use, ¿no? ¿O de la finalidad con la que lo utilice?

La PNL es potente cuando se trata de conseguir que la gente haga lo que uno quiere. Es el martillo que puede utilizarse para fijar un clavo en la pared o destruir un trozo de madera. Del mismo modo, la PNL puede utilizarse para construir algo positivo o puede utilizarse con un propósito destructivo (manipulación).

PNL y Manipulación tienen casi el mismo significado. Ambos consisten en generar el efecto deseado en otras personas sin un esfuerzo evidente. Sin embargo, una diferencia clave entre la influencia y la manipulación es que esta última pretende influir en los demás para alcanzar los objetivos egoístas del manipulador a través de medios que pueden ser injustos, ilegales, furtivos o insidiosos. Las cosas se traman con métodos poco limpios para que resulten a favor del manipulador. Un manipulador suele aprovecharse de las inseguridades, los miedos y la culpa de otras personas. A su vez, las víctimas de la manipulación se sienten insatisfechas, frustradas, atrapadas e infelices.

Por el contrario, la influencia es la capacidad de inspirar a las personas de forma admirable, carismática y honorable. A menudo nos inspiran las personas influyentes y aspiramos a modelar nuestra vida según la suya. Hay un sentimiento general de positividad relacionado con ellas, y nos sentimos positivamente impactados en su compañía. No todas las influencias son positivas, por lo que utilizamos términos como "mala influencia" para significar el efecto negativo de una persona sobre nosotros. Sin embargo, la manipulación nunca se clasifica como buena o mala. Siempre opera con motivos siniestros.

Esa es la principal diferencia entre la influencia y la manipulación.

La influencia es un arma de doble filo que puede utilizarse de forma positiva y negativa, mientras que la manipulación sólo opera con una perspectiva negativa, estrecha y egoísta para cumplir los objetivos del manipulador.

Mientras que la manipulación tiene motivos egocéntricos y cuestionables, la influencia también puede ser positiva. A diferencia de la manipulación, la influencia tiene connotaciones positivas, ya que tiene en cuenta las necesidades, los objetivos y los deseos de los demás. Como padres, ¿no queremos influir en nuestros hijos para que lleven una vida más feliz y saludable? Del mismo modo, como directivos, queremos influir en nuestro equipo para que se esfuerce al máximo.

Al igual que el martillo del que hablábamos antes, la gente puede utilizar la PNL para influir positiva o negativamente en las personas para conseguir sus propios objetivos egoístas (manipulación). La PNL es una herramienta de control mental que puede hacer ambas cosas: construir y dañar. Las técnicas mencionadas aquí pueden ser usadas para detectar a los PNL que le manipulan o para que usted manipule a otras personas. De nuevo - tiene una poderosa herramienta en su poder que puede ser usada constructiva o destructivamente.

¿Cómo se utiliza la PNL para manipular a las personas?

La formación en PNL se realiza en una estructura piramidal, con técnicas sofisticadas reservadas a los seminarios de alto nivel. Es un tema complejo (quién dijo que cualquier cosa relacionada con la mente humana sería alguna vez fácil). Sin embargo, para simplificar un concepto complicado, los NLPers o las personas que practican la PNL prestan una gran atención a las personas con las que trabajan. Observan todo, desde los movimientos de los ojos hasta el enrojecimiento de la piel y la dilatación de las pupilas, para determinar qué tipo de información están procesando las personas.

A través de la observación, los PNL pueden saber qué lado del cerebro es dominante en una persona. Del mismo modo, pueden saber qué sentido es el más activo dentro del cerebro de la persona. Los movimientos oculares pueden determinar cómo su cerebro almacena y utiliza la información. También es fácil descifrar si la persona está afirmando hechos (diciendo la verdad) o inventando hechos (mintiendo) mirando sus movimientos oculares.

Después de recopilar esta valiosa información, el manipulador de PNL reflejará e imitará sutilmente a sus víctimas (incluyendo el habla, el lenguaje corporal, los gestos, los patrones lingüísticos verbales y más) para dar la sensación de ser "uno entre ellos".

Los manipuladores de la PNL fingirán pistas sociales para hacer que sus víctimas bajen la guardia y entren en un estado mental más abierto, receptivo y sugestionable, en el que se preparan para absorber cualquier información que se alimente en su mente. Los manipuladores utilizarán astutamente un lenguaje centrado en los sentidos predominantes de la persona.

Por ejemplo, si una persona se centra en su sentido visual, lo más probable es que el manipulador de PNL lo utilice en su beneficio de forma óptima diciendo algo como: "¿Ves de dónde vengo?", "¿Puedes ver lo que estoy tratando de decirte?" o "¿Lo ves así?". Del mismo modo, si una persona es predominantemente auditiva, el manipulador le hablará utilizando metáforas auditivas como "escúchame una vez Tim" o "te escucho".

Al reflejar el lenguaje corporal y los patrones lingüísticos verbales de su víctima, los expertos en PNL o los manipuladores de PNL intentan lograr un objetivo claro: construir una relación. Como ya se ha dicho, los manipuladores también intentan conseguirlo compartiendo demasiado, demasiado pronto, o construyendo una intimidad temprana. El objetivo es el mismo: establecer una relación con sus víctimas, lo que facilita que éstas bajen la guardia.

Una vez que el manipulador utiliza la PNL para establecer una relación y bajar la guardia de la víctima mediante el uso inteligente del lenguaje corporal y los patrones verbales, la víctima se vuelve más abierta y sugestionable. Se le dan pistas sociales falsas a la víctima para que su mente sea más maleable.

Una vez que han establecido una relación, los manipuladores de la PNL comenzarán a llevar a la víctima a una mayor interacción de manera sublime. Después de haber reflejado a la víctima y haber establecido en la mente subconsciente de la víctima que ellos (el manipulador) son uno de ellos (la víctima), el manipulador aumenta sus posibilidades de conseguir que la víctima haga lo que el manipulador quiere. Cambiará sutilmente su comportamiento y su lenguaje para influir en las acciones de su víctima.

Las técnicas pueden incluir preguntas capciosas, patrones de lenguaje sublimes y una serie de otras técnicas de PNL para maniobrar la mente de la persona hacia donde quiera. La víctima, por otro lado, a menudo no se da cuenta de lo que está ocurriendo. Desde su punto de vista, todo está ocurriendo de forma natural/orgánica o según su consentimiento.

Por supuesto, los manipuladores (por muy hábiles que sean) no podrán utilizar la PNL para conseguir que la gente se comporte de una manera totalmente fuera de lo normal. Sin embargo, puede utilizarse para dirigir las respuestas de las personas en la dirección deseada. Por ejemplo, no se puede convencer a una persona fundamentalmente ética y veraz para que actúe de forma deshonesta. Sin embargo, se puede utilizar para conseguir que una persona piense en una dirección o línea de pensamiento específica. Los manipuladores utilizan la PNL para obtener respuestas específicas de una persona.

La PNL trata de lograr dos fines, la provocación y el anclaje. La provocación se produce cuando los PNL utilizan el lenguaje y el liderazgo para llevar a sus víctimas a un estado emocional. Una vez conseguido el estado de deseo, el PNL ancla la emoción con una pista física específica, por ejemplo, tocando su hombro. Esto significa simplemente que un PNLer puede invocar la misma emoción en usted tocando su hombro.

Por ejemplo, digamos que el manipulador de PNL le hace sentir deprimido o indigno utilizando el lenguaje, la conducción y otras técnicas de PNL. Esto es seguido por golpear el dorso de las palmas de las manos de una manera específica para crear anclaje. Así, cada vez que quieran crear en usted una emoción de desilusión, depresión e indignidad, le darán golpecitos en el dorso de la palma de la mano. No es otra cosa que condicionarte para que se sienta de una determinada manera con pistas físicas vinculadas.

Ahora que tiene una idea justa de lo que es la PNL o de cómo los manipuladores pueden utilizarla para someterse, ¿qué puede hacer para protegerse de los manipuladores de la PNL?

He aquí algunos consejos para evitar que los PNL le hagan sus trucos, tan inteligentes como furtivos.

1. Desconfíe de las personas que imitan su lenguaje corporal. De acuerdo, no lo sabía hasta ahora, pero que la gente imite o copie su lenguaje corporal es una de las mayores señales rojas de que intentan manipularte, influenciarte o persuadirte para que actúes de la manera deseada. Me gusta mucho poner a prueba a estos expertos en PNL utilizando sutiles gestos con las manos y movimientos de las piernas para saber si realmente están reflejando mi lenguaje corporal para establecer una relación.

Si siguen su ejemplo, ¡es mi pista para huir! Los expertos en PNL han dominado el arte del reflejo sutil, lo que significa que puede que ni siquiera se dé cuenta de que están imitando sus acciones. Los principiantes en PNL imitarán al instante exactamente el mismo movimiento en su afán por establecer un sentimiento de unidad, ¡lo cual es una buena manera de que usted llame la atención sobre su farol!

Si buscas una forma de manipular a la gente, el reflejo puede hacer maravillas "La imitación es la mejor forma de adulación". Para hacer que alguien le acepte al instante, sea uno de ellos o, mejor, como ellos. Reflejar las palabras y el comportamiento de alguien es un instinto primordial. Hace que la gente piense rápidamente que forma parte del "clan".

¿Ha visto cómo los vendedores inteligentes suelen repetir las palabras que usted dice o imitar sus gestos sólo para persuadirle suavemente de que les compre? O cómo los influencers hablan "el lenguaje de su gente" sólo para ganarse la confianza de sus seguidores. No hacen más que utilizar la potentísima técnica del mirroring.

Cuando realmente quieras influir en la gente o conseguir que hagan lo que tú quieres, observa atentamente su comportamiento, el tono de voz, los ademanes, el lenguaje corporal y los patrones de habla. A continuación, utiliza lo mismo en tus interacciones con ellos para hacerse simpático al instante. Funciona como la magia.

Las investigaciones apuntan a que las personas que son imitadas son más propensas a responder de forma más positiva a las personas que las imitan. La forma en que esto funciona a nivel psicológico es que imitar el patrón de comportamiento o las palabras de alguien les hace sentir una sensación de validación. Esta positividad se transmite directamente a la persona que los validó al reflejar su comportamiento. Llegan a asociar a las personas que las reflejan como positivas y simpáticas. ¿No aumenta automáticamente su autoestima y confianza cuando alguien le emula? E invariablemente acaba queriendo a las personas que le admiran.

Otro consejo potente en la misma línea es parafrasear lo que la gente dice y repetirlo, lo que también se denomina escucha reflexiva. Esto demuestra a la otra persona que la ha escuchado, lo que en cierto modo valida todo lo que ha dicho. Los terapeutas y consejeros utilizan generosamente la escucha reflexiva (por eso a la gente le encanta hablar con ellos).

Esta técnica puede aplicarse en casi cualquier lugar, desde sus empleados hasta sus amigos o su pareja. Cuando escucha a las personas con atención y reformula lo que han dicho en forma de pregunta para confirmar que están en la misma línea, hace que se sientan más cómodas al interactuar consigo. Es más probable que desarrollen sentimientos positivos hacia usted y le escuchen con más atención porque ya ha demostrado que lo que dicen es importante para usted.

2. Confundir con los movimientos de los ojos. Otra forma fantástica de llamar la atención de un manipulador de PNL es notar si están jugando muy cerca de sus ojos o movimientos oculares. Los usuarios de la PNL suelen examinar a su objetivo o a su víctima con mucho cuidado. Los movimientos de los ojos son escudriñados para medir cómo accede y almacena la información.

En efecto, quieren determinar qué partes del cerebro utiliza para obtener pistas sobre sus pensamientos y sentimientos. Para ello, mueva los ojos por todo el lugar de forma aleatoria. Muévala hacia arriba y hacia abajo o de lado a lado sin un patrón claro. Está despistando a su manipulador de PNL. Haga que parezca natural. Su calibración se irá por el camino.

3. Cuidado con el tacto de la gente. Como hemos comentado antes, una de las técnicas que utilizan los

practicantes de la PNL es el anclaje. Si sabe que una persona practica la PNL y está en un estado emocional especialmente elevado o intenso, no permita que le toque de ninguna manera. Desvíelo de su curso riendo repentinamente con fuerza o volando en un ataque de rabia. Básicamente, les está confundiendo sobre la emoción que necesitan anclar. Incluso si intentan establecer una pista física para invocar ciertas emociones, se quedarán con una mezcla de risa loca, rabia y cualquier otra cosa que haya hecho.

4. Cuidado con el lenguaje permisivo. El lenguaje típico utilizado por los PNL incluye "estate relajado", "relájate y disfruta de esto" y otras afirmaciones similares. Tenga cuidado con este lenguaje de estilo hipnotizador de la PNL que le induce a un estado de relajación profunda o rastrea para conseguir que piense o actúe de una manera específica. Los manipuladores hábiles o encubiertos rara vez ordenan de manera directa.

Buscarán hábilmente su permiso para darle la impresión de que está haciendo lo que ellos quieren que haga por su propia voluntad (uno de sus muchos trucos siniestros). Si observa a los hipnotizadores experimentados, nunca le ordenarán directamente que haga algo, sino que buscarán su permiso para que parezca que se hace de forma orgánica, con su consentimiento.

5. Evitar el galimatías

Cuidado con las tonterías que no tienen ningún

sentido lógico o con las afirmaciones retorcidas/complicadas que no significan nada. Por ejemplo, "A medida que liberes la sensación de estar retenido por sus pensamientos, se encontrará alineado con la voz de tu éxito". ¿Tiene esto algún sentido? Los manipuladores de la PNL no dirán nada a propósito, sino que programarán su estado emocional para llevarlo hacia donde ellos quieran.

Una de las mejores maneras de protegerse contra este tipo de manipulación inducida por el hipnotismo y la PNL es instar al manipulador a ser más específico. ¿Puede ser más claro al respecto? ¿Puede especificar exactamente lo que quiere decir? No sólo interrumpirá su técnica astutamente establecida, sino que también forzará la interacción con un lenguaje preciso, rompiendo así el trance provocado por las palabras y frases ambiguas.

6. No acepte nada rápidamente. Si se ve obligado a tomar una decisión instantánea sobre algo importante y siente que le dirigen en una dirección concreta, escapa de la situación. Espere un día para tomar una decisión. No se deje arrastrar o llevar a tomar una decisión que no quiere tomar por impulso. Los profesionales de las ventas son expertos en manipular a los compradores para que compren algo que no necesitan utilizando tácticas de manipulación y PNL. Cuando alguien le apresura a tomar una decisión, debería ser una señal de advertencia para que se eche atrás y espere hasta que haya reflexionado más sobre la situación.

Capítulo 4: Persuadir e influir en las personas

La gratitud es otra gran cualidad de influenciador/influenciador/modelo de rol. Los manipuladores e influenciadores eficientes conocen el poder del simple agradecimiento para canalizar a las personas en la dirección correcta. Un simple gesto como dar las gracias a la gente, apreciar el esfuerzo que han puesto en un proyecto o elogiar públicamente sus habilidades, contribuye en gran medida a inspirar su lealtad hacia usted.

Elija siempre reconocer el trabajo o los esfuerzos de los demás y concéntrese en elevarlos como brillantes modelos de conducta para los demás. Pocas cosas suben la moral de una persona que ser presentada como un ejemplo brillante. Esto no sólo hace que la persona se sienta de maravilla, sino que también le ayuda a reforzar lo que es correcto hacer. Todo el mundo quiere ser apreciado y valorado y, por tanto, se sentirá motivado para hacer las cosas como se deben hacer. Una vez que una persona se da cuenta de que le agradece algo, seguirá haciéndolo aún más.

Otro consejo que puede convertirle en un magnífico

manipulador, influenciador y persuasor es la capacidad de ayudar a la gente a salvar la cara en una situación potencialmente embarazosa o incómoda. La persona se sentirá en deuda contigo de por vida. Sentirá una profunda gratitud por haberle ayudado a salir de una situación complicada, lo que a su vez le inspirará una lealtad inquebrantable.

Puede ayudar a desviar la atención del error de la persona. Por ejemplo, si alguien dice algo que no debería haber dicho por error o por accidente, cambie rápidamente de tema antes de que nadie se dé cuenta o haga como si no hubiera pasado nada.

Como influenciador o manipulador, está mostrando a la gente que se preocupa lo suficiente por ellos como para encubrir pequeñas vergüenzas o faltas. Sin embargo, no deje que la gente se aproveche de su amabilidad. Asegúrese de que la persona sea informada asertivamente en privado (si se trata de un asunto potencialmente importante) de que no mostrará una indulgencia similar si se trata de una infracción habitual.

Entrena y orienta a las personas en lugar de humillarlas. Si detectas un esfuerzo sincero por cambiar, ayúdales a cambiar. Trabajen juntos en estrategias que puedan ayudarles a alcanzar sus objetivos.

Relájese

Los comportamientos relajados, racionales y

constantes tienen más probabilidades de lograr el éxito influyendo en la gente que los enfoques emocionales, volátiles y exigentes. Ser ecuánime e imperturbable puede hacerle ganar más adeptos que una actitud irracionalmente dogmática.

La gente tiende a escucharle mejor cuando habla despacio, de forma relajada y seguro de sí mismo. Si se pones a despotricar y a insultar, seguro que pierde el respeto con el paso del tiempo. Los influencers rara vez muestran reacciones emocionales extremas. Exudan una seguridad natural en sí mismos que, en última instancia, les ayuda a influir en los demás sobre sus ideas.

Si realmente quiere que la gente le escuche, evite dar órdenes. Eso le hace parecer muy prepotente e irrespetuoso. En cambio, cuando demuestra que realmente le importan las aportaciones de los demás, es más probable que la gente responda a su petición. Se sentirán menospreciados y harán exactamente lo contrario de lo que les pides.

En su lugar, haga peticiones educadas y respetuosas. Utilice la palabra "por favor" siempre que pueda. En lugar de ordenar a una persona que realice una llamada de ventas al aire libre durante el día, puede decir algo como: "¿No hace un día precioso fuera hoy? ¿No sería un buen día para hacer su llamada de ventas al aire libre? Es poco probable que la persona se niegue. Pídalo de una manera que a la gente le resulte difícil de rechazar.

Preste atención a su lenguaje corporal

¿Sabía que el lenguaje corporal representa el 55% del proceso de comunicación? ¿Y que el tono de su voz supone un 38 por ciento de toda la comunicación? Esto significa simplemente que la comunicación no verbal es más importante que lo que habla o la comunicación verbal.

No se reduce a lo que dice, sino también a cómo lo dice o a la forma en que comunica algo. Todo, desde los gestos hasta la postura y la expresión de los ojos, influye en el mensaje que se intenta transmitir. Por ejemplo, cuando una persona tiene una expresión estoica en la cara y cruza los brazos sobre el pecho, sabe que le está hablando de forma acusadora. Sin embargo, una voz más calmada, unos brazos y piernas sin cruzar y un lenguaje corporal generalmente relajado harán que la otra persona se sienta más tranquila. Es probable que se ponga menos a la defensiva y sea más receptiva al mensaje.

He aquí algunos consejos para mantener un lenguaje corporal positivo. Mire de frente a la persona mientras le habla. Mantenga el contacto visual sin mirar fijamente y sin hacer que la otra persona se sienta incómoda. Está bien cambiar la mirada de vez en cuando. No se mueva ni de golpecitos con los dedos o los pies. Puede dar a su amigo la impresión de que no le interesa lo que está diciendo. Uno de los mejores consejos para revelar su interés en la otra persona o en lo que está diciendo es inclinarse en su dirección. Mantenga su lenguaje corporal menos rígido y muéstrese relajado o cómodo.

El lenguaje corporal es un componente integral de su persona como manipulador e influenciador. El tono de voz, las expresiones, los gestos, la forma de caminar, la postura y otras pistas no verbales son determinantes a la hora de conseguir que la gente haga lo que tú quieres.

Mantenga siempre un tono de voz asertivo, firme, decidido y bajo. Los estudios han revelado que hablar con la gente en tonos bajos tranquilizadores y reconfortantes hace que sean más eficientes. Esto no implica en absoluto que no debas tener una voz fuerte, segura y naturalmente confiada que demuestre que va en serio. Pero no vaya por ahí hablando en tono alto todo el tiempo para afirmar su autoridad si quiere que la gente le tome en serio. Hable siempre despacio y haga pausas efectivas para reforzar la autoridad. Parecerá menos autoritario si habla rápido sin salpicar su discurso con pausas impactantes.

El apretón de manos de un influenciador y manipulador es firme sin ser intimidante y apretado. Su objetivo debe ser asegurar a la gente en lugar de establecer un statu quo con su apretón de manos. No recurra a un apretón de manos flojo utilizando sólo las puntas de los dedos de la mano. Utilice toda la mano. Tiene una sola oportunidad de crear una primera impresión poderosa, y su apretón de manos puede causar un impacto instantáneo.

¿Sabía que la gente se apodera de usted y forma una opinión de su persona en los 4 segundos iniciales de su primera interacción con ellos? Haga que cada segundo cuente. Un apretón de manos firme transmite confianza, afabilidad y positividad. Simboliza la unión de dos poderes que pueden unirse para crear algo formidable. Las personas influyentes siempre dan la mano de una manera que transmite su fuerza y control.

No utilice gestos aleatorios, distraídos o nerviosos al dirigirse a su grupo. Utilice gestos que complementen la comunicación verbal. Por ejemplo, si está hablando de un trabajo bien hecho o de un agradecimiento dirigido a su empresa, utilice el gesto del pulgar hacia arriba. Estos gestos apoyan su discurso y crean una impresión memorable en la mente de los seguidores.

Mantenga siempre una postura poderosa. Los influenciadores fuertes comunican confianza, seguridad en sí mismos y fuerza de forma muy sutil a través de su postura. Mantenga su postura extendida y abierta para proyectar transparencia, confianza y poder. La cabeza debe estar recta. Mantén un contacto visual ininterrumpido mientras hablas con la gente. No se olvide de sonreír.

Uno de los mejores trucos antes de presentar una idea (con la que quiere que la otra persona esté de acuerdo) es practicar posturas frente a un espejo. Invariablemente, se sentirá más seguro de sí mismo y transmitirá inconscientemente a su público que tiene todo el control, que es positivo con respecto al futuro de la organización y que es capaz de establecer objetivos poderosos. Cuando esté en el escenario, intente caminar, hacer una pausa y volver a caminar para conseguir un mayor efecto, en lugar de realizar movimientos erráticos o permanecer inmóvil. El movimiento representa la energía, el entusiasmo y el compromiso, que pueden ser muy contagiosos para los seguidores.

Los gestos de ansiedad, como tirarse del cuello de la camisa o levantarse el pelo, indican un cúmulo de energía nerviosa, lo que no contribuye a asegurar a los seguidores en una crisis. Los empleados esperan que las personas influyentes estén tranquilas y controlen la situación cuando están nerviosas. Si detectan nerviosismo en su lenguaje corporal, también tienden a perder la confianza. Mantenga su lenguaje corporal calmado, frío y tranquilo para restablecer la seguridad. Esto reconforta a los seguidores y facilita la colaboración.

Desarrollar un estilo de comunicación impresionante

Cada persona tiene sus propias preferencias y estilos de comunicación a la hora de transmitir sus ideas, pensamientos y conceptos. Si quiere tener una posición más dominante o quiere que los demás le vean como una persona influyente, desarrolle un estilo de comunicación único. ¿Cuál es su principal medio de comunicación? ¿Pone más énfasis en la comunicación verbal o no verbal?

En una ocasión, una formadora me dijo que le encantaba la forma en que gesticulaba con las manos mientras hacía una presentación. Añadía más impacto al mensaje y lo hacía aún más eficaz. A partir de entonces, empecé a incorporar conscientemente estos poderosos gestos con las manos en mi presentación para darle más fuerza, lo que realmente me funcionó. ¿Cuál es su USP de comunicación? Si se le dan bien las palabras, aprovéchelo. Si tiene una cara más expresiva o animada, comuníquese a través de las expresiones.

Descubra sus propias preferencias de comunicación. Yo soy una persona que hace ojitos, así que puedo comunicarme fácilmente a través de mis ojos si no estoy satisfecha con algo. Haga un balance de sus puntos fuertes y débiles y de sus estilos de comunicación. No siempre tiene que seguir los pasos de los demás en lo que respecta a la comunicación. Póngase delante de un espejo y observe su estilo de comunicación. Preste atención a sus gestos, su voz, sus expresiones, su tono... ¿Cómo se comunica con la otra persona? ¿Qué palabras y frases utiliza con frecuencia? ¿Su estilo de comunicación anima a la gente a escuchar o a desconectar? ¿Su lenguaje es positivo o negativo?

Por ejemplo, si alguien no está rindiendo a la altura de sus expectativas, ¿dice "eres pésimo en esto" o "tienes el potencial para hacerlo mucho mejor"? ¿Su lenguaje cierra las brechas o destruye las relaciones? ¿Sus palabras animan a seguir conversando? ¿Inspiran a sus jefes, compañeros de trabajo o subordinados a aportar ideas? ¿Cierras a la gente con lo que habla? Todo esto es importante cuando se trata de la comunicación en el lugar de trabajo.

Las personas suelen tener uno de estos tres estilos de comunicación, que pueden variar según la situación. Algunas personas tienen estilos de comunicación más autoritarios o dictatoriales, mientras que otras son más sumisas. La tercera es la categoría asertiva, que es a la que debe aspirar. El dogmático o dictatorial dice: "Siempre tengo razón. Mi palabra es la verdad del evangelio". La sumisión dice: "Tú siempre tienes la razón y yo cedo a todo lo que dices".

Sin embargo, la asertividad dice: "Creo que tengo razón, pero eso no significa que no respete tu opinión o tu derecho a discrepar". La asertividad es el respeto por su punto de vista y por el de la otra persona. Es defenderse a sí mismo sin menospreciar a la otra persona. Es el medio perfecto entre ser dogmático y sumiso. Fíjese en el personal de alta dirección de cualquier organización. La mayoría de las veces, observará que han dominado el arte de exponer su punto de vista sin ofender a los demás. Por supuesto, también hay muchas excepciones. Yo he tenido mi cuota de jefes infernales. Sin embargo, las personas que saben hablar para que los demás los escuchen sin ofenderse han dominado prácticamente el arte de la comunicación empresarial.

Identificar una base común sólida

Cuando veas que la gente se desentiende de la conversación o no responde favorablemente a lo que dices, cambia de tema. Encuentra un punto en común entre tú y la otra persona para establecer un nivel de comodidad. Los vendedores utilizan esta técnica de comunicación todo el tiempo. Están entrenados en el arte de crear una relación con los clientes potenciales.

Busque pistas hasta que encuentre algún punto en común. Entable una conversación con la persona sobre el tema durante un rato hasta que se descongele. Haga que se sientan cómodos y luego vuelve al tema inicial. Estarán más receptivos y abiertos a lo que dice. A menudo nos rendimos cuando nos damos cuenta de que la otra persona no está respondiendo o reaccionando favorablemente a lo que estamos diciendo. Sin embargo, los comunicadores poderosos son capaces de encontrar rápidamente una conexión a través de un hilo conductor y hacer que la otra persona se relacione con ellos de una manera más positiva.

Diga las cosas en el momento adecuado

Este es uno de los puntos más importantes a la hora de comunicarse con la gente en el ámbito profesional. A veces, el problema de la comunicación no se basa en cómo se dice algo, sino simplemente en el momento en que se dice. Si tiene un problema con alguien en el trabajo, diríjase a él directamente en lugar de hacérselo saber a todo el lugar de trabajo. Del mismo modo, todo el mundo tiene sus días y momentos malos. Muestra más empatía hacia las personas comprendiéndolas. Todos nos estresamos y tenemos nuestra parte de días improductivos o ineficientes. Está bien tender la mano a la gente y ser comprensivo con ellos cuando es evidente que lo están pasando mal.

No debería haber lugar para el dramatismo en un entorno profesional. Asegúrese de elogiar a las personas públicamente cuando hayan hecho algo maravilloso y de criticarlas personalmente. Conozco a una persona influyente en las redes sociales que es muy popular y querida en su comunidad porque elogia públicamente a las personas. Siempre destaca sus aspectos positivos y reconoce públicamente su fuerza.

Sin embargo, cuando algo no sale como estaba previsto o los resultados no están a la altura, llama a su personal al interior de la cabina y mantiene una conversación individual con ellos. Nadie se entera de la conversación que comparte con sus asistentes. Esto hace que su aura sea muy positiva e inspiradora. Ni que decir tiene que la gente se toma en serio su palabra y la escucha.

Del mismo modo, mantenga un lenguaje corporal potente y positivo mientras se comunica con la gente. Por ejemplo, mantenga el contacto visual para demostrar que le interesa o respeta lo que le están diciendo. Sea más consciente y atento a su lenguaje corporal mientras se comunica con la gente. Imagine que un compañero de trabajo le está expresando sus preocupaciones y usted coloca la barbilla sobre la mano mientras pone los ojos en blanco periódicamente mientras le escucha. ¿Qué señal les está enviando? Que no le importa nada lo que están diciendo o que está completamente aburrido.

Utilice siempre un lenguaje que resuene con su gente. Si está tratando con un grupo de becarios, evite utilizar una jerga demasiado técnica que no entiendan o con la que no se identifiquen. Puede que se sientan identificados con una jerga ligeramente más desenfadada y milenaria. Del mismo modo, si se dirige a un grupo de altos directivos, puede que tenga que recurrir a un lenguaje más técnico y profesional que resuene con ellos.

La jerga técnica innecesaria puede complicar o confundir a la gente. Es posible que no pueda impartir la información con eficacia o transmitir sus ideas de manera impactante. Utilice un lenguaje que provoque un mayor compromiso y debate. El objetivo principal de la comunicación debe ser comunicar su punto de vista de forma convincente, no pasar por listo.

Utilice la técnica del sándwich

La técnica del sándwich no puede calificarse realmente como una técnica altamente manipuladora. Sin embargo, es eficaz porque le ayuda a conseguir que la otra persona haga lo que usted quiere utilizando la carta de la diplomacia. Se trata de uno de los métodos más poderosos cuando se trata de comunicar algo complicado y potencialmente ofensivo a su pareja. El método consiste en intercalar una afirmación potencialmente negativa u ofensiva entre un par de afirmaciones positivas.

Por ejemplo: "Escucha, Bridget, te adoro mucho y me haces realmente feliz. Sin embargo, me resulta difícil que trabajes las veinticuatro horas del día. Si redujeras tu trabajo y pudiéramos pasar un buen rato juntos, sería muy feliz. Me siento tan bien cuando estoy contigo". ¿Ve lo que hemos hecho? Hemos utilizado una acusación potencialmente conflictiva (no pasas suficiente tiempo conmigo por culpa de tu trabajo) entre dos afirmaciones que suenan dulcemente y que garantizan que se derrita el corazón de su pareja.

No lance una bomba a su pareja lanzando acusaciones de la nada. Utilice siempre señales o indicadores para avisar de algo, de modo que la persona esté preparada para ello y no se vea sorprendida. Si tiene una preocupación genuina que quiere que escuche, empiece la conversación con algo como: "Quiero quitarme esto de encima" o "Me vendría bien que me aseguraran que...". De este modo, su interlocutor se da cuenta de que no le está acusando realmente, sino que sólo necesita que le tranquilicen y le escuchen.

Practicar la escucha activa

De nuevo, la comunicación consiste tanto o más en escuchar que en hablar. Se trata de permitir que su otra mitad sepa que está 100% atento e interesado en lo que está hablando.

Puede ser en forma de varias pistas verbales y no verbales, como el contacto visual, el reconocimiento de lo que están diciendo, el parafraseo de lo que han dicho (para demostrar que ha estado escuchando con atención y quiere entenderlo correctamente) y mucho más. No mire el teléfono o el periódico mientras su interlocutor está hablando. Hágale saber que tiene toda su atención.

Resista el impulso de interrumpir a su interlocutor mientras habla. Manténgase centrado, interesado y atento. Conocí a un amigo que solía interrumpir para dar consejos a su mujer cada vez que ésta exponía sus quejas en el trabajo. Muchos hombres lo hacen, y en realidad no es culpa suya.

Simplemente están conectados para arreglar todo desde los tiempos primitivos. Una mujer puede querer simplemente hablar con su corazón para sentirse más ligera. Puede que no busque necesariamente consejos, orientación o sugerencias. Sin embargo, el hombre se cree su caballero de brillante armadura y empieza a ofrecerle soluciones inmediatas. Esto también puede ocurrir a veces con las mujeres. Resiste el impulso de ofrecer soluciones y céntrese en escuchar a su pareja.

Cuando terminen de hablar, podrá averiguar si están pidiendo consejo. No se precipite a dar su opinión cuando todavía estén hablando. Deje que terminen antes de dar un consejo.

Mire a su pareja mientras habla y responda de vez en cuando con un movimiento de cabeza o con pistas verbales como "u-huh", "ya veo" y "hmm". Haga un tiempo de conversación diario reservado solo para usted y su pareja. Puede ser durante el desayuno o la cena o justo antes de irse a la cama. Respete la necesidad de la otra persona de hablar o incluso de permanecer en silencio. A veces, la persona puede no querer hablar, lo cual también está bien. Puede entablar una conversación cuando se sienta más preparada o con más energía para ello.

Aunque no esté de acuerdo con lo que dice, aguante un rato. Haga que la comunicación honesta y abierta sea su principal objetivo para conseguir una relación más gratificante y satisfactoria.

Preste atención al mensaje general

Reflexione sobre el mensaje que su pareja ha transmitido a través de sus palabras, en lugar de limitarse a captar algunas palabras aquí y allá. Compruebe con ellos si realmente entiende sus sentimientos. Puede comprobarlo de la siguiente forma: "Cariño, lo que entiendo de lo que dices es" o "Si lo he entendido bien, creo que te sientes....".

Esto le dice a su pareja que le importa lo que dice y que está atento a su mensaje. Está muy interesado en asegurarse de que le entiende correctamente y de que no hay margen para malentendidos o falta de comunicación. De nuevo, esto le ayuda a empatizar con la perspectiva de la otra persona.

Por mucho que lo deteste, conocer e interactuar con extraños es una parte integral e ineludible de su vida. En nuestro día a día nos cruzamos con personas que no conocemos de nada. La buena noticia es que existen algunos trucos inteligentes para caerle bien a los desconocidos.

Estos son mis consejos favoritos cuando se trata de influenciar y manipular a extraños.

Utilizar su nombre varias veces

Los desconocidos no esperan realmente que utilice sus nombres en cuanto se presentan a usted o se los presenta una tercera persona. Además, la gente está predispuesta a adorar el dulce sonido de sus nombres (el narcisismo se paga). Una vez que conozca el nombre de alguien, utilícelo unas cuantas veces durante la conversación de forma natural.

No exagere o parecerá falso. Siempre me doy cuenta de que cuando me dirijo a los representantes del servicio de atención al cliente con sus nombres unas cuantas veces durante la llamada, se muestran aún más dispuestos a ayudar. La persona invariablemente siente una sensación de conexión o amistad hacia usted. Las gélidas vibraciones de ser extraños se descongelan un poco y él/ella se vuelve más familiar cuando se dirige a usted por su nombre.

Además, cuando repite el nombre de una persona más de una vez, las posibilidades de recordarlo aumentan. Esto puede ahorrarle la vergüenza de olvidar nombres (y enterrar definitivamente sus posibilidades de caerle bien a la persona).

Sonreír y mantener el contacto visual

Esta es una obviedad, sin lugar a dudas. La sonrisa es una expresión universal de vinculación o apertura a alguien. Ofrece a los desconocidos una sonrisa genuina y cálida para aumentar la sensación de familiaridad. Le hace parecer más accesible, amigable y simpático. Además, establece un tono más positivo para futuras interacciones. El pequeño acto de sonreír hace que el cerebro libere hormonas químicas que le hacen sentir más feliz como persona. De este modo, entrará en una interacción sintiéndose más amable, más feliz y positivo, lo que invariablemente le hace más simpático.

El contacto visual es una expresión universal o una señal de confianza, transparencia, honestidad y autenticidad. Más del 50 por ciento de nuestra comunicación se produce visualmente. Por eso, mirar a los ojos de una persona le da un impulso de familiaridad inmediato. ¿Quiere dar la impresión de estar seguro de sí mismo sin rayar en lo espeluznante? Mantenga una proporción saludable de 60:40.

Utilizar la inclinación de la cabeza

El título de la cabeza es una magnífica forma no verbal de comunicar su interés por un desconocido o de caerle bien a un desconocido. Basta con inclinar la cabeza hacia un lado u otro. Esto comunica subconscientemente a la otra persona que no es una amenaza para ella porque está exponiendo su arteria carótida. Es la arteria principal que suministra sangre al cerebro, y cualquier daño a esta arteria puede conducir a la muerte instantánea o a un daño cerebral permanente. Al exponer esta región de su cuerpo, está indicando al desconocido que ni él es una amenaza para usted ni viceversa. De forma no verbal, está sentando las bases para una relación no amenazante.

Utilizar declaraciones empáticas

Las afirmaciones empáticas ayudan a mantener el foco de atención en la otra persona, lo que hace que usted resulte más simpático. En general, a las personas les gusta que la atención se centre en ellas mismas y no en los demás. Se sienten muy bien cuando son el centro de atención. No repitas sus afirmaciones, ya que puede parecer paternalista o condescendiente. Reformule lo que han dicho manteniendo el foco en ellos. La fórmula estándar para crear declaraciones empáticas debería ser: "Así que, lo que sientes o estás diciendo es ....."

Esto los convierte inmediatamente en el centro de la conversación. Algo así como: "Entiendo cómo te sientes". La idea es que la otra persona sea siempre el centro de la conversación. Esta fórmula básica rara vez falla cuando se trata de caer bien a los desconocidos.

Pedir favores

Sé que esto parece divertido e incluso contraintuitivo. Es decir, si le pide un favor a alguien y lo cumple, le caerá bien, ¿verdad? Sin embargo, Ben Franklin se dio cuenta de que cada vez que pedía un favor a sus compañeros de trabajo, les caía mejor que cuando no pedía favores. Esto también puede funcionar con los desconocidos cuando se trata de romper el hielo y abrir a la gente hacia usted. "Oh, tú trabajas para la empresa XYZ, y me gustaría que me dieras los datos de contacto del director de marketing para una asociación de marcas o un acuerdo. Sería muy amable si pudieras ayudarme con sus datos de contacto".

Cuando alguien hace un favor, se siente muy bien consigo mismo, y si le pide un favor a una persona le está ayudando a sentirse maravillosamente bien. Esto contribuye en gran medida a aumentar su cociente de simpatía. Hace que la persona que hace el favor sea más grande o foco de atención, lo que la hace sentir bien. Sin embargo, no exagere a la hora de pedir favores a la gente sólo para caerles mejor. Pedir demasiados favores hará que la gente corra en dirección contraria. Así, está manipulando a una persona para que desarrolle sentimientos positivos hacia usted al pedirle favores.

Mantenga su lenguaje corporal abierto y accesible

¿Sabía que los desconocidos se forman una impresión sobre usted en los primeros cuatro segundos de haberle visto o conocido? Los primeros cuatro segundos son cruciales a la hora de formarse una impresión de los desconocidos. Esto significa que la persona se formará una opinión sobre usted incluso antes de que usted diga nada. En estos casos, la responsabilidad recae en sus señales no verbales o en su lenguaje corporal. Mantenga su lenguaje corporal relajado y abierto.

Por supuesto, las acciones hablan más que las palabras. Funcionan a un nivel muy subconsciente y primordial. Mantenga sus gestos, postura, expresiones, movimientos de piernas, etc. más accesibles. Esto puede ayudar a determinar a nivel subconsciente si los desconocidos le ven como una persona abierta y receptiva. Su lenguaje corporal determinará si le gusta a una persona o no, independientemente de lo que diga.

Mantenga las palmas de las manos y los brazos abiertos si quiere parecer una persona más accesible y receptiva. Las piernas deben estar más abiertas y el torso y la cabeza deben apuntar en dirección a la persona con la que se está comunicando. Se añaden puntos por mantener el contacto visual. La gesticulación consiste en utilizar las manos para añadir más significado o expresión a su mensaje verbal. Por ejemplo, señalar con el dedo para enfatizar una palabra o frase.

Esto le hace más simpático a los desconocidos, ya que da la impresión de ser alguien con mucha energía, expresión y entusiasmo. Se percibe como una persona más expresiva, animada y elocuente. La gente responde más positivamente a las personas que son animadas en sus gestos.

Ofrezca cumplidos sinceros y específicos

Uno de mis consejos para romper el hielo con los desconocidos es hacerles un cumplido genuino y específico. Puede ser un cumplido pequeño, casual y específico que les alegre el día. Yo iría un paso más allá y les preguntaría dónde han comprado esas cosas. Es una forma increíble de abrir otras vías de conversación. Por ejemplo, puede preguntar a un desconocido o a una persona que le acaban de presentar de dónde ha sacado su precioso bolso o cartera.

A esto, pueden responder que lo compraron en Londres mientras estaban de vacaciones allí. ¡Bingo! Esto le da la oportunidad de hablar de sus vacaciones en Inglaterra. De este modo, provocará un recuerdo feliz, lo que hace que les guste. ¿A quién no le gustan los cumplidos sinceros? Un consejo profesional a la hora de hacer cumplidos es que sean específicos para que suenen auténticos.

En lugar de decirle a alguien lo maravilloso que es su traje, puede decir que el corte le queda magnífico o que le encanta cómo le queda el atuendo. Del mismo modo, en lugar de decirle a alguien que es un buen orador, escoja trozos de la conversación que realmente le hayan gustado. Otro favorito es, en lugar de decir "eres preciosa" o "tienes unos ojos preciosos", decir algo como "el color de tus ojos es precioso" o "tienes unos ojos muy conmovedores". Empieza con una sonrisa cálida, mantén el contacto visual y luego elogia sus ojos. Funciona de maravilla.

Aplauda el humor que han utilizado en el discurso o su potente vocabulario. Hacer el cumplido de forma específica le hace parecer más genuino que un simple halago. Los elogios son una forma estupenda de ganarse la simpatía de los desconocidos.

Hacer reír a la gente

De todos los consejos de comunicación que doy a la gente, éste probablemente encabeza la lista cuando se trata de romper el hielo con desconocidos. La gente le adorará si les hace reír. No es ningún secreto que los vendedores que hacen reír a sus clientes potenciales obtienen altas cifras de ventas o los representantes de atención al cliente que hacen reír a los clientes obtienen altas puntuaciones de satisfacción.

Asegúrese de no hacer chistes ofensivos ni recurrir al humor relacionado con temas delicados como la religión, el racismo, etc. Mantenga la limpieza, la inteligencia, la sencillez y la salud. La gente suele estar estresada, agotada y aburrida de su rutina diaria. Cuando recurre al humor, les aligera el día haciéndoles reír. Les da un respiro de una existencia mundana, lo que le hace entrañable para ellos. Si le dicen que tienen un día difícil o que han llegado tarde al trabajo, dele un toque más desenfadado. Esto transformará su estado de ánimo hosco y les hará más receptivos a una conversación.

Algunas de mis personas favoritas en el mundo son las que me hacen reír, y no es muy diferente para la mayoría de la gente.

Evita enojarte

Había un niño pequeño con bastante mal genio. Su padre le dio una bolsa de clavos y le pidió que clavara un clavo en la valla cada vez que el niño perdiera la calma. El primer día, el niño clavó 37 clavos en la valla. Poco a poco, el número de clavos perforados en la valla se fue reduciendo. El chico descubrió que era más fácil contener su ira que pasar por todo el proceso de clavar clavos en la valla.

Un día, el niño no perdió los nervios ni una sola vez. Fue y se lo contó a su padre con orgullo. El padre le pidió entonces que le quitara una uña por cada día que lograra controlar su temperamento. Pasaron varios días y todos los clavos habían desaparecido. El padre le cogió de la mano y le llevó a la valla. Le dijo: "Lo has hecho bien, hijo. Sin embargo, mira los agujeros que han quedado. La valla nunca volverá a ser la misma. Cuando se dicen cosas con rabia, se dejan cicatrices permanentes. No importa cuántas veces sientas o digas que lo sientes, la herida es para siempre".

No vale la pena ser un Adolf Hitler moderno. Las reprimendas duras pueden hacer que la gente actúe por miedo a corto plazo. Sin embargo, será menos eficaz a largo plazo, debido a la reducción de la moral del equipo, la baja motivación y la inexistencia de un propósito superior para lograr el objetivo. Sea paciente y tolerante con las debilidades de las personas. En lugar de enfadarse, vea cómo puede ayudarles a superar esos defectos para aumentar la productividad.

Me viene a la mente la famosa cita maquiavélica "Y aquí viene la cuestión de si es mejor ser amado que temido o temido que amado". Aunque lo ideal es un equilibrio entre ambas cosas, el amor puede ayudar a ganar una lealtad feroz, compañerismo y fe. Hace que los seguidores estén intrínsecamente motivados para dar lo mejor de sí mismos y evitar defraudar a su influenciador. Esto puede ser mucho más potente que las recompensas físicas o las reprimendas.

Puede que creas que el miedo es más potente y estable a la hora de realizar las tareas. Sin embargo, también puede conducir a la corrupción y a medios poco escrupulosos en los que las personas tratan de torcer el sistema para evitar la reprimenda. En lugar de actuar con un sentido de lealtad interna, simplemente hacen cosas para evitar el castigo o la ira de su persona de influencia, lo que puede llevarles a utilizar medios poco éticos.

Por ejemplo, Adolf Hitler. Era alguien que no dirigía

más que por el miedo. Ascendió al poder rápidamente inculcando una sensación de miedo a sus seguidores. La gente no tenía más remedio que obedecer. ¿Cuáles fueron los resultados? Devastadores, por decir lo menos.

Consolar a la gente cuando comete errores y generar confianza

Sé siempre una fuente de consuelo para las personas cuando quieras que realicen una acción o piensen de una manera determinada. Las personas deben poder sentirse seguras y reconfortadas en las horas más sombrías. No sea una fuente de depresión, negatividad, miseria y desánimo de sus seguidores. ¿Cómo afrontas las situaciones en las que su cónyuge, sus empleados, sus hijos y otras personas cercanas le decepcionan? ¿Reacciona inmediatamente y causa aún más daño a la situación ya volátil? Puede que esa no sea la mejor manera de afrontar la situación.

Consolar a las personas cuando se equivocan o le decepcionan ayuda a que se arrepientan del error en lugar de ponerse a la defensiva. Si se lanza a la ofensiva, prepárese para aceptar un camión de excusas y defensas. En lugar de culpar a las personas o acusarlas, intente ganarse su confianza haciéndoles entrar en razón. Los manipuladores saben cómo perdonar a la gente o pasar por alto sus faltas y, posteriormente, utilizar este perdón como palanca para generar confianza y conseguir que la otra persona realice la acción deseada o piense de una determinada manera.

Veamos un ejemplo. Un empleado por lo demás brillante, Rick, ha sido bastante decepcionante en su último proyecto. En lugar de menospreciarle por su dejadez, intente reconfortarle para que entienda qué es lo que realmente le ha llevado a esta inverosímil situación. Pregúntale a Rick si hay algo que puedas hacer para ayudarle. Intente averiguar si algo ha cambiado en los últimos días o si su moral está baja.

Acusar y reprender a la gente puede no llevarte muy lejos. Puede que no llegues a la raíz del problema. El miedo no fomenta las conversaciones constructivas. Supongamos que Rick ha hecho un nuevo grupo de amigos, que beben en el bar local hasta altas horas de la noche todos los días, lo que le ha llevado a no poder dedicar suficiente tiempo al trabajo. Es posible que no lo comparta con usted si considera que su enfoque es condescendiente y crítico. Una vez identificado el problema, podrían trabajar juntos para resolverlo. Sin embargo, para concretar el problema, tiene que ser una persona accesible, que le dé seguridad y le reconforte.

Descarte los rencores y sea positivo.

Como manipulador o influenciador, es fundamental marcar el ritmo de una cultura organizativa más inclusiva que se nutra del progreso, la positividad y el perdón por encima de las mordidas, la venganza y las palabras sueltas que pueden obstaculizar la productividad. Dado que los influenciadores operan en el punto focal de las relaciones humanas, cada uno de sus movimientos debe estar dirigido a dar un ejemplo de generosidad y perdón.

Reflexione y recuérdese a sí mismo que guardar rencor o malos sentimientos contra la gente genera negatividad en su interior y ayuda inconscientemente a la otra persona a detectarla. Absorbe su energía y puede conducir a acciones irracionales o negativas. Le quita el foco a los objetivos productivos. Póngase en el lugar de otra persona. Imagínese en su lugar para intentar comprender qué le llevó a comportarse de esa manera sin juzgar duramente sus acciones. No es necesario que respalde o esté de acuerdo con sus acciones. Intente ver de dónde vienen. Una vez que les muestre una comprensión inesperada, se sentirán en deuda con usted. Esto puede ser aprovechado más tarde para conseguir que realicen la acción deseada.

En lugar de guardar rencor y buscar venganza, hable con la persona honestamente sobre cómo se sintió y acabe con ello. Se sentirá mejor y menos propenso a albergar rencores después de expresarse. Perdonar y olvidar el acto necesita un cierre. No se dirija a las personas con rabia, y al mismo tiempo libérese de guardar cualquier tipo de rencor hacia ellas. Además, no sirve de nada hablar a la gente en la cara y guardar rencor contra ellos en su interior. Deshágase de todos los malos sentimientos interna y externamente. Muestre compasión, hable con dulzura, intente comprender qué ha llevado a las personas a comportarse como lo han hecho y perdónelas por dentro.

Una de las mejores estrategias para descartar los rencores es llegar a algún tipo de entendimiento con una persona o grupo de personas. Consiga una garantía clara de que las personas no repetirán sus acciones. Esto le ayudará gradualmente a restablecer la confianza y a eliminar los rencores.

El perdón no le hace menos influyente. No implica que no esté operando desde una posición de poder o renunciando a su papel dominante. Simplemente significa que es lo suficientemente sabio como para dejar de lado las emociones negativas y centrarse en la positividad para aumentar la productividad de la organización.

Ser positivo es el grupo sanguíneo de todos los influencers. Hablando más en serio, todo el mundo tiene algunas características positivas y negativas. Si ha encontrado el ser perfecto, probablemente exista en otro planeta. Los grandes influenciadores, persuasores y manipuladores conocen el valor de cultivar una cultura que fomente los errores de los empleados como forma de aprendizaje y crecimiento. Aunque esto suena abiertamente optimista, a la larga conduce a menos errores. Todos los fracasos pueden incluir algún tipo de aprendizaje.

En lugar de centrarse en los puntos débiles de sus empleados, intente destacar sus puntos fuertes incluso cuando se refiera a sus errores. Esto da un poderoso giro positivo al proceso de evaluación de su acción. Veamos un ejemplo. Una empleada, Ann, carece de habilidades de gestión del tiempo, por lo que se ha saltado un par de plazos. Sin embargo, es muy buena investigadora.

Empieza diciéndole lo maravillosamente bien investigado que está el proyecto y el mayor aprecio que era capaz de obtener si se hubiera entregado a tiempo. Esto no hace que los miembros de su equipo se sientan devaluados o desmotivados. Estarán más motivados y decididos a aprender de su error en el futuro. El mero hecho de resaltar los aspectos negativos hace que la moral del empleado caiga en picado.

Un consejo sólido para ganarse la lealtad y la fidelidad de la gente es ser bueno con ellos cuando menos lo esperan. La gente asume automáticamente reacciones duras de los influencers cuando cometen errores. Sin embargo, si los trata con amabilidad y compasión, resaltando sus aspectos positivos, sólo estará reforzando su moral para no repetir el error.

Critique o amoneste el error, no a la persona. Un influencer maduro no recurre a los insultos ni a los ataques personales. La gente se frustra y se desmoraliza cuando se le critica en lugar de señalar sus actos. Esto genera resentimiento y rebelión en los seguidores. La gente no se sentirá muy cómoda discutiendo abiertamente con un influencer que recurre a criticar sus actos. Cuando la gente comete errores, ya se siente miserable por ello. Cuando les perdonas por ello, siempre recordarán el favor. Esto le da una base sólida para conseguir que hagan lo que usted quiere más adelante.

Hablar con dureza es como echar sal en las heridas existentes. No digas algo como "eres un trabajador terrible". En su lugar, intenta decir "lo que hiciste no fue lo mejor. En su lugar, podrías haber hecho esto". De este modo, sigues señalando el error sin parecer personalmente ofensivo. Además, cuando se produzcan errores y surjan problemas a causa de ellos, deshazte del juego de la culpa. Forma parte de la solución en lugar de hacer que la gente se sienta fatal por sus errores. Un influenciador eficaz pasa del problema y utiliza un enfoque orientado a la solución. Céntrate en cómo remediar la situación problemática.

Capítulo 5: Cómo abordar la manipulación en las relaciones

La manipulación emocional o estar en una relación manipuladora es una de las cosas más desafortunadas que una persona puede experimentar. No sólo destruye su sentido de la autoestima, sino que también le impide disfrutar de relaciones satisfactorias y gratificantes en el futuro. La manipulación va en contra del espíritu de una relación sana, feliz, positiva e inspiradora.

Si bien todos manipulamos de una u otra manera a nuestros seres queridos, la manipulación se vuelve siniestra cuando golpea las emociones o el sentido de autoestima de una persona para cumplir con una agenda egoísta. He aquí algunos tratos eficaces para hacer frente a la manipulación en las relaciones.

1. Observe atentamente sus sentimientos después de cada interacción. ¿La mayoría de las conversaciones o interacciones con su pareja le hacen sentir confuso, indigno o invadido por la duda? Si hace una comprobación rutinaria de sus sentimientos, podrá identificar una causa clara.

Por ejemplo, si se da cuenta de que siempre se siente culpable después de una conversación con su pareja. Rebobine la conversación y repase lo que ha dicho su pareja después de cada interacción. ¿Cómo empezó? ¿Cuáles son las palabras y frases típicas que utiliza al hablar? ¿Existe un patrón en lo que dicen y en cómo le hacen sentir?

Sería aún mejor si pudiera anotar sus sentimientos para identificar fácilmente el patrón emergente.

Dígase que el problema son ellos y no usted. Recuerde que sólo le están engañando para que piense que es su culpa o que no es lo suficientemente bueno. Lo más probable es que el manipulador esté lidiando con graves problemas propios, que es incapaz de manejar con eficacia. Esto es sólo para ayudarle a establecer un contexto para sus actos, no para que sienta simpatía por ellos. Tenga en cuenta que los manipuladores rara vez merecen compasión.

2. Evalúe su relación de forma objetiva. Si no puede determinar si realmente está en una relación manipuladora o si la persona lo es, obtenga una revisión de la realidad hablando con amigos o personas de confianza.

Pídales una evaluación objetiva de su relación con franqueza. ¿Creen que su pareja tiene expectativas poco razonables de usted? ¿Creen que su pareja se está aprovechando de usted? ¿Creen que está siendo emocionalmente vulnerable?

A veces, al hablar con una tercera persona, obtenemos una perspectiva que no habíamos considerado antes. Probablemente le dará una nueva forma de ver las cosas, lo que le permitirá actuar inmediatamente si le están manipulando.

3. Enfréntese al manipulador. Considere varios ángulos antes de ir a por todas y enfrentarse a su manipulador. Lo más probable es que no admita sus actos de manipulación, sobre todo si pareces inseguro y nervioso.

En lugar de hacer afirmaciones generales sobre cómo "te han estado utilizando" o "se han aprovechado de ti", vaya al grano. ¿Cómo le hace sentir una acción o unas palabras concretas? Enumere los casos concretos en los que ha sentido que se han aprovechado de usted. A continuación, haga una petición positiva y amable, pero asertiva, para que enmienden su comportamiento.

Le está comunicando al manipulador que es consciente de sus trucos, lo que le hace ser más cauto a la hora de manipularle. En el mismo sentido, también le está dando la oportunidad de que se ponga las pilas. Para salir de una relación emocionalmente manipuladora se necesita un verdadero esfuerzo y compromiso por su parte. Tendrá que permanecer atento y desarrollar reservas ilimitadas de autoestima y positividad.

4. Golpee con fuerza en su centro de gravedad. Si nada

más parece funcionar, golpea al manipulador con fuerza en su centro de gravedad. A menudo recurrirá a estrategias malvadas, como hacerse amigo de sus amigos y luego hablar mal de usted o tentarle con una recompensa y luego echarse atrás o no cumplir su compromiso.

Como conoce a la persona a la medida, golpéela donde más le duele. Su centro pueden ser sus amigos, sus seguidores o cualquier cosa que consideren integral para su existencia. Utilice este conocimiento para ganarles en su propio juego.

5. No se adapte a sus ideas. La clave para evitar que le manipulen es reinventarse y tener sus propias ideas sobre las cosas en lugar de suscribir las suyas. Los manipuladores le meterán sus ideas por la garganta, ya que necesitan controlarle para promover su agenda. Tenga sus propios puntos de vista, ideas y opiniones claras sobre varios aspectos de su vida. Si le meten constantemente una idea determinada en la cabeza, es como consiguen encerrarle en una caja.

No intente encajar, céntrese en la reinvención. Trabaje duro para destacar entre los demás. Sea diferente, único y notable a su manera. El crecimiento personal y la construcción de su autoestima es la clave para luchar contra la manipulación.

6. No se comprometa. La culpa es una emoción poderosa que aprovechan los manipuladores. Utilizarán sus dudas y su culpabilidad en su beneficio. El objetivo es destruir su sentido del equilibrio e

infundirle una sensación de incertidumbre. Esta incertidumbre acaba llevándole a comprometer sus valores, ideales y objetivos.

Evite sentirse culpable o comprometerse. No dude de sí mismo ni de sus capacidades. Aunque tenga una relación con una persona, no le debe nada si no le trata con respeto. Toda persona merece sentirse maravillosa y positiva consigo misma. Si una persona no le hace sentir bien consigo mismo o con sus logros, puede haber un problema. Cree firmemente en sus valores e ideales. No comprometa sus valores, creencias, objetivos e ideales. Recuerde que merece sentirse bien consigo mismo y con sus logros. Debe haber un fuerte sentimiento de autoestima, seguridad en sí mismo y confianza en lo que está haciendo.

Un manipulador se vuelve impotente ante una gran confianza en sí mismo. Empiezan a perder su influencia una vez que aprendes a operar con confianza y se niega a comprometerte con cualquier cosa que socave su autoestima o sus valores fundamentales.

7. Don't ask for permission. This is like giving the manipulator a pass to manipulate you however they want. The problem is that from childhood we are conditioned to ask for permission. When we are babies, we ask for permission to eat and sleep. Throughout school, we ask for permission to go to the bathroom, eat lunch, or drink water.

Una consecuencia directa de esto es que, incluso de

mayores, no dejamos de pedir permiso a las personas cercanas. En lugar de informar a su pareja de que tiene previsto quedar con un amigo para comer, le preguntará inconscientemente si le parece bien que planee algo con su amigo. Al pedir permiso constante y habitualmente, sólo está dando el control de su vida a otra persona, especialmente si es del tipo más manipulador.

No se preocupe demasiado por ser educado o hacer sentir bien a los demás a costa de su propia comodidad y felicidad. Recuerde que tiene derecho a vivir su vida exactamente como quiera. La manipulación emocional consiste en hacerle sentir en deuda o esclavizado por alguna regla imaginaria que sólo existe en la mente del manipulador. Nunca querrán que se sienta autosuficiente y tome sus propias decisiones porque eso disminuye su poder sobre usted.

No es necesario someterse a sus dictados autoritarios ni consultarles antes de todo lo que hagas, a menos que les afecte de manera importante. Tuve un compañero de trabajo que pedía permiso a su novia incluso antes de ir a tomar un café o salir a comer. Era ridícula la forma en que ella lo trataba y trataba de controlar cada uno de sus movimientos. Como era de esperar, la relación terminó con una nota amarga.

Sin embargo, nadie puede hacerle sentir miserable sin su permiso. Y al pedir constantemente permiso, le está dando permiso a su pareja para que le haga sentir miserable, si es que eso tiene sentido. Puede hacer caso omiso de la obsesión del manipulador por confinarse en cualquier momento viviendo su vida como quiera, sin su interferencia o permiso.

8. Esté abierto a nuevas oportunidades. El manipulador quiere que pongas todos los huevos en su cesta para poder tirarla cuando le apetezca. No se encierre en ellas ni se ate a un compromiso con el que no se sienta cómodo. No se conforme ni acepte su vida actual. Si está en una relación muy manipuladora o abusiva emocional/físicamente, intente liberarse y explorar otras relaciones u oportunidades.

Los manipuladores en las relaciones suelen aprovecharse del hecho de que su pareja está "acostumbrada a ellos", "es adicta a ellos", "no puede prescindir de ellos" o "no puede conseguir a nadie mejor". A menudo permanecemos en relaciones abusivas porque creemos que no merecemos nada mejor o que no conseguiremos a nadie mejor. Existe un miedo a la soledad o una falsa sensación de estar en el capullo de una relación.

Libérese de esos patrones de pensamiento auto limitadores y poco saludables. Por supuesto, se merece algo mejor en la vida o encontrará a alguien que le trate con respeto y dignidad. Para mantenerse en su sitio, los manipuladores recurrirán a muchos insultos. Si expresa un deseo, le harán sentir que es arrogante, egoísta, orgulloso, frío e inhumano y muchas otras etiquetas poco caritativas.

Quieren que siga dependiendo de ellos. Al buscar

nuevas oportunidades de trabajo, relaciones, aficiones, etc., sólo está debilitando su control sobre usted. Busque nuevas personas, haga nuevos amigos, únase a un club de aficiones, hágase voluntario en una ONG. Haga algo con propósito y significado que le dé la oportunidad de conocer gente nueva y vivir una vida más intencional. Sólo así podrá empezar a ser autosuficiente e independiente.

9. No sea un bebé. Si le engañan una o dos veces, es vulnerable, pero si deja constantemente que la gente le pase por encima sin aprender la lección, es un auténtico bobo. Deje de permitir que los manipuladores se aprovechen de su credulidad. Desarrolle la autoconciencia sobre los manipuladores y conozca cómo operan. Tenga suficiente autoestima para rechazar a los manipuladores.

Conozco a muchas personas que van dormidas por la vida, permiten que la gente se aproveche de ellas y luego culpan a los demás de su situación. No puede ir por ahí ajeno a los manipuladores que intentan utilizarle para cumplir sus planes. En lugar de culpar al mal que le rodea, sea inteligente y tome el control de su vida. Sí, la desafortunada verdad de la vida es que las personas negativas y manipuladoras existen. Se aprovechan de las personas para llevar a cabo sus planes.

Sin embargo, esto no debería ser su billete para cometer los mismos errores una y otra vez y llorar. Los manipuladores no pueden manipular sin el permiso de sus víctimas. Acepte la responsabilidad de sus éxitos y fracasos. Si le superan en inteligencia o estrategia, no es culpa de nadie. Aprenda de los errores del pasado. Esté atento a un patrón que pueda revelar sus propias vulnerabilidades. No sigas confiando en las personas equivocadas una y otra vez.

Del mismo modo, no sigas dando múltiples oportunidades a una persona crónicamente manipuladora. Libérese de ellos. Elimine a los manipuladores de su vida. Comprométase a rodearse de personas positivas, alentadoras y afines que no se aprovechen de usted.

Recuerde que tiene el control total de su vida. Apueste por sí mismo y no por otras personas. Si apuesta por otras personas o confía excesivamente en otras personas para su felicidad, se hace más vulnerable a la manipulación.

De nuevo, las víctimas de la manipulación no tienen mucha confianza en sus juicios. Aprenda a confiar en sus juicios e instintos. Usted sabe lo que es bueno para sí mucho mejor que nadie. No vaya por ahí preguntando a la gente cosas como "¿en qué soy bueno?", "a qué me dedico", "quién es el verdadero yo", etc. Simplemente está abriendo las puertas de la manipulación. No vaya por ahí demostrando su falta de conocimiento sobre sí mismo.

De nuevo, conozco a mucha gente que va por ahí buscando la validación constante de los demás. Miran a los demás para que los definan. Estas personas ni siquiera se compran un pantalón si no lo aprueban los demás. ¿Por qué deberían definirle los demás?

Defínase y confíe en su criterio. Los ganadores no son personas que tienen una capacidad más evolucionada para escuchar a los demás. Son los que han desarrollado la capacidad de sintonizar con sus creencias y juicios. No dependen de la validación o aprobación externa de sus creencias. Una confianza establecida en sus creencias y juicios hace que los manipuladores no tengan poder. Cuando no busca la validación de los demás, ellos no tienen el control de cómo le hacen pensar y sentir. Empiece a confiar en su instinto y en su juicio.

10. Manipuladores dependientes. Esto es un poco opuesto a la imagen estereotipada de un manipulador, pero existen. Al contrario que la mayoría de los manipuladores, un manipulador dependiente le hará sentir constantemente que no tiene poder y que depende completamente de sí. Le conceden la posición más alta en una relación hasta tal punto que se siente emocionalmente agotado mientras trata con ellos.

La manera de manejar este tipo de manipulación es hacer que tomen decisiones gradualmente. Hágales ver que son tan responsables de su bienestar como usted. Póngalos conscientemente en posiciones en las que se vean obligados a tomar una decisión. Hábleles de que su falta de responsabilidad en la toma de decisiones es estresante para usted. Con el tiempo, puede que les guste asumir la responsabilidad.

Capítulo 6: La manipulación de la opinión pública como orador

Si hay algo que distingue a los influencers del común de los mortales, siendo todo lo demás igual (talento, conocimientos, habilidades), es la forma de hablar de los influencers. El lenguaje de los influencers no es un lenguaje mágico. Sin embargo, es un lenguaje cotidiano hablado con eficacia. Los influencers conocen los secretos de la comunicación de impacto y, por lo tanto, son capaces de atraer a una mayor audiencia. Si ha pasado algún tiempo estudiando a los influencers, se dará cuenta de que hay algo que los diferencia de los empleados típicos. Exudan un aura de confianza, un magnetismo indiscutible y claridad a la hora de comunicar su mensaje. Su presencia vocal es suficiente para inspirar y animar a las multitudes.

Desde Benjamin Franklin hasta Bill Clinton, los buenos influenciadores son comunicadores excepcionales que han dominado el fino arte de influir en su audiencia a través de su voz y sus palabras.

Entienden que su carisma reside en hablar de una manera que inspire a la gente a escucharles. Entonces, ¿qué es el "lenguaje de los influencers"), se preguntará. He aquí algunos consejos de eficacia probada que pueden hacer que hable como tal.

1. Deshágase de esos embragues verbales

A menudo, cuando se dirige a un grupo de personas, la gente expone puntos fabulosos, pero lo arruina todo en un instante o disminuye el impacto/eficacia de sus puntos al incluir frases desechables que no contribuyen a dar más fuerza al mensaje. Por ejemplo, la gente suele terminar las frases con "y otras cosas", "etcétera" y "ya sabes, cosas así". No son más que deslices lingüísticos aletargados que se producen cuando no se sabe cómo terminar una frase/argumento con una postura verbal de impacto.

Estas muletillas verbales son más prominentes cuando se hace una pausa al dirigirse a un grupo o al pronunciar un discurso/presentación. Los sonidos ininteligibles como "er", "um" y "aa" pueden resultar enormemente incómodos e ineficaces. También lo son los gestos de lamerse los labios, los movimientos dramáticos de las manos y la tos constante. Todo esto distrae a los oyentes y afecta gravemente a la credibilidad del orador. El problema principal es que muy pocos nos damos cuenta de que hay un problema.

Una de las mejores maneras de abordar esta cuestión es utilizar una aplicación de teléfono y grabarse a sí mismo hablando de un tema al azar extemporáneamente durante un par de minutos. Después, vuelva a la grabación y anote el número de veces que ha utilizado muletillas verbales. Esta sencilla técnica le ayudará a ser más consciente de sí mismo mientras hablas.

Una buena narración y un lenguaje eficaz implican el uso de palabras definitivas pronunciadas con garbo y humildad. Absténgase de utilizar términos como "como" y "más o menos". No sólo es débil e ineficaz, sino que resulta francamente chocante para el público.

2. Use superlatives in moderation

Cuando se suelta "asombroso", "fantástico", "épico", "increíble" y cosas por el estilo a cada momento, se empieza a perder el sentido. El exceso de énfasis en los superlativos desvanece su verdadero significado. Cada vez que una persona influyente o un modelo de conducta asigna lo extraordinario a cosas comunes, contribuye a que suene repetitivo, lo que hace que lo realmente excepcional no destaque.

Así que cada vez que tenga la tentación de decir que la presentación de alguien ha sido increíble o que el proyecto se ha llevado a cabo de forma "increíble", tómese unos minutos para reflexionar sobre su elección de adjetivos. Hable de cómo el proyecto estaba bien investigado, era completo y estaba lleno de datos raros. Los elogios o descripciones genéricas no sirven para inspirar a la gente ni para que le escuchen. "Esto es muy detallado y articulado" puede ser más eficaz que "buen trabajo" para levantar el ánimo de la gente, al tiempo que le hace parecer como un comunicador eficaz.

3. Resistirse a retroceder

No intente equivocarse cuando hable de temas cruciales o difíciles. Es comprensible que hablar de cosas no tan agradables requiera una gran valentía verbal y personal, sin embargo, no tiene sentido dar rodeos cuando hay que transmitir asuntos importantes al equipo.

Resista el impulso de utilizar un lenguaje perezoso, ya que el uso de un lenguaje claro y conciso sólo aumentará su valor y le ayudará a conectar/internar lo que realmente hay que decir, por muy desagradable que parezca.

Utilice frases concretas y correctas para describir la situación. Aclare su postura si es necesario. Como influencer, tendrá que aprender a llamar a las cosas por su nombre. Practique su discurso frente al espejo si se pone nervioso antes de una presentación o discurso importante. Se dará cuenta de sus gestos, expresiones, lenguaje corporal y, básicamente, sabrá con exactitud la eficacia con la que se presenta ante el público para hacer los cambios necesarios.

4. Simplify the narrative

Utilice la antigua narrativa para estructurar su discurso: introducción, cuerpo y conclusión. Cuanto menos complicada sea la narración, más fácil será su comprensión. Sepa exactamente qué información debe incluir y qué debe eliminar para que sea breve pero impactante. A nadie le gusta escuchar a alguien que repite las mismas ideas. Al final, la idea pierde su impacto.

Como regla general, evita hablar de más de una diapositiva por minuto, y más de cuatro puntos por diapositiva. Si hay que cubrir más información mientras se dirige a un grupo, hable sólo de lo más destacado, mientras distribuyes folletos a su audiencia. Intente siempre abrir y cerrar la presentación con una diapositiva similar para mantener la uniformidad y una buena simetría. Utilice gráficos y vídeos para ayudar a su narración y contar una buena historia.

Además, preste mucha atención a su inflexión durante la narración. Demasiados aspirantes a influenciadores y personas influyentes hacen una inflexión hacia arriba hacia el final de la frase, lo que produce un efecto de canto muy molesto que le hace parecer ineficaz y tímido. La inflexión hacia abajo le hace parecer autoritario y seguro, lo que es vital cuando se trata de influir en la gente.

La charla con inflexión ascendente le hace aparecer como un individuo que carece de disciplina, confianza y atención. Deténgase ahora mismo si está haciendo esto.

Los cliff hangers son otro punto negativo para un

influenciador carismático. Muchos presentadores alcanzan un crescendo brillante en sus charlas, pero lo echan a perder por no saber concluir de forma clara y decidida. Esto es especialmente cierto si está influenciando a la gente para que le compre. Hay que incluir una "llamada a la acción" definitiva o desencadenar a la gente en la dirección correcta terminando el discurso de forma persuasiva. Termine con el impacto necesario y deje unos segundos para que el público asimile sus comentarios o preguntas finales.

5. Pasar por alto las lagunas verbales

¿Cuántas veces ha observado que los presentadores interrumpen torpemente el ritmo de un discurso disculpándose por un lapsus que nadie ha notado? Está bien tropezar con algunos términos aquí y allá mientras se dirige a un público o a un grupo. A no ser que se trate de una gran metedura de pata con importantes ramificaciones, no es necesario detenerse a mitad de camino para pedir disculpas. Siga adelante como si no fuera gran cosa.

La mayoría de la gente no se da cuenta de estos deslices hasta que los menciona voluntariamente, lo que atrae la atención inútilmente y aleja el foco de su mensaje principal. No sólo se desconcierta a sí, sino que también despista al público.

6. Crear momentos memorables para la audiencia

La mayoría de los oradores creen erróneamente que

la presentación o la charla gira en torno a ellos. Nada más lejos de la realidad. Para que su charla sea más impactante, haga que gire en torno a su público. Es más probable que le escuchen y se dejen influir cuando se den cuenta de que está centrado en ellos.

Reconozca o agradezca a un miembro del público, tal vez un incondicional que ha estado trabajando incansablemente para la organización y que se va a jubilar pronto. Celebre un logro reciente importante de un miembro del público. Cuanto más atraiga a su público al centro de atención reconociendo sus esfuerzos, mayores serán sus posibilidades de aumentar su propio poder de reconocimiento.

Capítulo 7: Manipulación con Small-Talk

Según los estudios, cuando se conoce a una persona por primera vez, ésta le juzga en los primeros 4 segundos de la interacción. Sí, es cierto. Deciden si les gusta o no a los 4 segundos de conocerle. ¿Asusta? ¿Cómo se conquista a personas que se acaban de conocer? También tengo una poción mágica para eso: se llama "small talk".

Aunque pueda parecer inútil, las conversaciones triviales son un excelente método para romper el hielo y eliminar elementos de incomodidad y malestar entre la gente. Le hace parecer una persona amable y simpática, además de ayudarle a desarrollar una buena relación con la gente y crear una primera impresión estelar. Las conversaciones triviales también sientan las bases de una relación gratificante. Cree un ambiente más positivo y beneficioso que pueda desencadenar conversaciones más amplias.

Cuando se trata de romper ese incómodo hielo inicial y de preparar el terreno para una relación significativa y fructífera, pocas cosas funcionan tan milagrosamente como una pequeña charla. Tanto si se trata de una reunión de negocios como de un club de citas, las conversaciones triviales tienen un gran efecto a la hora de manipular e influir en la gente, establecer relaciones y ser un persuasor carismático.

¿Se ha preguntado alguna vez cómo consiguen algunas personas que les compren las bebidas en el bar o que hagan amigos en hordas allá donde vayan? ¿Por qué las interacciones con algunas personas quedan grabadas en nuestra memoria para siempre mientras que de otras apenas nos acordamos? La respuesta es, bueno, la charla. He aquí 15 reglas para conquistar a la gente utilizando el poder de la charla trivial.

1. Limítese a los temas seguros

Cuando hable con personas que acaba de conocer, cíñase siempre a temas universales, inofensivos y no tóxicos (especialmente con gente de otra cultura, lugar, raza, religión, etc.). Los temas infalibles de la charla son el tiempo, el cine, la economía mundial, las noticias de última hora y la comida. Un consejo profesional sugerido por los psicólogos sociales es basar la conversación, en la medida de lo posible, en puntos comunes. Identifique los puntos en común entre usted y la otra persona y céntrese en esos temas.

Es fácil medir el nivel de comodidad de una persona sobre un tema concreto a través de su lenguaje corporal (a menos que lea un montón de libros de autoayuda como usted y haya aprendido a fingir). Si su reacción ante un tema concreto es positiva y entusiasta, siga con él. Preste siempre atención a las pistas no verbales cuando saque un nuevo tema de conversación. Los manipuladores saben exactamente cómo llevar a la otra persona a un estado de ánimo más positivo para conseguir que haga exactamente lo que ellos quieren. Una vez que la persona desarrolla una relación sólida contigo y se siente bien en su compañía, es más probable que haga lo que usted quiere.

2. Hacer preguntas abiertas

La regla de oro para atraer a las personas a una conversación o conseguir que compartan más en sus interacciones iniciales es hacer más preguntas abiertas. Los influencers e influenciadores entienden la importancia de hacer preguntas suaves y genuinas que revelen que están realmente interesados en saber más sobre la otra persona.

Una de las estrategias de manipulación más importantes a la hora de establecer una relación con desconocidos o de entablar una conversación es recopilar toda la información posible sobre ellos y aprovecharla para que realicen la acción prevista.

Por ejemplo, si acaba de enterarse de que la persona con la que está conversando forma parte de una ONG local, hágale preguntas abiertas relacionadas con ella. ¿Qué les inspiró a formar parte de la ONG? ¿Cuáles son las iniciativas en las que ha participado?

Aprenda a fijarse en lo que realmente apasiona a la gente y cree un flujo de conversación basado en la formulación de preguntas abiertas relacionadas con ese tema para aprender más sobre ellos. Si a alguien le apasiona de forma innata explorar diferentes lugares y culturas, pregúntele por sus últimas vacaciones. Aléjese de los temas controvertidos y personales. La persona le aceptará rápidamente si parece genuinamente interesado en saber más sobre sus intereses.

3. No se pase con el humor

A veces, la gente está tan dispuesta a causar una buena impresión haciéndose pasar por ingeniosa y graciosa que acaba por molestar a la gente, especialmente a aquellos cuyos gustos no conoces.

Para evitar que el humor sea contraproducente, no se pase de la raya con las burlas, los comentarios sarcásticos o el humor irónico. Puede que a usted le parezca divertido, pero la otra persona puede no apreciarlo. Incluso los comentarios aparentemente inofensivos transmiten una impresión equivocada sobre usted. Los chistes/comentarios neutrales e inteligentes están bien hasta cierto punto, pero no los haga personales.

Evite tratar de parecer demasiado inteligente o familiar burlándose de la gente sin entender si son capaces de tomarlo con el espíritu correcto. Tómate el tiempo necesario para conocer y entender bien a la gente sin actuar de forma familiar y extra-amigable.

4. Desacuerdo amistoso

Para evitar que la conversación inicial resulte polémica, exprese su desacuerdo sin diplomacia. En lugar de lanzarse a un ataque enconado o a un insulto a la defensiva (algo que está absolutamente prohibido), intente un enfoque más políticamente correcto (pero genuino).

Diga algo genuino y no controvertido como: "Es una perspectiva interesante y diferente. Ahora siento curiosidad por ese punto de vista. ¿Puedes explicarlo mejor?", está afirmando que el punto de vista no coincide con el tuyo sin preparar el terreno para la Tercera Guerra Mundial.

5. Sea un oyente excepcional

No es ningún secreto. En un mundo en el que todos quieren hablar de sí mismos, los buenos oyentes son muy apreciados. Es fácil influir en las personas cuando están convencidas de que le interesa de verdad lo que tienen que decir.

La gente cree erróneamente que ser un buen comunicador consiste en poseer las mejores habilidades para hablar. Eso es sólo una parte, amigos. La otra mitad, probablemente más importante, es escuchar.

Ser un ninja de las habilidades sociales no significa hablar hasta la saciedad sin dar a los demás la oportunidad de hablar. Las personas influyentes saben cuándo dejas que los demás hablen y responden de forma positiva/alentadora.

Demuestre a la gente que se interesa seriamente por lo que están hablando a través de pistas verbales y no verbales. Reconozca o parafrasee lo que dicen para que sepan que realmente les está escuchando. Asienta con la cabeza, exprese con la mirada, inclínese hacia delante y mantenga los brazos/piernas desplegados (para mostrar que está abierto a escucharles) para revelar su interés en lo que están hablando a través de reacciones no verbales.

A todo el mundo le gustan las señales de afirmación de que se les escucha con entusiasmo, lo que a su vez les anima a corresponder cuando usted habla. Las personas influyentes, los modelos de conducta y los influenciadores excepcionales comprenden el poder de desarrollar grandes habilidades de escucha para hacerse más simpáticos a sus seguidores.

6. Revele un hecho interesante sobre sí mismo

De acuerdo, esto no significa que se lance a contar con quién está saliendo o que su cuenta bancaria acaba de marcar un millón de dólares. Sin embargo, un hecho divertido, inofensivo e interesante sobre usted mismo le hace inmediatamente simpático a la gente. Será más probable que presten atención a lo que dice cuando se den cuenta de que confía lo suficiente en ellos como para compartir cosas sobre usted. Pero no lo haga demasiado personal, es la regla de oro.

Puede ser algo parecido a su autor favorito y por qué le gusta su obra. ¿Por qué elegiste una vocación o una especialidad en la universidad? ¿Por qué te gustó viajar a un lugar concreto y disfrutaste de su ambiente/cultura? Debe ser como un interesante adelanto de sí mismo (por qué le gustan las magdalenas o por qué decidió llamar a su perro por un nombre concreto) sin que suene personal, jactancioso o exagerado.

7. Evitar los callejones sin salida de la conversación

Habrá esos incómodos huecos en la conversación que quizá no consiga llenar. Lo mejor que puede hacer en ese caso es buscar pistas a su alrededor para reavivar la conversación. Puede ser cualquier cosa, desde un folleto hasta otras personas que le rodean, pasando por detalles sobre el local en el que está. Hay pistas de conversación en casi todas partes sobre las que puede empezar a construir una conversación estimulante y significativa.

8. El fino equilibrio entre preguntas y declaraciones

Mantenga un fino equilibrio entre hacer declaraciones y formular preguntas. Una pequeña charla exitosa mezcla brillantemente preguntas y declaraciones para crear un intercambio más sano.

Demasiadas preguntas harán que parezca un interrogatorio unidireccional. Mientras que demasiadas afirmaciones harán que parezca que la charla se centra sólo en ti, lo que puede resultar muy molesto para la otra persona.

Los modelos de conducta saben cómo equilibrar la conversación para que la gente escuche. Acompañar las afirmaciones con preguntas de reflexión, como: "Me gusta mucho el aeróbic y la zumba, ¿cómo pasas tus horas de ocio?" o "Me gusta mucho ver ese reality show que la mayoría de la gente cree que está guionizado, ¿lo ves?

Está compartiendo sus puntos de vista, pero también está dando a la otra persona la oportunidad de compartir su opinión. Esta técnica de ida y vuelta le permite mantener una conversación agradable y completa.

9. Empatizar con la gente

Empatizar con la gente es una de las formas más seguras de ganarse su confianza y conseguir que le guste. No confundas la empatía con la simpatía. La empatía no consiste en compadecerse de alguien o hacerle sentir lástima por sí mismo. Se trata de ponerse en el lugar de otra persona y tratar de entender cómo se siente o las emociones que experimenta.

Decir cosas como "entiendo de verdad por qué te sientes así" o "comprendo de verdad cómo te sientes sobre este tema" o "debe haber sido muy duro para ti, pero has demostrado un valor ejemplar" contribuye en gran medida a crear una relación con la gente. Esto sienta las bases de una ecuación basada en la empatía, la comodidad y la comprensión, que es lo que los influencers/modelos de conducta necesitan para inspirar a sus seguidores.

Es más probable que la gente hable y comparta sus sentimientos con usted cuando se da cuenta de que entiende su situación. Pero no se ponga dramático y finja llorar lágrimas de cocodrilo para demostrar que realmente siente algo por la otra persona. Eso lo desvirtúa por completo.

10. Mantente positivo

Cuando conozca a alguien por primera vez, mantenga siempre la conversación centrada en temas positivos. Incluso cuando sienta que la otra persona se adentra en un terreno negativo o controvertido, llévela suavemente a un terreno de conversación más positivo. Además, cíñase a temas de los que la mayoría de la gente del grupo tenga un conocimiento decente. Obviamente, no va a encontrar muchos adeptos si se pone a hablar de la dinámica del mercado de valores en una clase o grupo de meditación. Mantenga una actitud positiva para ganarse la confianza de la otra persona antes de conseguir que haga lo que usted quiere.

Antes de que lleven a cabo la acción prevista o le "compren", tienen que "comprar" su confianza y su fe. Para ello, hay que mantener una actitud positiva al principio para crear el factor de confianza.

Quédate con los temas que ofrezcan un margen mínimo para el desacuerdo, los conflictos y las controversias. Mantén el equilibrio y la sencillez para que la conversación tenga éxito al principio. Si molestas a la otra persona al principio con un montón de temas negativos o controvertidos, es probable que se desconecte y desarrolle sentimientos negativos hacia ti, algo que no quieres.

11. El lenguaje corporal dice mucho

El lenguaje corporal o las pistas no verbales pueden transmitir mucho más que las palabras. Envía las señales de lenguaje corporal adecuadas para crear una impresión más favorable y hacerse más simpático.

Pequeños gestos como sonreír con frecuencia, asentir con entusiasmo, rozar ligeramente con el brazo a la otra persona, mantener un contacto visual constante, dar un apretón de manos firme, mantener un tono enérgico y animado y otras señales similares pueden contribuir en gran medida a establecer una persona más simpática e influyente. Recuerde que no tiene una segunda oportunidad para causar una primera impresión. Deje que cada gesto cuente.

12. Excavar un poco

Un poco de trabajo de fondo sirve para crear una primera impresión impactante. Tanto si se dirige a una fiesta como a un importante evento de networking empresarial, tenga preparados algunos temas tras investigar los intereses predominantes del grupo. Por ejemplo, si se entera de que el anfitrión o los socios están muy interesados en el espiritismo, los viajes o la cocina, investigue los temas de moda en esos ámbitos para iniciar una conversación interesante. Esto le ayudará a encajar en el grupo sin esfuerzo.

Podrá animar la conversación y sacar a la gente de su ignorancia. Busque en los periódicos del día los titulares más destacados, repase las reseñas de libros, lea las críticas y valoraciones de las películas o infórmese sobre la última tendencia en materia de salud que circula por las redes sociales. Estos temas de interés para la mayoría de la gente pueden ayudarle a parecer bien informado y conocedor del mundo ante un nuevo público.

Si conoce los nombres de las personas con las que se va a reunir de antemano, puede rastrear sus huellas sociales en las distintas redes sociales (pero no se dedique a acosarlas y a hacer evidente que está consultando su perfil cada dos minutos). Es fácil calibrar los intereses, la actitud y las opiniones de las personas a través de sus perfiles en las redes sociales. Esto le dará una buena indicación sobre sus gustos y manías, que luego puede utilizar para entablar una conversación provechosa.

13. Aprovechar las similitudes

Esto es especialmente cierto cuando se interactúa con personas de diversas culturas y orígenes. Encuentre puentes de conexión y aproveche cada oportunidad que se le presente. Encuentre un interés común, su cocina favorita, un libro que ambos hayan disfrutado leyendo o cualquier otro punto en común.

Incluso si se trata de algo aparentemente cursi, como llevar la misma camisa/vestido o zapatos, menciónalo siempre para establecer una plataforma de simpatía. Los seres humanos se sienten atraídos por las personas que son similares a ellos. Cuando la gente se da cuenta de que sus gustos o preferencias son muy parecidos a los suyos, es más probable que le escuchen o admiren.

14. No descuide el aseo personal

Aunque sea un excelente conversador con un lenguaje corporal impecable, pocas cosas pueden crear una primera impresión negativa como un aseo personal descuidado. Aunque esto parezca básico, mucha gente lo considera insignificante y se centra en las "cosas más importantes".

No asista nunca a ninguna reunión social sin ducharse o peinarse con esmero. Mantenga una higiene y un aseo correctos. Utilice una fragancia agradable, pero que no sea excesiva. Lleve unos cuantos caramelos de menta consigo. Lleve un peinado cuidado, mantenga las uñas bien cuidadas y los dientes blancos y brillantes.

Llevar la ropa limpia y planchada. Es sorprendente la cantidad de personas que salen perdiendo simplemente por no prestar atención a estos aspectos elementales. La ropa y el aseo personal contribuyen a su imagen incluso antes de empezar a hablar. Lo más probable es que si se presenta mal arreglado, la gente ni siquiera le dé la oportunidad de hablar con ellos. La gente desorganizada y de aspecto desordenado rara vez influye en los demás o actúa como modelo creando una primera impresión favorable.

15. Deje de lado la incomodidad del saludo

Saludar a las personas cuando se las presentan por primera vez puede ser sin duda incómodo, especialmente si pertenecen a una cultura o región diferente. Es posible que no sepa cuál es el saludo adecuado. Algunas personas no se sienten cómodas ni siquiera con un ligero beso en la mejilla, mientras que otras pueden no apreciar un prolongado apretón de manos. En ese caso, es seguro esperar a que la otra persona dé el primer paso. Si no lo hace, mantenga la universalidad: sonría con su mejor sonrisa, salude y ofrezca un breve pero firme apretón de manos.

Bono - Consejos para detectar y superar

la manipulación y fortalecer su autoestima

Te guste o no, el mundo está lleno de lobos con piel de cordero. No se puede hacer mucho contra los manipuladores patológicos y emocionales que intentan aprovecharse de sus sentimientos y emociones para satisfacer sus deseos. Sin embargo, puede ganarles en su propio juego utilizando un montón de técnicas de astucia. La manipulación, si no se reconoce y se maneja con eficacia, puede acabar con su sentido de la autoestima y la cordura. Al reconocer y hacer frente a la manipulación, se defiende y no permite que los siniestros manipuladores cumplan sus planes pisoteando sus sentimientos.

He aquí algunos trucos inteligentes y eficaces para superar a los manipuladores en su propio juego.

1. Ponga en el punto de mira a los manipuladores planteando preguntas de sondeo. Los manipuladores exigen constantemente cosas o hacen ofertas a sus víctimas. Como víctima, le harán sentir que tiene que demostrar su valía todo el tiempo. A menudo se desvivirá por cumplir estas exigencias. Deténgase. Cada vez que se encuentre con una petición irrazonable, responda con unas cuantas preguntas de sondeo y cambie el enfoque hacia ellos.

Por ejemplo, ¿le parece una petición legítima y razonable?

¿Do you think that what you have asked me is fair or ethical?

¿Tengo derecho a negarme?

¿Me estás pidiendo o exigiendo que lo haga?

¿Qué gano con esto?

¿Realmente esperas que lo haga?

¿Está razonablemente justificado que espere que lo haga?

¿Quién es el que más gana con esto?

Básicamente, son preguntas que les muestran el espejo, donde pueden ser testigos de su verdadera estratagema siniestra. Si el manipulador es consciente de sí mismo o se da cuenta de que ha visto sus motivos, lo más probable es que retire la petición.

Los manipuladores intentan poner el foco en usted como si fueras indigno o "malo" si no hace algo por ellos. Tiene que volver a poner el foco en ellos haciéndoles pensar si su petición está realmente justificada o es razonable, haciendo que se vean como personas con motivos malvados.

Las preguntas acabarán obligando al manipulador a darse cuenta de que está viendo su juego. La responsabilidad de la acción pasará ahora de usted a ellos.

Por ejemplo, si usted rechaza la petición del manipulador, la carga de justificar su acción no recae sobre usted. Al hacer preguntas de sondeo, está pidiendo al manipulador que justifique la razonabilidad de su petición. Así, en lugar de sentirse culpable por rechazar algo, está haciendo que el manipulador se dé cuenta de que tiene la culpa por tener expectativas poco razonables.

Además, hágale saber a su manipulador que no acepta que le trate como lo hace. Deje suficientemente claro que no aprecia sus formas.

Por ejemplo, si usted ya está preocupado por algo y el manipulador le pide que haga algo por él, diga algo así como: "No me gusta cuando ya estoy trabajando en algo y me haces otra petición antes de terminar la tarea actual".

Del mismo modo, cuando una persona intente forzarle a tomar una decisión que le beneficie, diga algo como: "Soy capaz de tomar mis propias decisiones y le agradecería mucho que no me coaccionara para tomar una decisión a toda prisa". Está siendo asertivo y regañando a su manipulador sin ser grosero. Simplemente está defendiendo su derecho e informándole de que tiene derecho a tomarse su tiempo para decidir, y que podría ser contraproducente si le presiona para que tome una decisión.

2. Tómese su tiempo para satisfacer una petición. Los manipuladores no sólo harán peticiones poco razonables, sino que también le presionarán para que tome una decisión rápida. Quieren ejercer un control, una influencia y una presión óptimos sobre usted para conseguir que actúe de una manera específica inmediatamente. Los manipuladores se dan cuenta de que si se toma más tiempo, las cosas pueden no ir a su favor.

Haga exactamente lo contrario de lo que quieren, tomándose más tiempo. Los vendedores siempre se centran en cerrar el trato pronto. Distánciese de la persuasión del manipulador y tómese su tiempo para llegar a una decisión. No tiene que actuar de inmediato por mucho que la persona intente presionarle.

Toma el control sobre la persona y la situación diciendo algo como: "me gustaría tener más tiempo para pensarlo" o "es mi derecho tomarme más tiempo para pensar en una decisión tan importante como ésta" o "necesito evaluar los pros y los contras antes de llegar a una decisión".

Puede aprovechar este tiempo para negociar a su favor.

3. Say no assertively but diplomatically. This is an art that can only be achieved with practice. You don't want to offend the manipulator by saying a flat no. However, you must be firm and let them know that

you will not allow them to trample on you. Stand your ground while remaining polite and courteous. You do not have to feel guilty for your right to refuse an unreasonable request.

Si no está dispuesto a hacer algo, diga: "Entiendo que quieres que haga esto, pero también siento que no estoy dispuesto a hacerlo ahora mismo". Otra forma de articular sus necesidades es: "lo mejor que puedo hacer en este momento es...". Una de las apuestas de respuesta es centrarse en sus necesidades por encima de las del manipulador sin sentirte culpable.

Uno de los trucos más astutos que utilizan los manipuladores es hacer que se sienta culpable cada vez que no accede a su petición. Cuando deja de sentirse culpable por defenderse o por ejercer su derecho a ser tratado con respeto, los manipuladores se vuelven impotentes.

4. Conozca sus derechos fundamentales y su valor. El arma más importante cuando se enfrenta a los manipuladores es saber cuándo se violan sus derechos. Tiene el derecho absoluto de defender esos derechos y defenderse. Tiene el derecho fundamental a ser tratado con respeto y honor.

De nuevo, tiene derecho a expresar sus emociones, necesidades y sentimientos. Tiene derecho a establecer sus prioridades, a rechazar algo sin sentirse culpable, a protegerse a sí mismo o a sus seres queridos de cualquier daño, a adquirir lo que paga y a vivir una vida feliz, sana y plena.

Estos son sus límites y puede recordar a la gente que respete estos derechos. Los manipuladores psicológicos suelen querer quitarle sus derechos fundamentales en un intento de ejercer un mayor control sobre sí. Sin embargo, el poder y la autoridad para tomar las riendas de su vida reside en sí, y no debería perder la oportunidad de recordarle a su manipulador que sólo usted tiene el control de su vida. Aléjese de las personas que no respetan estos límites básicos.

5. Keep your distance. One of the most effective ways to detect a manipulator is to observe whether they act differently with different people or in various situations. Of course, we all come with some social differential, but if the person routinely behaves outside of their character in extremes, they may be a master of manipulation.

Piense en ser antinaturalmente cortés con una persona y al minuto siguiente francamente grosero con otra, o en actuar de forma vulnerable en un momento y en el siguiente volverse agresivo. Cuando sea testigo de este tipo de comportamiento, mantenga las distancias con esa persona. Evite interactuar con estas personas hasta que sea absolutamente necesario. Puede acabar invitando a los problemas. Hay muchas razones por las que la gente manipula, y es muy complejo psicológicamente. No intente arreglar a los manipuladores todo el tiempo. No es su deber cambiarlos. Sálvese a sí mismo pasando página.

6. Evite culparse o personalizar. Uno de los trucos más suaves que utilizan los manipuladores es hacer sentir a sus víctimas que siempre es su culpa (la de la víctima). Independientemente de lo que el manipulador haga o sepa, nunca asumirá la responsabilidad de sus faltas. Siempre culparán a la víctima de todos sus males.

Como víctima de la manipulación, tiene que dejar de personalizar. El problema no está en sí, ya que simplemente le hacen sentir que es su culpa, por lo que cede sus derechos al manipulador y se vuelve impotente.

No se deje llevar por la idea de que es un problema o que el problema está en sí. Conocí a una amiga a la que su marido reprendía constantemente por trabajar duro para mantener a la familia. Él no perdía la oportunidad de recordarle que no era una buena esposa o madre porque siempre estaba trabajando. En su mente, estaba trabajando duro para dar a sus hijos un gran futuro (lo que realmente no la convertía en una mala madre).

Sin embargo, en su intento de conseguir el control absoluto sobre ella, la culpaba constantemente y la hacía sentir incompetente como esposa y madre. Al principio, mi amiga creía todo lo que le decían de que era una mala madre y esposa. Sin embargo, con el tiempo, se dio cuenta de que simplemente la culpaban porque su marido no podía asumir sus propios defectos.

Hágase estas preguntas antes de culparse a sí mismo -

¿Te tratan con respeto?

¿Son razonables las exigencias de la persona?

¿Me siento bien conmigo mismo cuando interactúo con esta persona?

Estas son pistas importantes sobre el verdadero problema.

7. Establezca consecuencias para el comportamiento manipulador. Los manipuladores psicológicos y patológicos siempre insistirán en ignorar sus derechos. Rara vez aceptan un "no" como respuesta, y se ofrecen a montar en cólera o a volverse agresivos. Reconozca y establezca claramente las consecuencias si recurren a la agresión como respuesta a su negativa a cumplir con su petición irrazonable.

Una consecuencia comunicada y afirmada eficazmente puede servir para inmovilizar a una persona manipuladora y obligarla a cambiar su postura, pasando de violar sus derechos a respetarlos. Al reforzar las consecuencias, descubre sus intenciones ocultas y le obliga a cambiar su actitud hacia usted. Básicamente, le está quitando el poder.

Es importante oponerse a las tácticas de intimidación del manipulador. A menudo intentarán asustarte para que cedas a sus exigencias. Los manipuladores pretenden aferrarse a sus debilidades para sentirse superiores y poderosos. Si se mantiene pasivo y les sigue el juego, se aprovecharán más de usted. Enfréntese a ellos y ejerza sus derechos. Como los manipuladores son intrínsecamente cobardes, se retirarán.

Las investigaciones han demostrado que la manipulación está estrechamente relacionada con una infancia abusiva o con ser víctimas de acoso escolar. Esto no justifica de ninguna manera el acto de un manipulador. Sin embargo, si tiene esto en cuenta, encontrará formas más sanas y eficaces de responder al manipulador.

8. Valórese por lo que es. Los manipuladores se alimentan de la baja autoestima de sus víctimas. Siempre atraparán a personas vulnerables, inseguras, con poca confianza en sí mismas y que no conocen su verdadero valor.

Rara vez el manipulador irá a por personas con una alta autoestima o sentido de la valía personal. Si puede mantenerse fuerte y enfrentarse al manipulador estableciendo su autoestima, es evidente que no permitirá que nadie le controle.

9. El silencio es oro. A los manipuladores les encanta el drama. A menudo provocarán en usted sentimientos de ira, miedo, tristeza y más para pensar que han ganado puntos sobre usted. La mejor manera de lidiar con esto es mantener la calma y practicar la respiración profunda. Concéntrese en su respiración y

en cómo se siente su cuerpo. Intente relajar los músculos y mire al manipulador a los ojos.

Este simple lenguaje corporal de confianza y afirmación puede sacarlos de la tangente. Un manipulador no sabe cómo lidiar con su tranquilidad en una situación así. Están totalmente equipados para lidiar con su ira y su miedo. Sin embargo, no esperan que reacciones con calma. Eso les enfurece y les dice que la estratagema no me parece eficaz en usted. Aprenderán que las emociones no cambian y cambiarán de objetivo.

No me malinterprete. No estoy abogando por abandonar una relación a la primera señal de manipulación. La manipulación puede aparecer poco a poco incluso en relaciones por lo demás felices y satisfactorias, y no significa necesariamente el fin de una relación. Antes de tomar cualquier medida drástica, mantenga una conversación franca y abierta con su pareja o con la persona que le manipula. Ármese de valor y pregúntele por qué le están haciendo esto. Estas respuestas pueden darle pistas vitales sobre su estado de ánimo y su próximo paso.

Si ya ha intentado tener una comunicación abierta con su pareja y no quiere, puede ser el momento de explorar otras opciones como la terapia o el asesoramiento. Sin embargo, ambos deben comprometerse a superar la manipulación en la relación.

Si nada más funciona, tendrá que armarse de valor

para dejarlo. He visto a personas salir de relaciones manipuladoras a través de la terapia, y no llevan vidas más felices y satisfactorias. Así que no es que la manipulación sea el fin de una relación. En todo caso, utilícela como una oportunidad para identificar los defectos de su relación y repararlos gradualmente.

10. Practique el autocuidado. Enfrentarse a una relación de manipulación puede ser intensamente agotador y estresante. Asegúrese de practicar el autocuidado para nutrir su mente, cuerpo y espíritu, y no deje que la manipulación le pase factura. Es común sentirse estresado al final de cada interacción con un manipulador (ya lo he hecho).

Cuando sienta que su energía mental se agota tras la comunicación con un manipulador, haga meditación, yoga o respiración profunda. Infunde una sensación de calma en su ser. Haga algo agradable y emocionante para evitar que los sentimientos negativos le estropeen el día. Vaya a dar un largo paseo en medio de la naturaleza o hable con alguien de confianza.

Consejos sólidos para aumentar su autoestima

El núcleo de ser manipulado es experimentar sentimientos de incompetencia e indignidad. Rara vez verás a personas seguras de sí mismas, con una alta autoestima y un alto sentido de la valía personal, siendo manipuladas. Los manipuladores psicológicos prosperan haciendo que la gente se sienta indigna y desequilibrada. Al inducir este sentimiento de insuficiencia en sus víctimas, intentan obtener un mayor poder y control sobre ellas y, a su vez, utilizar su sensación de impotencia para cumplir con agendas egoístas.

Una de las mejores maneras de inmunizarse contra la manipulación es desarrollar una alta autoestima y confianza en uno mismo. Al tener un alto sentido de autoestima y una opinión positiva sobre sí mismo, está evitando que los manipuladores hambrientos le saboteen.

He aquí algunos consejos poderosos para aumentar su autoestima general y hacerle menos susceptible a la manipulación.

1. Controle a su crítico interior. Sí, todos tenemos ese molesto enemigo interior que no deja de recordarnos lo incapaces que somos de hacer algo o lo miserable que es nuestra vida en comparación con la de los demás. Esta voz interior moldea sus pensamientos y opiniones sobre sí mismo.

Minimice su voz negativa y sustitúyala conscientemente por términos más positivos y constructivos. Por ejemplo, "Soy muy malo en esto" puede sustituirse por "Puede que no sea bueno en esto, pero eso no debe impedirme aprender todo lo que pueda sobre ello y dominarlo". Acaba de dar un giro positivo a una afirmación sin esperanza. Elija utilizar palabras más esperanzadoras, positivas e inspiradoras cuando se hable a sí mismo.

Quédese parado en voz alta cuando encuentre a su crítico interior rugiendo su monstruosa cabeza. También puede recurrir a un gesto físico como pellizcarse lentamente o morderse los labios cada vez que encuentre a su crítico interior en modo hiperactivo.

2. Sea más compasivo con los demás o trátelos bien. Una de las mejores maneras de aumentar su propia autoestima es tratar a otras personas con mayor compasión. Cuando hace que los demás se sientan bien con ellos, automáticamente se siente bien consigo mismo. Cuando trata bien a la gente, les inspira para que le traten bien a usted a cambio.

Practique la amabilidad en su vida diaria ofreciéndose como voluntario para una causa social (un enorme refuerzo de la autoestima), sosteniendo la puerta a la gente, escuchando a alguien desahogarse, dejando que la gente pase por su carril mientras conduce, comprando café o golosinas a gente al azar, animando a una persona que se siente desanimada y otros gestos similares. Todo ello contribuirá en gran medida a reforzar su autoestima.

3. Probar cosas nuevas. Las personas que prueban constantemente cosas nuevas o se reinventan a sí mismas tienen casi siempre la autoestima alta. Se desafían constantemente a sí mismas saliendo de su zona de confort. Prueban de todo y aprecian las distintas experiencias, lo que aumenta su sentimiento de competencia.

Cuando sigue aprendiendo cosas nuevas y desarrollando sus habilidades, se siente muy bien consigo mismo. Evite caer en la rutina. Siga probando una nueva aventura o adquiriendo una nueva habilidad periódicamente. Anímese a ser activo, apasionado y productivo. Ponga en marcha su espíritu y su alma de vez en cuando, retomando una afición, adquiriendo una nueva habilidad o leyendo un libro inspirador.

4. Evite las comparaciones. Se está destruyendo poco a poco al compararse constantemente a sí mismo o a su vida con los demás. No hay victoria en esto, ¡siempre perderá! Es una trampa que sólo le hará sentir más inadecuado e indigno.

En su lugar, mire dónde estaba hace unos años y lo lejos que ha llegado para lograr lo que es hoy. Céntrese en sus logros y realizaciones actuales en comparación con los de hace unos años.

Albert Einstein dijo: "Todo el mundo es un genio. Pero si juzgas a un pez por su capacidad para trepar a un árbol, se pasará toda la vida creyendo que es estúpido". No sea ese pez.

5. Pase tiempo con gente positiva. Otra buena manera de reforzar su autoestima es rodearse de personas que le apoyen, le animen y le inspiren. Deben ser personas a las que admire y que puedan influir positivamente. Puede ser cualquiera, desde un

profesor hasta un mentor, pasando por un gerente o un buen amigo.

Evite relacionarse con personas que se centran en sus defectos para intentar derribarle en cada oportunidad disponible para sentirse superiores a ellos mismos. Tenga cuidado con los ladrones de sueños o con las personas que se ríen de sus sueños o de su capacidad para alcanzar sus objetivos. La autoestima prospera en un entorno positivo en medio de personas positivas. Acompáñese de personas que le hagan sentir bien consigo mismo.

Además, preste atención a los libros, sitios web y páginas de redes sociales que lee. Deje que carguen su energía, no que la minen. No lea revistas que promueven imágenes corporales poco realistas. La próxima vez que tenga tiempo libre, escuche podcasts que le levanten el ánimo y le inspiren. Mire programas de televisión que eleven su espíritu.

6. Sudar la gota gorda. Innumerables estudios han establecido una alta correlación entre el ejercicio y una autoestima sana. El ejercicio conduce a una mejor salud mental y física, lo que a su vez reduce el estrés y le hace sentir bien. También aporta más disciplina a su vida, lo que invariablemente aumenta la autoestima.

El ejercicio no tiene por qué ser aburrido. Puede practicar algo divertido e interesante como el baile, el ciclismo, la natación, los ejercicios aeróbicos o el kickboxing, entre otros. Cualquier cosa que le haga sudar y le dé una pequeña sensación de logro al final. La actividad física potencia la secreción de endorfinas en el cerebro, lo que nos hace "sentirnos bien". Y todos sabemos que sentirse bien puede tener un efecto positivo en nuestra autopercepción y autoestima.

7. Practique el perdón. ¿Hay algún rencor que lleva guardando mucho tiempo? Puede estar relacionado con una expareja, con un familiar durante sus años de crecimiento, con un amigo que le traicionó o incluso consigo mismo. No se aferres al sentimiento de rencor. Supere los sentimientos pasados de vergüenza, culpa y arrepentimiento, ya que aferrarse a él sólo le arrastrará más al círculo de la negatividad.

Conclusión:

Gracias de nuevo por comprar este libro.

Espero que haya podido ayudarle a comprender no sólo las formas en que la gente le manipula, sino también formas poderosas de manipular a la gente e inmunizarle contra la manipulación.

El siguiente paso es simplemente utilizar todas las poderosas estrategias y técnicas utilizadas en el libro para entender las técnicas de manipulación y evitar que la gente le manipule en las relaciones, en el trabajo y dentro de su círculo social. Estas estrategias de manipulación se pueden utilizar eficazmente en nuestra vida diaria para conseguir que la gente haga lo que nosotros queremos.

Hay un montón de consejos prácticos, pepitas de sabiduría e ilustraciones de la vida real para ayudarle a obtener una sólida comprensión de cómo funciona la manipulación y cómo se puede utilizar en su vida cotidiana.

Por último, si le ha gustado este libro, me gustaría

pedirle un favor, ¿sería tan amable de dejar una reseña para este libro? Se lo agradecería mucho.

Gracias y buena suerte.

Cómo Analizar a las Personas y Psicología Oscura:

Guía Secreta de Persuasión, Guerra Psicológica, Engaño, Control Mental, Negociación, PNL, Comportamiento Humano, Manipulación y Inteligencia Emocional!

ninguna manera responsables de cualquier dificultad o daño que puedan sufrir después de llevar a cabo la información descrita en este documento.

Además, la información en las páginas siguientes tiene únicamente fines informativos y, por lo tanto, debe ser considerada como universal. Como corresponde a su naturaleza, se presenta sin garantía respecto a su validez prolongada o calidad interina. Las marcas comerciales que se mencionan se hacen sin consentimiento por escrito y de ninguna manera pueden considerarse un respaldo por parte del titular de la marca.

Introducción

Felicitaciones y gracias por descargar Psicología Oscura. Aquí exploraremos los aspectos más sordidos y oscuros de la psique humana, así como algunos métodos para aplicar nuestro conocimiento en nuestra vida cotidiana. Aquí se profundizará en los siguientes temas: los principios de la psicología oscura, los rasgos de "personalidad oscura", estudios de psicología oscura, lectura de la mente, psicología cognitiva, modos de persuasión, control de emociones, e ingeniería social y liderazgo.

Este libro NO ofrece ningún beneficio formal para la salud y está destinado únicamente a fines educativos. Cualquier beneficio o perjuicio relacionado con la lectura de este libro es meramente circunstancial y coincidente. El autor no aprueba el uso de ninguna información expresada aquí para mejorar la salud de uno.

La psicología oscura acepta y abraza el lado más oscuro de la experiencia humana. De esta manera, está haciendo lo mismo que cualquier área de estudio antropocéntrico, la única diferencia radica en la especialidad de la psicología oscura sobre esta oscura realidad dentro del animal humano. Sin embargo, la psicología oscura no está destinada a ser un certamen de villanos. Los especialistas en este campo realizan su trabajo para entender mejor por qué y cómo las personas malevolentes trabajan hacia sus objetivos, no en un intento de ganar fama para sí mismos ni de idolatrar a los más monstruosos entre nosotros. También es importante tener en cuenta que cada uno de nosotros tiene un lado oscuro o "malvado" en nuestra propia psicología. Aunque existen otros conductos a través de los cuales podemos alcanzar la realización de los contenidos de este lado, es la psicología oscura la que proporciona la ruta más clara para nosotros en nuestro camino hacia nuestra iluminación acerca de cuán oscuros somos realmente y por qué.

Como pueden ver, tenemos mucho terreno que cubrir en este libro, así que ahora deberíamos sumergirnos en nuestro primer tema sobre la psicología oscura: sus principios.

Capítulo uno: Los principios de la psicología oscura

La psicología oscura podría describirse mejor como un estudio de la condición humana en la que se vuelve normativo que las personas se aprovechen de otras por deseos criminales y/o desviados. A menudo, estos deseos carecen de un propósito específico y se basan principalmente en deseos instintivos básicos. Cada humano tiene el potencial y la capacidad de victimizar a otros humanos, así como a otros seres vivos, pero la mayoría de nosotros mantenemos estos deseos reprimidos para poder funcionar con éxito en la sociedad. Aquellos de nosotros que no sublimamos estas tendencias oscuras son típicamente representativos de la "triada oscura": psicopatía, sociopatía y maquinavelismo, o de otros trastornos mentales/alteraciones psicológicas. De esta manera, la psicología oscura se centra principalmente en los fundamentos (es decir, los pensamientos, sistemas de procesamiento, sentimientos y comportamientos) que se encuentran por debajo de los aspectos más depredadores de nuestra naturaleza, los mismos que van más vigorosamente en contra de la corriente del pensamiento moderno sobre el comportamiento humano. En este campo, tendemos a suponer que estos comportamientos más abusivos, criminales y desviados son intencionales la mayor parte del tiempo, aunque hay casos en los que parecen no tener fundamentos teleológicos.

La psicología oscura acepta y abraza el lado más oscuro de la experiencia humana. De esta manera, está haciendo lo mismo que cualquier área de estudio antropocéntrico, la única diferencia radica en la especialidad de la psicología oscura sobre esta realidad oscura dentro del animal humano. Sin embargo, la psicología oscura no está destinada a ser un certamen de villanos. Los especialistas en este campo realizan su trabajo para comprender mejor por qué y cómo las personas malevolentes trabajan hacia sus fines, no por algún intento de ganar fama para sí mismos o de idolatrar a los más monstruosos entre nosotros. También es importante tener en cuenta que cada uno de nosotros tiene un lado oscuro o "maligno" en nuestra propia psicología. Si bien existen otros conductos por los cuales podemos llegar a la realización de los contenidos de este lado, es la psicología oscura la que proporciona la ruta más clara para nosotros en nuestro camino hacia la iluminación sobre cuán oscuros somos realmente y por qué.

El mal comportamiento, como afirma Sócrates, es hacer daño a otros. No solo esto daña a otros, sino que Sócrates también pensaba que daña nuestras propias almas, como muchos modernos estarían de acuerdo. Los psicólogos oscuros permiten que algunos de nosotros hagamos daño a otros sin mayores propósitos. Sus fines nunca justifican sus medios porque simplemente no hay fines que encontrar. Esta capacidad (y quizás incluso la inclinación) para hacer daño dentro de la causa o la finalidad se puede encontrar en todos nosotros. El campo de la psicología oscura asume justificadamente que estos deseos irracionales de dañar dentro de nosotros son increíblemente complejos y difíciles de entender.

Ya sea que la mala conducta sea intencional o incluso deliberada, y ya sea que se haga por falta de dinero, venganza o poder, la fuerza más destructiva detrás de la mala conducta es la agresión. La agresión es probablemente el mayor adversario de las relaciones prosociales y no debe confundirse con la asertividad. La agresión es cualquier comportamiento verbal y/o físico que tiene como objetivo dañar o destruir. Este objetivo es lo que la diferencia de otras clases de comportamientos que causan daño o destrucción sin un propósito.

Biológicamente, hay ciertos marcadores genéticos que son más indicativos de agresión que otros. Neurológicamente, es la amígdala la que controla la mayoría de los patrones de comportamiento agresivo. Por esta razón, las personas con amígdalas agrandadas y deformadas suelen cometer actos violentos a tasas más altas. En cuanto a las hormonas, generalmente son aquellas personas (principalmente hombres jóvenes) con niveles más altos de testosterona y niveles más bajos de serotonina quienes tienden a ser los más violentos. Las personas más agresivas dentro de las sociedades son típicamente aquellas que han pasado por una especie de bucle: sus niveles de testosterona aumentan y les causan volverse agresivos, lo que a su vez genera niveles más altos de testosterona y aún más agresión. De este modo, algunas de las personas más peligrosas que el mundo tiene para ofrecer son creadas. Las drogas y los alimentos que aumentan la serotonina y disminuyen los niveles de testosterona son generalmente las mejores opciones para disminuir los niveles generales de agresión.

La causa más común de la agresión es un fracaso o ser detenido abruptamente ante un objetivo. Los estudios indican que aquellos que han sido hechos miserables por tales eventos desafortunados generalmente hacen más miserables a las personas a su alrededor también. En estas desagradables circunstancias, naturalmente nos frustramos, lo que engendra nuestro enojo, y una vez que estamos enojados, podemos fácilmente convertirnos en agresivos si se nos da una señal. Algunos de los estímulos más comunes que pueden provocar comportamientos agresivos son los insultos personales (quizás los más comunes), el humo de cigarrillo, los olores desagradables y las temperaturas altas. El ostracismo es otra causa común de agresión, provocando algunos de los mismos fenómenos neurológicos que causa el dolor físico.

Una de las causas más trágicas del aumento de la agresión es el conocimiento de que la agresión puede ser recompensa en algunos casos. Los niños que aprenden temprano que la agresión puede dar resultados (por así decirlo) son mucho más propensos a mantenerse agresivos a lo largo de la vida. Otras influencias sociales que pueden causar tasas más altas de agresión incluyen la ausencia de uno o ambos padres durante los años formativos, siendo la figura paterna generalmente la que está ausente. Para detener el comportamiento agresivo antes de que comience, a pesar de las condiciones familiares, el mejor modelo posible que se puede inculcar es uno que recompense la cooperación y la sensibilidad desde una edad temprana. Los padres y cuidadores deben ser modelos para estos modos de conducta, pero los padres exasperados que no tienen sistemas efectivos tienden a volverse bruscos e incluso agresivos con sus hijos, creando a menudo linajes intergeneracionales de agresión con sus acciones.

Uno de, si no el más, preocupante aspecto de la naturaleza humana es la agresión sexual. Las violaciones son típicamente cometidas por hombres contra mujeres. Estas tienen causas multifacéticas, pero a menudo son una mezcla de promiscuidad sexual (o el enfoque impersonal hacia el sexo) combinada con una masculinidad hostil y agresiva.

Además de la amígdala, el mesencéfalo y el hipotálamo también son centrales en la agresión, en todos los mamíferos. El hipotálamo tiene receptores especializados que determinan los niveles de agresión en función de los niveles de serotonina y vasopresina a los que están expuestos. Las áreas del mesencéfalo que se ocupan de la agresión tienen conexiones tanto con el tronco encefálico como con otras estructuras como la corteza prefrontal y la amígdala. La estimulación de la amígdala generalmente conduce a niveles más altos de agresión en los mamíferos, mientras que las lesiones en esta área (o en el hipocampo) generalmente conducen a una reducción de la expresión de dominio social debido a la regulación de la agresión y/o el miedo.

La corteza prefrontal es un área crucial para la regulación del autocontrol y la inhibición de impulsos, específicamente los agresivos. Una reducción en la corteza prefrontal, particularmente en sus porciones orbitofrontal y medial, está positivamente correlacionada con niveles más altos de agresión violenta y antisocial. La inhibición de la respuesta también se encuentra disminuida en la mayoría de los delincuentes violentos.

Una vez más, una deficiencia en los niveles de serotonina es una de las causas más comunes de la agresión y la impulsividad. Niveles más bajos de transmisión de serotonina pueden afectar otros sistemas neuroquímicos, incluyendo el sistema de dopamina, que regula la motivación hacia los resultados y los niveles de atención. La norepinefrina también influye en los niveles de agresión general, actuando dentro del sistema hormonal, el sistema nervioso simpático y el sistema nervioso central. Los neuropéptidos oxitocina y vasopresina también desempeñan un papel importante en la regulación del reconocimiento social, el apego y la agresión en los mamíferos. La oxitocina juega su papel más importante en la regulación de los lazos femeninos con parejas y crías, así como en el uso de la agresión protectora y represiva. La vasopresina se utiliza más para la regulación de la agresión en los machos.

Cuando pensamos en la psicología oscura, uno de los términos más comunes que viene a la mente es "depredador". Los depredadores humanos vienen en todas las formas y tamaños y utilizan diversos medios, pero todos ellos tienen una cosa en común si tienen éxito: la persuasión. Los depredadores de todo tipo saben cómo "tocar las cuerdas que están dentro de todos nosotros", como lo expresa el psicólogo social Robert Cialdini. Estas son personas que buscan sintonía de todos con quienes se encuentran, o la obediencia a su propia autoridad, ya sea real o imaginaria.

Lo primero que los depredadores buscan establecer sobre los demás es la autoridad. Tienden a buscar las cosas que otras personas más desean y luego ofrecen estas cosas bajo la (generalmente falsa) apariencia de figuras de autoridad. Proyectan confianza cuando están cerca de personas que creen que pueden influenciar. Si se expresan bien, entonces suelen tener más éxito en esta práctica, ya que tendemos a cuestionar mucho menos a aquellos que consideramos más elocuentes. Uno de los adjetivos más adecuados que podría usarse para describir a la mayoría de los depredadores es impotencia. Normalmente son personas que han sentido poco o ningún poder en sus vidas, siendo constantemente sometidas a las voluntades de otros y nunca sintiendo ese mismo sentido de autoridad, comienzan a buscar nuestras víctimas a quienes perciben como más débiles que ellos.

Otra forma en que los depredadores operan para alcanzar sus fines es fomentando un sentido de reciprocidad en sus víctimas. Generalmente, atraerán a sus víctimas con regalos y/o favores, solo para atraparlas más tarde con obligaciones que deben cumplirse para saldar deudas. Estos regalos y favores no solo obligan a las víctimas a pasar más tiempo con sus perpetradores, sino que también desvían su atención de los verdaderos objetivos de los depredadores. A través de este laberinto de deudas, las víctimas pueden pasar meses, incluso años y décadas de sus vidas en contacto innecesario con personas depredadoras.

La similitud entre las personas es una de las causas más comunes de agrado. Lo que es más, una vez que hemos decidido que nos gusta otra persona, nos volvemos mucho más propensos a hacer cosas, cosas que nos piden. Por eso los depredadores utilizan muchas maneras diferentes de aumentar el rapport con sus víctimas, incluyendo el uso de cumplidos, identidad común e intereses comunes para atrapar a sus víctimas. De esta manera, las personas malévolas pueden dañar a otros sin ser detectadas, siendo percibidas solo como amigos y aliados por sus víctimas desprevenidas. La mayoría de los depredadores sorprenden a las personas comunes en que son capaces de adoptar personalidades agradables para sí mismos tan bien como lo hacen las personas más benevolentes. Generalmente saben cómo imitar a personas "normales" con facilidad y fluidez que les permite trabajar hacia sus fines malévolos sin ser detectados por personas sin experiencia en el área de depredación. La mayoría está dotada del mismo sentido de conformidad que todos nosotros, pero esta conformidad no siempre se aplica a sus acciones mientras manipulan su camino a través de la vida.

Los depredadores siempre están buscando qué es lo que las potenciales víctimas desean. Los que tienen éxito pueden discernir fácilmente qué es lo que activa los mecanismos de otras personas y qué es lo que los demás más desean. Una vez que han determinado qué cebo deben usar para obtener lo que quieren, intervienen para proporcionar la prueba social a la víctima que afirma que están en lo correcto y que tienen todo lo que la víctima busca. Estas son personas que casi pueden oler nuestros deseos e inseguridades, y que están listas y son capaces de hacer que los más crédulos de nosotros hagan lo que ellos quieren.

Dado que los depredadores dependen en gran medida del poder del compromiso dentro de sus víctimas, tienden a buscar solo a personas que creen que se sentirán más endeudadas con ellos. Inicialmente, una figura depredadora solicitará compromisos más pequeños de sus víctimas, lo que generalmente solo conduce a compromisos más grandes a medida que pasa el tiempo. Cuando otros se lo permiten, los depredadores tienden a acumular estos compromisos hasta que se vuelve difícil desconectarse de ellos. Esto es generalmente cuando el lado más oscuro del depredador se muestra, y aquellos que están en contacto con él o ella comienzan a sentirse desilusionados.

Si queremos evitar la depredación de otros, tenemos que introspectar sobre nuestras propias vulnerabilidades, ya que estas son exactamente las cosas que las personas malignas buscarán dentro de nosotros. También deberíamos introspectar sobre nuestros propios comportamientos depredadores, ya que ninguno de nosotros es inmune a la malignidad. Cada uno de nosotros es tanto depredador como sumiso, así que reconciliar estos dos yo es esencial para entendernos mejor a nosotros mismos y a los demás.

Capítulo dos: "Rasgos de personalidad oscura"

Tendemos a centrarnos demasiado en el lado más ligero de la psicología humana. Ya sean seguidores del movimiento de "psicología positiva" o no, a menudo tenemos dificultad para ver el valor en el más despreciable de los aspectos de la psicología humana, el lado oscuro. Esto ocurre en nuestro detrimento, ya que son los aspectos más molestos de nuestra naturaleza los que tienden a iluminarnos más que las personalidades que la gente adopta. Aquí profundizaremos en los rasgos más oscuros de la psicología humana, aquellos que todos contienen un rasgo predominante más destructivo que cualquier otro: la insensibilidad o falta de empatía hacia los demás. Aquellos que tienen estos rasgos son muy diversos, pero todos comparten el potencial de dañar a otros debido a su incapacidad para empatizar.

El primero de estos rasgos, y quizás el más común, es el narcisismo. Todos mostramos este rasgo negativo en algún momento, por lo que generalmente es mejor reservar el juicio cuando otros parecen ser narcisistas a primera vista. Los narcisistas a menudo ignoran los pensamientos y sentimientos de los demás y se aprovechan de las personas para obtener lo que quieren. Ver a otras personas recibir atención y admiración los frustra, ya que creen que tienen derecho a estas cosas por encima de los demás. Este rasgo, como cualquier otro, existe en un espectro dentro de las personas, con los más pretenciosos de nosotros en la parte superior y los que tienen menos autoeficacia en la parte inferior.

Aunque todos nosotros experimentamos rasgos narcisistas en diferentes grados, en alrededor del 1% de la población, estos rasgos pueden adoptar una forma más severa y patológica en la que la persona adquiere una percepción poco realista de sus propias habilidades y tiene una necesidad constante de atención y admiración. Esta forma patológica de narcisismo se llama trastorno de personalidad narcisista.

El suministro narcisista es una especie de admiración, sustento o apoyo interpersonal que un narcisista obtiene de su entorno. Este suministro puede volverse esencial para el mantenimiento de la autoestima del narcisista si nunca se le escatima. Por esta razón, los narcisistas tienden a buscar a aquellos que los admirarán de manera irracional y hay muy poco que detenga a un narcisista una vez que ha encontrado algún tipo de relación en la que hay recursos injustificados asignados interpersonalmente. Esta necesidad de la admiración o atención de los codependientes se considera patológica porque no tiene en cuenta los sentimientos, pensamientos y necesidades de las otras personas involucradas. El narcisista solo considera su propio suministro y nunca se enfoca en lo que realmente está sucediendo con esas otras personas involucradas.

La lesión narcisista es una amenaza percibida para la autoestima del narcisista. Otros términos intercambiables con este son golpe narcisista, cicatriz narcisista y herida narcisista. Lo que todos estos tienen en común, sin embargo, es que son recibidos con ira narcisista. La ira narcisista es una reacción común a cualquier forma de lesión narcisista. Esta ira (como cualquier otro tipo de ira) existe dentro de un continuo, que va desde la lejanía leve hasta expresiones más severas de molestia y frustración, y finalmente a estallidos emocionales intensos, a veces incluyendo ataques violentos.

La ira narcisista puede manifestarse de muchas otras maneras también. Estas incluyen episodios depresivos, delirios paranoides y episodios catatónicos. También se sostiene ampliamente que la mayoría de los narcisistas tienen dos tipos principales de ira. El primero de estos tipos es la ira constantemente dirigida hacia una o más otras personas, mientras que el segundo tipo está constantemente dirigido hacia el yo. La ira narcisista no es necesariamente problemática en su severidad, ya que su severidad existe en un espectro similar al de la ira "normal", pero se vuelve más problemática al considerar que es inherentemente patológica.

Una defensa narcisista es cualquier proceso mediante el cual se preserva el retrato idealizado del yo del narcisista, mientras que se niegan sus limitaciones reales. En otras palabras, este tipo de defensa se encuentra cuando el narcisista intenta preservar su propia imagen más que tratar de averiguar la verdad sobre sí mismo. Estas defensas tienden a ser muy rígidas, ya que el narcisista se aferra tanto como sea posible a las narrativas más halagadoras para sí mismo que se puedan imaginar. La mayoría de los narcisistas en realidad experimentan sentimientos de culpa o vergüenza (tanto conscientes como inconscientes) con bastante frecuencia, y uno de los métodos más comunes por los cuales alivian estos sentimientos negativos es levantando tales defensas. El narcisismo patológico tiene que encontrar atajos psicológicos para sobrevivir a lo largo de una mayor autorrealización, y la defensa narcisista es probablemente el más común de estos atajos.

La definición original de abuso narcisista se refería más al abuso cometido por padres narcisistas sobre sus hijos. Típicamente, este tipo de abuso consiste en que los hijos de narcisistas tienen que renunciar a partes de sus propios sentimientos y deseos para proteger la autoestima de sus padres. Los niños que crecen siendo sometidos a este tipo de abuso a menudo tienen problemas de codependencia más adelante en la vida. Al no tener conocimiento de lo que constituye una relación normal, tienden a no poder reconocer con quién estarían mejor y a quién evitar. Es común que formulen relaciones adicionales con más narcisistas que tienen patologías similares a las de sus padres.

En años más recientes, este término se ha aplicado más ampliamente al abuso dentro de las relaciones entre adultos. Los narcisistas adultos son tan propensos a abusar de otros adultos como a abusar de niños. Estas relaciones abusivas típicamente no duran tanto debido al hecho de que las víctimas adultas generalmente tienen mucha más movilidad para salir de las relaciones que las víctimas infantiles.

El siguiente rasgo oscuro es el maquiavelismo. Este término se puede aplicar tanto a la filosofía política de Niccolò Machiavelli como a un rasgo de personalidad manipulador. Aquí solo se aplicará el uso posterior. Este rasgo se caracteriza comúnmente por un estilo de personalidad engañoso, un enfoque patológico en el beneficio personal y el interés propio, una deficiencia general de empatía y un desprecio flagrante por la moralidad.

Uno de los aspectos más preocupantes de los maquiavélicos es su falta general de emoción. Esto a menudo los lleva a ser influenciados muy poco por los modos de moralidad "convencionales" y a manipular y engañar a los demás sin remordimientos para satisfacer sus propias necesidades personales. Este rasgo se mide en unidades llamadas machs por los psicólogos. Se ha demostrado que las personas con niveles más altos de machs están más de acuerdo con afirmaciones como "nunca cuentes a otros tu razonamiento a menos que te beneficie hacerlo", y menos con afirmaciones como "las personas son generalmente buenas", "nunca hay una excusa para mentir a los demás" o "los más exitosos entre nosotros llevan vidas morales". Típicamente, los hombres obtienen niveles más altos de machs que las mujeres.

Los maquiavélicos son típicamente personas bastante frías y egoístas que ven a los demás principalmente como instrumentos que pueden usar para servir a sus propios intereses. Los motivos que tienen en mente en un momento dado, ya sean sexuales, sociales, profesionales, etc., a menudo se persiguen de manera duplicidad, con poco o ningún pensamiento sobre el bienestar de las otras partes involucradas. Aquellos con niveles más altos de maquiavelismo tienden a estar motivados más por el poder, el dinero y la competencia que por cualquier otra cosa, mientras que aquellos con niveles más bajos de maquiavelismo tienden a enfocarse más en cosas como el compromiso familiar, el amor propio y la construcción comunitaria. Las personas con niveles más altos de maquiavelismo quieren ganar a toda costa, sin importar cuán alto sea el precio. Con estas concepciones en mente, podríamos argumentar razonablemente que las personas que son más maquiavélicas que otras también están más inclinadas hacia la avaricia. Estas personas suelen estar mucho menos motivadas por sentimientos altruistas y cualquier forma de filantropía, y en cambio, pasan la mayor parte de su tiempo en una competencia sin sentido y una industria malévola. Por estas razones, los maquiavélicos suelen ser mucho menos confiables y mucho más egoístas que los demás.

Solo son sus habilidades sobresalientes para manipular a los demás las que dan a los maquiavélicos la reputación de ser un grupo de personas inteligentes. En realidad, no hay una correlación verificable entre los maquiavélicos y las puntuaciones de CI, pero el estereotipo del maquiavélico inteligente que navega a través de vastas redes de acción y sale con todo en mente persiste, sin embargo. La inteligencia emocional, sin embargo, no es un fuerte punto de la mayoría de los maquiavélicos. Los niveles más altos de maquiavélicos normalmente se correlacionan con puntuaciones más bajas de QE. Tanto el reconocimiento emocional como la empatía emocional están negativamente correlacionados con el maquiavelismo. Este rasgo tampoco ha demostrado estar correlacionado con una teoría de la mente más avanzada. Esto sugiere que los maquiavélicos no son necesariamente mejores para entender lo que otros están pensando en situaciones sociales, por lo que cualquier habilidad de manipulación que puedan poseer no está relacionada con su teoría de la mente.

En algunos círculos psicológicos, el maquiavelismo se considera meramente una forma subclínica de psicopatía. Si bien este rasgo de personalidad está estrechamente relacionado con la psicopatía y se superpone con ella en varias áreas de pensamiento, la mayoría de los psicólogos sostiene que, de hecho, es un constructo de personalidad completamente independiente. Los psicópatas son generalmente mucho más impulsivos y tienen menos autocontrol que los maquiavélicos. Sin embargo, ambos rasgos comparten la deshonestidad. Los maquiavélicos también son típicamente mucho menos amigables y concienciosos que la población general, lo que a menudo conduce a que encuentren poco éxito en sus carreras y relaciones personales. Los maquiavélicos también tienen un alto grado de agencia y bajo de comunión, lo que significa que buscan individualizarse y tener éxito más que trabajar con otros en esfuerzos comunales. Esta combinación de rasgos no es necesariamente mala en sí misma, pero lo que resulta preocupante acerca de muchos maquiavélicos es que a menudo desean no solo tener éxito ellos mismos, sino que también buscan activamente hacerlo a expensas de los demás.

Lo que hace que muchos maquiavélicos sean tan efectivos en lo que hacen es su capacidad para mantenerse bajo el radar de las personas. Sin embargo, hay algunas maneras fundamentales en las que podemos identificar claramente a estas personas peligrosas antes de que comiencen a causar estragos en nuestras vidas.

Uno de los mayores indicadores de un alto nivel de maquinaciones en una persona es la capacidad de esa persona para funcionar especialmente bien en lugares de trabajo y otras situaciones sociales en las que las reglas son ambiguas. Sin límites claros, estas personas inevitablemente vagarán en todas las direcciones que consideren adecuadas y estarán constantemente pensando en formas de avanzar en sus propios intereses a costa de la compañía que tienen. Los maquiavélicos prosperan donde las líneas están difusas y todos los comportamientos parecen sin precedentes, porque donde existen estos entornos vulnerables ven oportunidades para tomar acciones por las que no serán responsabilizados.

Otra señal de alerta es el desapego emocional excesivo, a veces acompañado de una visión cínica de las cosas que permite a la persona esperar pacientemente y sin pasión cualquier oportunidad que pueda presentarse. Con este autocontrol, los maquiavélicos son capaces de planificar con antelación y de determinar qué pueden hacer para manipular mejor que los demás.

Los maquiavélicos también se caracterizan por su uso de la presión, la culpa, la auto-revelación, el encanto y la cortesía para alcanzar sus metas. Estas tácticas les permiten maniobrar socialmente hacia sus objetivos malévolos sin ser detectados. Además de utilizar estas tácticas, también preparan planes de respaldo para salir de situaciones difíciles cuando son descubiertos. A menudo se emplean excusas y distracciones interminables cuando son expuestos, cuya multiplicidad puede ser abrumadora para aquellos que intentan exponerlos.

La verdadera potencia del maquiavelismo reside en su encubrimiento. Estas personas son capaces de manipular a otros de manera tan efectiva porque, en parte, nadie sospecha que albergan motivos ocultos en las cosas que hacen. Bajo la apariencia de personas normales y benévolas, a menudo pueden integrarse sin problemas en el follaje de la ciudadanía ejemplar.

La psicopatía es quizás el rasgo oscuro más conocido y perturbador. La psicopatía como trastorno de la personalidad se caracteriza por conductas antisociales persistentes, una capacidad deteriorada para empatizar y ciertos rasgos egotistas, desinhibidos y audaces.

Hay dos tipos principales de psicopatía, caracterizados por sus síntomas. El primero (y menos problemático) se conoce como psicopatía cleckleyana, caracterizada por patrones de comportamiento desinhibidos y audaces. El segundo tipo es la psicopatía criminal, caracterizada por comportamientos más agresivos y desinhibidos, en este caso, criminales. De estos dos tipos, el último es obviamente el que recibe más atención debido a que una gran parte de los criminales más notorios del mundo han padecido este tipo de psicopatía.

El primero de los rasgos psicopáticos es a menudo el que permite que todos los demás se vuelvan ingobernables: la audacia. Este rasgo se constituye por un bajo nivel de miedo combinado con una alta tolerancia al estrés, una tolerancia general al peligro y la incertidumbre, y niveles de asertividad y autoconfianza increíblemente altos. Un exceso de este rasgo puede o no estar relacionado con variaciones individuales de la amígdala, el regulador de miedo más importante del cerebro. Con esta audacia, los psicópatas a menudo son capaces de manejar personas y situaciones de las que las personas normales preferirían mantenerse alejadas. Esto puede favorecer al psicópata, pero a menudo lo lleva a meterse en más problemas de los necesarios. Con este rasgo, los psicópatas a menudo tienen dificultades para distinguir las amenazas reales de los acontecimientos normales, porque su circuito neural simplemente no les indica que las cosas están de una manera o de otra.

La desinhibición es el siguiente rasgo de los psicópatas. Este término se refiere a una falta de control de los impulsos combinada con problemas de planificación, una falta de control sobre los impulsos, una necesidad constante de gratificación instantánea y un control general deficiente sobre el comportamiento. Este rasgo en exceso a menudo corresponde con deterioros en las estructuras dentro del lóbulo frontal que influyen en estos tipos de sistemas de control del comportamiento. La desinhibición lleva a muchos psicópatas a actuar de manera impulsiva e incluso errática al seguir sus deseos inmediatos. Siempre viviendo el momento, nunca tienen una visión clara de lo que podría suceder a continuación o de lo que deberían hacer para darse una gratificación duradera. Esto a menudo les lleva a tomar decisiones peores que los perjudican más, ya que muchas de las cosas que nos brindan gratificación instantánea terminan perjudicándonos en gran medida a largo plazo.

Otro rasgo común de los psicópatas es la malicia o crueldad. Los psicópatas a menudo carecen de empatía y tienen pocas o ninguna relación íntima con los demás, a veces incluso despreciando la compañía de otros. A menudo utilizan la crueldad para obtener un mayor poder, son generalmente mucho más explotadores que los demás, recalcitrantes hacia las figuras de autoridad y tienden a buscar emociones de manera imprudente y peligrosa. Este rasgo es probablemente más destructivo para aquellos que entran en contacto con los psicópatas que cualquiera de los otros mencionados aquí. Los psicópatas típicamente no disfrutan de la compañía de otros, por lo que cuando están alrededor de otros, es más probable que actúen de maneras crueles y desalmadas porque perciben que no tienen nada que perder. Esta perspectiva sobre los demás les lleva a actuar de formas que son desagradables y a veces peligrosas, ya sea con un propósito al hacerlo o no.

Típicamente, los psicópatas son bastante altos en antagonismo, y muy bajos en conciencia y en ansiedad, sintiendo casi ninguna ansiedad, de hecho. Estas personas también son bajas en socialización y responsabilidad y altas en búsqueda de sensaciones, impulsividad y agresión. La combinación de estos rasgos tiende a crear personas que no se llevan bien con los demás, que contribuyen poco al producto de la sociedad en general, y que siguen sus impulsos libremente y sin ansiedad.

De los otros rasgos de personalidad oscuros, la psicopatía probablemente esté más relacionada con el narcisismo. De hecho, una perspectiva psicológica incluso considera este rasgo como solo otra parte del espectro del narcisismo patológico. Algunos psicólogos afirman que la personalidad narcisista existe en la parte baja de este espectro, el narcisismo maligno en el medio y la psicopatía en su punto más alto.

Socialmente, los principales síntomas de la psicopatía son la insensibilidad, la manipulación y, a veces, el crimen y la violencia. Mentalmente, la impairidad de los procesos relacionados con la cognición y el afecto son los mayores indicadores de psicopatía. Estos síntomas generalmente comienzan a aparecer alrededor de la adolescencia, aunque a veces se encuentran incluso en niños más pequeños y en otras ocasiones no se encuentran hasta más tarde en la adultez.

Las puntuaciones de psicopatía son sorprendentemente reveladoras en cuanto a los antecedentes de encarcelamiento. Se ha encontrado que puntuaciones más altas de este rasgo a menudo están correlacionadas con un historial repetido de encarcelamiento, sujeciones en áreas de mayor seguridad de los centros de detención, más infracciones disciplinarias y tasas más altas de abuso de sustancias.

Aunque la psicopatía no es completamente sinónima de violencia, hay muchas correlaciones bien documentadas entre este rasgo y actos violentos. La psicopatía a menudo se caracteriza por una agresión "instrumental". Esta forma de agresión es más proactiva o depredadora que otras. La emoción contenida y los objetivos no dirigidos, sino en gran medida facilitados por la causa de daño, son dos otras características de esta potente forma de agresión. La agresión instrumental a menudo se correlaciona con delitos de homicidio debido a la naturaleza depredadora de esta forma de agresión.

La psicopatía también está relacionada con la violencia doméstica, con alrededor del 15-30% de los perpetradores mostrando tendencias psicopáticas. Principalmente es la insensibilidad, combinada con el desprecio por las conexiones interpersonales, lo que lleva a muchos psicópatas a cometer delitos de violencia doméstica. A pesar de todas estas conexiones que la psicopatía tiene con varios tipos de comportamiento criminal violento, las tendencias psicopáticas aún no son consideradas ampliamente en la evaluación de riesgos.

El crimen sexual es otro tipo atroz de actividad criminal que comúnmente se asocia con la psicopatía debido a una inclinación psicopática hacia el comportamiento sexual violento. La relación entre la psicopatía y la violación de menores se demuestra en el número de delitos cometidos por el delincuente, que tiende a aumentar en individuos más psicopáticos. Las tendencias hacia la violencia sádica y la falta de remordimiento tienden a llevar a los psicópatas a cometer crímenes sexuales que las personas normales simplemente nunca imaginarían. A pesar de esta desconcertante inclinación a reincidir, los psicópatas tienen, en promedio, 2.5 veces más probabilidades de recibir excarcelaciones condicionales que sus contrapartes no psicopáticas cuando son encarcelados por sus crímenes.

La psicopatía también está correlacionada con el crimen organizado, el crimen de guerra y el crimen económico. Es la violencia antisocial, la cosmovisión que excluye el bienestar de los demás, la externalización incesante de la culpa, la falta de remordimiento y la impulsividad que tiende a llevar a los psicópatas a comportamientos criminales de todo tipo a tasas más altas que los no psicópatas. Si bien el terrorismo se asocia popularmente con la psicopatía, en realidad, los psicópatas son menos propensos a participar en actividades terroristas debido a la planificación, organización y frecuente trabajo comunitario que implica llevar a cabo ataques terroristas. El terrorismo también apela menos a los psicópatas debido a sus propias intuiciones egoístas.

En la infancia y la adolescencia, los precursores más comunes de la psicopatía son la falta de emociones o la insensibilidad, la impulsividad o la irresponsabilidad, y el narcisismo. El rasgo y/o trastorno de la personalidad puede ser tan difícil de discernir o diagnosticar en estas primeras etapas porque sus síntomas se encuentran en muchos niños y adolescentes no psicopáticos. Estos rasgos, ya sean encontrados en psicópatas o en individuos normales, a menudo son indicativos de comportamientos violentos o criminales posteriores. En los juveniles, la psicopatía suele estar correlacionada con tasas más altas de emociones negativas como la depresión, la ansiedad, la hostilidad y la ira. Aunque podemos tener ciertos indicadores de psicopatía en personas más jóvenes, estos indicadores generalmente no se manifiestan en una psicopatía real más adelante en la vida y suelen ser problemas individuales en su lugar.

El trastorno de conducta en los jóvenes se considera un camino hacia el posterior trastorno de personalidad antisocial y la psicopatía. Este trastorno generalmente surge de una mezcla tóxica de problemas neurológicos preexistentes y la exposición prolongada a factores ambientales adversos. No solo aquellos con este trastorno muestran comportamientos antisociales prolongados a lo largo de la vida, sino que también se ha demostrado que permanecen en una salud general más deficiente y suelen tener un estatus socioeconómico mucho más bajo. El inicio en la infancia comienza antes de los 10 años y generalmente resulta en un comportamiento antisocial a largo plazo, mientras que el inicio en la adolescencia comienza después de los 10 años y a menudo resulta en un comportamiento antisocial limitado a corto plazo.

Es cuando el trastorno de conducta se mezcla con el TDAH que los comportamientos antisociales asociados se vuelven más problemáticos. Las personas más jóvenes con esta combinación de trastornos tienden a mostrar la misma insensibilidad, agresión e inhibición conductual que los psicópatas de todas las edades exhiben. El estilo interpersonal sin remordimientos y sin emociones de quienes tienen trastorno de conducta es uno de los paralelismos más notables de la psicología con la psicopatía.

En lo que respecta a la mentalidad, las disfunciones dentro de la amígdala y la corteza prefrontal son las causas neurológicas más comunes de la psicopatía. Estas disfunciones son a menudo innatas, aunque en otras ocasiones son causadas por tumores, lesiones y traumatismos craneales sufridos en estas regiones. Si bien los pacientes con estos problemas en estas regiones pueden parecer en pensamiento y acción psicópatas, están divorciados de este último grupo. Ya sean psicópatas o no psicópatas, las personas con daño en las regiones del cerebro generalmente tienen muchas más dificultades para aprender razonamiento social y moral que la mayoría de las personas. El aprendizaje reforzado por estímulos también está deteriorado en individuos con daño en estas regiones, lo que significa que, ya sean recompensados o castigados, estas personas tienen dificultades para aprender en función de los efectos que derivan de lo que están haciendo.

A pesar de estos defectos de aprendizaje, no hay un vínculo inquebrantable entre la psicopatía y el CI. En lo que respecta a la inteligencia, los psicópatas como grupo son realmente un reflejo bastante preciso de la población general, con algunos que son increíblemente brillantes y otros que son muy torpes en comparación, mientras que la mayoría está alrededor de la media.

La psicopatía también está relacionada con respuestas inusuales a las señales de angustia. Las respuestas vocales y físicas al miedo y la tristeza a menudo son pasadas por alto o malinterpretadas por los psicópatas, generalmente debido a una disminución de la actividad en las regiones fusicore y extrastriatales del cerebro. Esta inactividad resulta en la incapacidad de reconocer todas las emociones en los rostros de otras personas también, pero es la incapacidad de discernir el miedo y la tristeza la que generalmente perjudica más a los psicópatas.

La amoridad es uno de los subproductos más problemáticos de la psicopatía. Aquí este término se refiere a un desprecio por, una indiferencia hacia, o simplemente una ausencia de sentimientos y prácticas morales. Hay dos áreas principales de preocupación dentro de la mayoría del razonamiento moral: las transgresiones personales y el cumplimiento (o incumplimiento) de las normas convencionales. Sócrates notó estas áreas como la adherencia a las leyes naturales y convencionales respectivamente. Cuando se les preguntó qué tipos de leyes deberían seguirse más de cerca, los psicópatas generalmente afirman que son las leyes convencionales, mientras que los no psicópatas suelen creer que las leyes naturales o personales deben ser prioritarias. Esta tendencia podría sugerir que los psicópatas no tienen leyes morales sólidas establecidas para sí mismos y están más inclinados a seguir únicamente las de los sistemas en los que se encuentran.

Si bien no hay una preferencia notable entre los psicópatas por la infligencia de daño personal y daño interpersonal, estas personas suelen ser mucho menos reacias a infligir daño interpersonal que los no psicópatas. Los psicópatas que tienen los niveles de ansiedad más bajos son generalmente mucho más propensos a infligir daño personal.

Existen vínculos o causas genéticas moderadas de la psicopatía, pero estas no son tan sustanciales como las ambientales. Las causas ambientales más comunes de la psicopatía provienen todas de experiencias tempranas en la infancia y adolescencia, incluyendo, pero no limitándose a, provenir de una familia disfuncional con una madre joven o deprimida, bajo involucramiento del padre, tener padres condenados, negligencia física, bajo ingreso familiar o estatus social, vivienda y/o supervisión inadecuadas, tamaño familiar grande, disciplina severa y hermano(s) delincuente(s).

Las lesiones en la cabeza también están fuertemente relacionadas con la violencia y la psicopatía. Son las lesiones en los córtices prefrontal y orbitofrontal las que causan más daño a los afectados, siendo las alteraciones en el razonamiento social y moral los efectos más desconcertantes de estas lesiones. El daño en el córtex ventromedial también es preocupante, ya que suele causar una reducción en las respuestas autónomas, incapacidad para realizar maniobras evasivas, deterioro en la toma de decisiones económicas y disminución de las expresiones de culpa, vergüenza y empatía.

La psicopatía es probablemente el rasgo oscuro más famoso debido a la destructividad de sus afectados. Muchos de los criminales más notorios del mundo han sido o son psicópatas, pero esto no implica que todos los psicópatas sean criminales. Algunos de ellos, de hecho, continúan llevando vidas normales y productivas en las que contribuyen en gran medida a la sociedad en su conjunto.

Ahora llegamos al sadismo. El sadomasoquismo (o SM, como lo llamaremos aquí) es la recepción o la entrega de placer que surge de la inflicción de dolor y/o humillación. A menudo, los sádicos reciben gratificación sexual de la inflicción de este dolor, ya sea que ellos sean los que lo infligen o los que lo reciben. Estas prácticas son, sorprendentemente, generalmente consensuales, y por lo tanto difieren de los crímenes sexuales no consensuales.

El origen del término sadismo se encuentra en el Marqués De Sade (1740-1814), quien practicaba rituales sexuales sadistas y escribió sobre ellos. El término masoquismo proviene de Leopold Von Sacher-Masoch, quien escribió novelas sobre sus propias prácticas sexuales masoquistas.

Algunos psicólogos consideran que el dolor y la violencia están en el centro de la práctica sadomasoquista, mientras que otros se enfocan más en la dominación y la sumisión. En realidad, la mayoría de los sadomasoquistas están interesados en ambos. Sigmund Freud consideraba que la primera "forma" del sadomasoquismo estaba centrada en la noción de la cuckoldry (o la elección de rivales como parejas), y la segunda forma no se ocupaba en absoluto de las relaciones y se interesaba en cambio por el espectáculo de las prácticas sexuales.

Cada sadomasoquista encuentra las prácticas asociadas con el trastorno atractivas por sus propias razones. A menudo, los SM que prefieren asumir roles más sumisos dentro de sus prácticas lo hacen por la necesidad de escapar de la culpa, la responsabilidad y el estrés de la vida. Estar en presencia de figuras fuertes y dominantes infunde un sentido de seguridad y protección para otros. Los sádicos, por otro lado, pueden disfrutar asumir roles más dominantes por un deseo de sentirse más empoderados. Ya sea sádico o masoquista, los SM simplemente están tratando de satisfacer necesidades emocionales que tienen, las cuales a menudo surgen de experiencias y relaciones de la infancia. Si bien estas necesidades se satisfacen de maneras que algunos considerarían inusuales o inapropiadas, mientras estas prácticas sean consensuales, normalmente será prudente evitar el juicio.

Finalmente, la sociopatía (o trastorno de personalidad antisocial) es un trastorno de personalidad caracterizado por la falta de remordimiento o culpa respecto al daño infligido a otros. Este trastorno es tan similar a la psicopatía que muchos psicólogos en el pasado lo han considerado un subtrastorno dentro de una clase más grande de trastornos psicopáticos, pero la mayoría hoy en día sostiene que la sociopatía es un trastorno completamente separado. Las mismas tácticas de manipulación, impulsividad, falta de culpa y exceso de agresión que se encuentran en psicópatas y maquiavélicos son compartidas por sociópatas.

Mientras que algunos sociópatas son de alto funcionamiento y contribuyen con grandes cosas a la sociedad, la mayoría tiene dificultades para mantenerse responsables a lo largo de la vida debido a su impulsividad y, a menudo, viven menos años que el promedio como resultado de prácticas imprudentes como el abuso de sustancias y la actividad criminal.

Si bien hay un componente genético notable en el desarrollo del trastorno de personalidad antisocial, también existen ciertos factores ambientales que pueden poner a los jóvenes en un mayor riesgo de desarrollar este trastorno. Estos incluyen, entre otros, nunca haber sido enseñados a respetar los derechos de los demás, una mala disciplina, la presencia de modelos a seguir negativos y el alcoholismo, así como otras formas de abuso de sustancias, tanto en los padres como en sus hijos.

El trastorno de conducta y el TDAH antes de los 10 años son otro indicador del desarrollo posterior del trastorno de la personalidad antisocial. Algunos estudios incluso han indicado que el 25% de las niñas y el 40% de los niños que desarrollan un trastorno de conducta a lo largo del desarrollo terminan desarrollando un trastorno de la personalidad antisocial en la adultez.

Los síntomas más comunes de la sociopatía son los siguientes: la comisión repetida de actos ilegales, mentir o manipular para lograr resultados, impulsividad, peleas o asaltos repetidos, desconsideración por la seguridad de uno mismo y de los demás, falta de empatía y remordimientos, y irresponsabilidad personal y financiera. Para ser diagnosticado formalmente con sociopatía, una persona debe exhibir al menos tres de los síntomas mencionados anteriormente. Otros criterios que deben cumplirse para diagnosticar a una persona con trastorno de personalidad antisocial son que la persona tenga al menos 18 años y que se le haya diagnosticado trastorno de conducta que comenzó antes o a la edad de 15 años. Típicamente, hay algún episodio antisocial y una intervención posterior antes de que una persona sea diagnosticada oficialmente con este trastorno, ya que la mayoría no sospecha ni admite tener sociopatía. Sin embargo, estos episodios no son necesarios para un diagnóstico formal de este problemático trastorno.

Estos síntomas suelen alcanzar su punto máximo cuando la persona que sufre tiene veintipocos años. Sin embargo, una vez que ha llegado a los 40, algunos encuentran que estos síntomas se reducen y eliminan.

La terapia conversacional es la forma de terapia más común y efectiva para este trastorno y generalmente es la misma para todos los demás rasgos de personalidad oscura. Esta forma de terapia es útil para estas personas porque, en parte, ofrece una manera para que el individuo desarrolle sus habilidades interpersonales. Sin embargo, el primer objetivo dentro de estas terapias siempre es la reducción de comportamientos impulsivos que pueden llevar a daños criminales.

Sorprendentemente, hay muy pocos medicamentos que ayudan a mitigar los síntomas del trastorno de personalidad antisocial. Además de la terapia conversacional, los clínicos también proporcionan terapias de esquemas a muchos pacientes, que tienen como objetivo editar y organizar mejor los patrones de pensamiento desadaptativos que a menudo provienen de la infancia. El autor aquí argumentaría que esta forma de terapia debería ser más utilizada entre todos aquellos que sufren de rasgos de personalidad oscuros, independientemente de cuáles sean esos rasgos, aunque esto es meramente una opinión.

Capítulo tres: Estudios de la psicología oscura

No hay afirmaciones mejores sobre eventos psicológicos oscuros que los estudios reales realizados sobre el tema. Ahora deberíamos repasar algunos de los ejemplos más famosos de tales estudios, analizando tanto las razones por las que se llevaron a cabo como su significado después del hecho.

Los experimentos de Asch de la década de 1950 se llevaron a cabo para determinar hasta qué punto las opiniones de un individuo pueden ser influenciadas por las de la mayoría del grupo en el que se encuentra. Solomon Asch, el líder de estos experimentos, comenzó haciéndoles participar en tareas perceptivas a jóvenes estudiantes universitarios. Dividió a los participantes en grupos, donde todos menos uno de los miembros de cada grupo eran "confederados" o actores. El objetivo de estos experimentos era analizar cómo reaccionaría el único participante "genuino" ante los pensamientos y acciones de todos los actores.

Con todos los demás participantes teniendo respuestas pre-escritas para todas las preguntas formuladas, las respuestas del único participante genuino se convirtieron en las únicas verdaderas variables independientes en el estudio. Con diferentes grados de presión social aplicados al único participante real, los efectos de esta presión fueron luego observados y estudiados en sus varios grados de severidad.

A cada participante se le hizo simplemente una serie de preguntas, como cuál línea era la más corta o más larga dentro de una serie. Inicialmente, todos los "confederados" dieron respuestas correctas a todas las preguntas planteadas para evitar que el único participante genuino sospechara. Solo más tarde se comenzaron a añadir algunas respuestas incorrectas.

Había un grupo de control entre los grupos normales cuando se llevaban a cabo estos experimentos, en el que no se aplicaba presión grupal a los participantes. Dentro de este grupo de control, solo alrededor de una de cada 35 respuestas era incorrecta, una estadística probablemente atribuible a un simple error experimental. Por otro lado, en los grupos normales, un tercio de los participantes genuinos dio una respuesta incorrecta cuando otros dentro del grupo también lo habían hecho. Esto implica que las personas son de hecho mucho más propensas a hacer juicios incorrectos cuando la mayoría de los que las rodean también lo están haciendo.

Al menos ¾ de todos los participantes dieron al menos una respuesta incorrecta a las preguntas que se les hicieron. Dentro de este experimento, las personas ocultaron sus propias opiniones, ya fuera porque realmente desconfiaban de sus propias intuiciones, o simplemente porque deseaban cumplir más con su grupo.

Mientras todos tendemos a sentirnos orgullosos de ser individuos de mente independiente y completamente autónomos, estudios como este indican que a veces nos comportamos de cualquier manera menos así. Este problema de conformidad frente a individualidad es una lucha antigua que algunas de las mentes más grandes de la historia han examinado incansablemente. Típicamente, se debe mantener moderación al determinar la relación entre nuestras propias opiniones y las de los grupos en los que nos encontramos. Confiar completamente en nuestras propias intuiciones y sin cuestionarlas sería arrogante, y podría sumergirnos en la ignorancia de la realidad que hemos creado, una que fácilmente podría haberse evitado siendo receptivos a las opiniones de los demás. También debemos tener en cuenta que otras personas son tan susceptibles al error como nosotros, y que el poder no siempre hace la razón. Al seguir al grupo ciegamente, nos estamos sujetando a lo que este grupo pueda tener en mente para nosotros. Solo porque más personas crean en algo no significa que ese algo sea más o menos verdadero. Los bandwagons son geniales en el sentido de que nos hacen sentir que somos parte de algo, pero potencialmente destructivos cuando depositamos demasiada fe en ellos.

No es un ejemplo de oscuridad personal desviarse de los caminos bien transitados de nuestra empresa. Mientras que los grupos más grandes pueden proporcionar orden a sus miembros, este orden puede convertirse fácilmente en tiranía si no se controla. Cuando no hay nadie alrededor para verificar la validez de cualquiera de las opiniones del grupo, todo el sistema tiende a colapsar sobre sí mismo, dejando a los más dogmáticos en el fondo de los escombros. La historia nos ofrece innumerables ejemplos de personas que hacen cosas horribles por servidumbre a su(s) tribu(s). Los experimentos de Asch son simplemente un reflejo microcósmico de esta tendencia destructiva.

La Biblia cuenta la historia del buen samaritano, que se detiene para ayudar a un hombre en necesidad mientras que otras personas, llenas de autojustificación, simplemente pasan de largo. John Darley y C. Daniel Batson, inspirados por esta famosa historia, querían ver si había alguna correlación entre la religiosidad y la disposición para ayudar, y por lo tanto llevaron a cabo el experimento del buen samaritano.

Tres hipótesis principales estaban en la mente de los investigadores al abordar este experimento: que las personas que piensan en pensamientos religiosos útiles no estarían más inclinadas a ayudar a otros que cualquier otra persona, que las personas que están apuradas serían menos propensas a ayudar a otros, y que aquellos que son religiosos simplemente por interés personal serán mucho menos propensos a ayudar a otros que las personas que son religiosas por el deseo de encontrar significado en la vida. Las personas de estilo samaritano serán más propensas a ayudar que las personas de estilo levítico.

Después de reclutar estudiantes de seminario para este experimento, la investigación realizó un cuestionario sobre religión a los participantes con el fin de posteriormente determinar la exactitud de la tercera hipótesis. Luego comenzaron el experimento en un edificio, solo para pedir a los participantes que caminen hacia otro edificio para terminar el experimento. En el camino, los participantes encontraron a un hombre caído en un callejón y no tenían conocimiento de qué le pasaba o por qué estaba allí.

Antes de hacer que los participantes se marcharan, les dieron a diferentes grupos diferentes piezas de información sobre la urgencia y lo que tendrían que hacer en los otros edificios. Una de las tareas estaba relacionada con trabajos de seminario y la otra estaba relacionada con la narración de la historia del buen samaritano. A uno de estos grupos se les dijo que era tarde y que necesitaban ir al otro edificio de inmediato, mientras que al otro grupo se le dijo que tenía unos minutos.

El hombre en el callejón fue señalado para gemir y toser dos veces mientras los participantes pasaban. Los investigadores establecieron una escala de ayuda de antemano que se organizó de la siguiente manera: 0= fracaso en notar a la víctima y su necesidad, 1= notar la necesidad pero no ofrecer ayuda, 2= no detenerse pero decidir ayudar indirectamente (informando a su asistente al llegar), 3= detenerse y preguntar a la víctima si necesitaba ayuda, 4= detenerse y ayudar a la víctima, dejándola a un lado después, 5= negarse a dejar a la víctima después de detenerse y ofrecer ayuda, o insistencia en llevarla a otro lugar.

Después de que los sujetos llegaron a la segunda ubicación, les hicieron responder un segundo cuestionario, este relacionado con la amabilidad. El sentido de urgencia tuvo un efecto en la ayuda al hombre en el callejón. En total, alrededor del 40% de los participantes decidieron ayudar a la víctima. Aquellos que no estaban muy apurados ayudaron el 63% del tiempo, aquellos que estaban algo apurados ayudaron el 40% del tiempo, y aquellos que estaban muy apurados ayudaron solo el 10% del tiempo. Los sammarinenses aquí ayudaron el 53% del tiempo, mientras que los levitas solo ayudaron el 29% del tiempo, confirmando así la tercera hipótesis. Este estudio podría, en última instancia, no encontrar correlación entre la religiosidad y el comportamiento de ayuda. Aquellos que estaban más interesados en la amabilidad como un bien en sí tendían a ser mucho más útiles que aquellos que veían la religión como un medio para obtener cosas que deseaban.

Incluso cuando va en camino a dar un discurso sobre el buen samaritano, una persona apurada tiene muchas menos probabilidades de ayudar a los demás a su alrededor. Esto solo demuestra que pensar en la ética no necesariamente nos hace actuar de manera más ética. La relación entre la urgencia y la disposición a ayudar también debería ser tenida en cuenta, ya que esto podría indicar que a medida que nuestras vidas se vuelven cada vez más aceleradas con el paso de los años, estamos destinados a ser cada vez menos éticos, aunque esta es solo una interpretación que se podría tener sobre este fenómeno. Hay otra posible explicación para la falta de ayuda: el conflicto entre las necesidades del experimentador y las de la víctima podría haber afectado la toma de decisiones de los participantes más que cualquier frialdad de su parte.

Este experimento sigue siendo controvertido en el sentido de que aborda la religión, pero solo los irrazonables negarían que la religión es mejor utilizada por aquellos que simplemente buscan significado en la vida que por aquellos que son impulsados meramente por la avaricia. No hay simplemente lugar para la moralidad donde las personas desean más cosas. Cuando estamos abrumados por los diversos deseos que tenemos, siempre abrimos la caja de Pandora para satisfacerlos, dejando que todas las cosas más malignas que podemos imaginar caminen por la tierra simplemente por codicia. La caridad realmente es un bien en sí misma. Desde un punto de vista utilitario, casi siempre es mejor ser más caritativo porque la felicidad derivada de hacerlo no solo se siente en nuestros beneficiarios, sino también en nosotros mismos.

Este estudio también nos muestra que, para promover lo bueno y evitar lo malo, tendremos que sacar tiempo de nuestros días para hacerlo. La prisa en nuestras acciones nos hace mucho menos propensos a ayudar a los demás. Cuando estamos constantemente ocupados con nuestras propias actividades, a veces no logramos reconocer las necesidades de los otros, pero detenernos para hacerlo de vez en cuando nos beneficiará enormemente a largo plazo.

El experimento de apatía de los testigos de 1968 realizado por John Darley y Bibb Latane buscó explorar uno de los fenómenos más interesantes, y quizás decepcionantes, en el campo de la psicología social. Dentro de este tipo de experimento, se simula una emergencia con un participante entre varios otros cómplices. Estos investigadores estudiarían luego cuánto tiempo le tomaba al participante actuar si decidía hacerlo. Sorprendentemente, este estudio nos mostró a todos que somos mucho menos propensos a ayudar a otros cuando estamos en compañía de una multitud. Alrededor del 70% de los participantes ayudaron cuando no había otros involucrados, mientras que solo el 40% decidió hacerlo en compañía de grupos.

Esta renuencia a ayudar a otros en multitudes puede deberse a una mera autoconciencia, o también podría ser por la percepción de que ser el primero en ayudar implica asumir un rol de liderazgo, un rol que la mayoría de las personas evita asumir para sí mismas. Sea cual sea la razón por la que ocurra, esta tendencia a descuidar a los necesitados es problemática por razones obvias. No importa cuál sea el problema, es más probable que lo evitemos cuando nos encontramos en grupos más grandes, como parece sugerir este experimento.

El experimento de la prisión de Stanford, quizás el más conocido de los mencionados aquí, fue llevado a cabo en 1971 por Philip Zimbardo con el objetivo de estudiar qué efectos psicológicos se derivan de convertirse en prisionero o en guardia de prisión. Aquí se tomaron 24 sujetos masculinos que fueron seleccionados al azar para ser guardias o prisioneros dentro de una prisión simulada en el sótano del edificio de psicología de Stanford.

Zimbardo supuestamente quedó impresionado por lo rápidamente que los sujetos se adaptaron a sus roles, ya que los guardias asumieron cada vez más roles autoritarios y, eventualmente, incluso recurrieron a la tortura psicológica de los prisioneros. No solo los prisioneros aceptaron el abuso psicológico de manera pasiva, sino que incluso llegaron a hostigar a otros prisioneros a solicitud de los guardias. No fue hasta que Zimbardo mismo comenzó acondonar el abuso que dos prisioneros abandonaron el experimento anticipadamente y todo se detuvo después de solo seis días.

La impresionabilidad y la obediencia tienden a aumentar considerablemente cuando las personas tienen acceso a una ideología que les hace sentirse legitimadas y con apoyo institucional y social, como sugiere este estudio. Este estudio también demuestra los efectos de la disonancia cognitiva y el poder de la autoridad. Cuando estamos bajo el control de un sistema que percibimos como tener una base de poder fuerte y centralizada, tendemos a ser muy dispuestos a seguir los deseos de ese sistema, sean cuales sean. También nos impresionamos en gran medida por ese sistema. Cuando surgen conflictos de intereses entre nosotros y la voluntad del sistema, la disonancia cognitiva sigue, que se resuelve con más obediencia en la mayoría de las personas. Este estudio también demuestra nuestra tendencia a permitir que las figuras de autoridad hagan lo que tengan en mente.

Este estudio se considera conductas situacionales en lugar de disposicionales, lo que significa que las conductas anotadas aquí son más resultado de la situación presente que de las personalidades de los participantes. No es relevante aquí si los guardias tenían una disposición hacia cometer abusos, o si los prisioneros estaban dispuestos a la pasividad. Lo único que se estudia aquí es el comportamiento situacional de los involucrados.

Este estudio nos dice mucho sobre la vida en prisión. Sin embargo, reflexionar sobre lo que habría sucedido si los guardias nunca hubieran sido detenidos plantea algunas otras preguntas. No está claro qué habría controlado el poder de Zimbardo en este estudio. Tenía el poder de hacer esencialmente cualquier cosa a los sujetos, así que este estudio también puede ser analizado como una investigación sobre el problema del poder descontrolado.

Los experimentos de Milgram de 1961, realizados por Stanley Milgram, son uno de los estudios más perspicaces sobre la autoridad en el campo de la psicología social. Aquí, el objetivo era registrar la disposición de los participantes a realizar tareas que iban en contra de su propia conciencia personal cuando estas tareas habían sido asignadas por una figura de autoridad.

Milgram llevó a cabo estos experimentos con los juicios de los criminales de guerra nazis en mente, preguntándose una pregunta central: ¿tenían todos estos criminales de guerra un sentido de moralidad compartido? Estos estudios, en general, confirmaron que las personas a menudo realizan acciones que van en contra de sus creencias morales más fuertes cuando son obligadas por figuras de autoridad. Si bien estos estudios resultaron ser válidos y útiles científicamente, muchos los consideraron y aún los consideran poco éticos, implicando tanto abuso físico como psicológico que asustó a los participantes de por vida.

Milgram reclutó a 40 hombres para participar en estos experimentos. Se utilizó un generador de choques, cuyos choques comenzaban en 30 voltios y aumentaban en incrementos de 15 voltios hasta alcanzar finalmente 450, muchos de ellos con etiquetas como "choque leve", "choque moderado" y "peligro: choque severo". Los dos últimos interruptores de este generador estaban simplemente etiquetados como "xxx".

Estos participantes de este experimento asumieron el papel de "maestro", quien administraría descargas eléctricas cuando los cómplices dieran respuestas incorrectas. Aunque estas descargas no se administraron realmente, los maestros creían que sí y los cómplices actuaban como si hubieran recibido descargas cuando se administraban.

A medida que el voltaje aumentaba continuamente a medida que avanzaba el experimento, el estudiante pedía ser liberado y algunos incluso se quejaban de problemas cardíacos. Una vez que se había superado el umbral de 300 voltios, el estudiante comenzaba a golpear las paredes de la habitación y luego se negaba a responder más preguntas. Este silencio, según las instrucciones de los profesores, se debía considerar como una respuesta incorrecta, por lo que se administraban más descargas cuando las preguntas no eran respondidas.

La mayoría de los estudiantes preguntó a los profesores si debían continuar o no, a lo que recibieron las respuestas estándar: "por favor, continúen", "el experimento requiere que continúen", "es absolutamente esencial que continúen", y "no tienen otra opción, deben continuar".

El nivel de choque que cada participante estaba dispuesto a entregar era el indicador de su obediencia. Inicialmente, se predijo que solo alrededor del 3% de cada 100 participantes aceptaría administrar los máximos choques. En realidad, un asombroso 65% de ellos realmente terminaría administrando estos choques, y cada participante involucrado administraría los choques de 300 voltios. Esto muestra que las personas son incluso más obedientes de lo que la mayoría espera y que fácilmente podemos ser compelidos a realizar acciones que consideramos objetables cuando estamos bajo la influencia de figuras de autoridad.

El experimento de Milgram nos muestra que, en muchos casos, estamos dispuestos a llegar incluso a matar a otros si se nos instruye a hacerlo por una figura de autoridad a quien consideramos que tiene autoridad moral y o legal. Esta obediencia se aprende desde temprana edad en nuestras vidas y se adapta y refuerza de muchas maneras diferentes a lo largo de nuestros vidas. Todos sabemos que tendemos naturalmente a seguir los deseos de aquellos que tienen más poder que nosotros, pero los experimentos de Milgram nos enseñan hasta qué punto esta tendencia se manifiesta en nuestras acciones.

Según Milgram, caemos en uno de dos estados a nivel de comportamiento dentro de situaciones sociales: el estado autónomo (en el que las personas dirigen sus propias acciones) y el estado agente (en el que las personas permiten que otros dirijan sus acciones). Milgram afirma que necesitamos que se cumplan los siguientes criterios para entrar en el estado agente de comportamiento: la persona que da órdenes es percibida como calificada, y el receptor de la orden confía en que el que ordena asumirá la responsabilidad por cualquier cosa que salga mal.

La teoría de la agencia sugiere que sólo cuando sentimos responsabilidad por nuestras propias acciones es cuando realmente comenzamos a actuar con autonomía. Si bien poner la responsabilidad en manos de otros puede ser un alivio, tenemos que ser responsables por lo que estamos haciendo si queremos seguir siendo actores autónomos.

Los estudios aquí mencionados, entre muchos otros, muestran el lado más oscuro de la psique humana. Aunque puede ser difícil aceptar que somos defectuosos en las formas en que estos estudios prueban que lo somos, hacerlo siempre nos llevará a vidas mejores y más honestas, plenamente conscientes de nuestros éxitos indiscutibles y de nuestros fracasos catastróficos.

Capítulo cuatro: Lectura de mentes

La lectura de la mente es principalmente un juego de tres factores: información sensorial, señales corporales en persona y señales sociales. Sin prestar atención a estos tres aspectos de la comunicación, cualquier intento de profundizar en los pensamientos y sentimientos de los demás se vuelve inútil. Hoy en día, típicamente nos comunicamos más a través de mensajes de texto, IMs, correos electrónicos y llamadas telefónicas que a través de conversaciones interpersonales reales. Esto implica que tendemos a perder la oportunidad de aprender los matices de la comunicación real, y somos, en consecuencia, mucho menos capaces de saber lo que otros están pensando. El tiempo frente a la pantalla parece ser lo más destructivo para nosotros en lo que respecta a saber lo que otros están pensando.

Para bien o para mal, generalmente podemos deducir lo que otros están pensando con o sin la ayuda de lo que realmente están diciendo. Las palabras a menudo son solo la punta del iceberg cuando se trata de lo que realmente está sucediendo en la mente de otras personas. Cuando la mayoría escucha el término "lectura de mentes" tienden a pensar en psíquicos, brujas y otras personas de este tipo, pero cualquier persona puede dar grandes pasos para entender mejor los pensamientos de los demás. Con solo un poco de orientación y mucha práctica, cualquiera puede volverse tan competente en el arte de saber lo que otros están pensando como las figuras más místicas entre nosotros.

Tanto de la conexión humana interpersonal depende de nuestra capacidad para adivinar y responder a los pensamientos y acciones de los demás de manera apropiada, que a menudo tenemos dificultades para reconciliar lo que realmente se dice por otros con las impresiones que recibimos de ellos. Para entender los pensamientos de los demás, primero debemos profundizar en los nuestros. Es demasiado fácil que un intento de entender lo que otra persona está pensando se convierta rápidamente en un juicio. Saltamos a conclusiones sobre las personas que conocemos y a menudo cometemos errores como resultado.

Uno de los mayores obstáculos que enfrentamos al intentar leer la mente es la deshonestidad o la falta de expresión en las palabras o las señales no verbales de quienes estamos hablando. Cuando nos encontramos con personas que tienen buenas caras de póker o personas deshonestas, nuestra tendencia a medir el lenguaje y las señales no verbales es de poca utilidad para nosotros. Sin embargo, hay muchas maneras en las que podemos profundizar en los aspectos superficiales de la comunicación y vislumbrar lo que realmente está pasando en las mentes de nuestros compañeros.

Para poder leer mentes, primero debemos confiar en nuestra propia intuición. Esto implica desarrollar una intuición más confiable, lo cual es una tarea que siempre está en proceso y nunca se completa. Aquí debemos evitar algunos de los pensamientos mágicos que a menudo se asocian con el hábito de leer mentes y utilizar solo nuestra razón. La disposición a explorar los lugares que menos queremos y a cuestionar nuestras propias creencias también es crucial aquí, porque si intentamos leer las mentes de otros anclados a nuestras propias creencias, nuestros hallazgos siempre serán menos fructíferos. Por ejemplo, si estoy convencido de la pretenciosidad de una persona al conocerla y nunca pienso en desafiar esta convicción, nunca tendré una mayor comprensión de su carácter porque ya la he categorizado. No necesitamos tener poderes esotéricos para leer mentes, solo necesitamos ser abiertos y razonables al comunicarnos con los demás.

La atención plena es una de las habilidades más grandes en las que podemos enfocarnos para leer mentes de manera más efectiva. Esta práctica nos permite despejar nuestras mentes de distracciones y preocupaciones innecesarias, lo que nos permite prestar mayor atención a quienes estamos hablando. Cuando tenemos nuestras cabezas completamente ocupadas con nuestras propias preocupaciones y problemas, nunca podemos profundizar en lo que está sucediendo con los demás. Cualquier habilidad que pudiéramos haber tenido para entender los pensamientos de otras personas se desvanece mientras intentamos recoger nuestros propios pedazos con psique desordenadas y llenas de ansiedad. Aquí queda claro que si queremos determinar lo que está sucediendo en las vidas internas de otras personas, primero vamos a tener que mirar en nuestras propias vidas. Hacerlo nos dará la claridad y la energía necesarias para leer las mentes de los demás.

El primer paso para leer mejor las mentes de los demás siempre es mantener un espíritu abierto para hacerlo. Sin esta apertura, nunca cosecharemos las recompensas completas de lo que otras personas nos están comunicando. Sin embargo, esta apertura necesariamente debe venir acompañada de un cierto grado de intolerancia, intolerancia dirigida hacia cualquier cosa que no sirva inmediatamente a los propósitos que tenemos en el momento presente. Cuando intentamos absorberlo todo, incluidas aquellas cosas que no tienen nada que ver con nosotros, siempre nos sentimos abrumados y sentimos que no estamos progresando hacia nuestras metas, porque probablemente no lo estamos. Cuando, en cambio, nos mantenemos abiertos solo a las cosas que nos afectan directamente, generalmente encontramos que tenemos mucha más energía para entender a los demás y trabajar con lo que tenemos en consecuencia.

Nuevamente, el entrenamiento en atención plena de algún tipo es la mejor práctica que tenemos para fomentar este sentido de apertura. El estrés y la distracción nos hacen no solo extraer menos información de los demás, sino también malinterpretar lo poco que conseguimos obtener. Cualquier interpretación de los pensamientos de otras personas que hacemos cuando estamos bajo estrés está inherentemente mal concebida y obstaculizada por nuestros propios problemas. Como creía Kant, solo se deben tener en cuenta los juicios de los no prejuiciosos, por lo que la atención plena es una práctica necesaria para todos aquellos que deseen leer mentes mejor.

A continuación, tenemos que determinar quién es la persona cuya mente queremos o necesitamos leer. Si salimos de la puerta dando golpes, por así decirlo, tratando de descubrir lo que está sucediendo en la vida interior de todos, entonces seguramente estaremos destinados a experimentar una gran resistencia y a hacer más de algunos enemigos en el proceso. Deberíamos abordar la determinación de nuestra gente de manera estratégica si la situación lo requiere. Si necesitamos un padrino para una boda, por ejemplo, no nos servirá de nada leer la mente de las mujeres que conocemos en el supermercado. Esto puede sonar como un razonamiento maquiavélico, pero solo podemos leer la mente de un número limitado de personas, por lo que deberíamos ser selectivos sobre a quién intentamos hacerlo y utilizar nuestros poderes para el bien.

Cuando tenemos a nuestra persona/personas en mente, los

primeros indicadores de sus personajes y patrones de pensamiento que se nos otorgaron se encuentran en sus apariencias externas. Detalles como su(s) rostro(s), lenguaje corporal, postura y ropa deben ser atendidos. Típicamente, la apariencia externa de una persona es un reflejo preciso de su vida interior, aunque hay muchas excepciones a esta regla. Muchos filósofos modernos nos consideran a todos como construcciones culturales, siempre siendo influenciados e incluso moldeados en lo que somos por la cultura que nos rodea. Por esta razón, a menudo podemos decir mucho más sobre una persona por lo que parece externamente de lo que muchas frases hechas de la cultura pop tienden a sugerir que podemos. Además, siempre estamos haciendo declaraciones políticas en lo que usamos, consumimos y con lo que nos asociamos, por lo que estos elementos pueden actuar como grandes indicadores de cómo somos realmente.

Mientras que algunas de las personas cuyos pensamientos intentamos leer son figuras premeditadas (lo que significa que hemos decidido de antemano analizarlas), otras personas simplemente parecen saltar hacia nosotros, suplicando nuestra atención por cómo se ven, actúan y parecen pensar. Esta es una de las razones principales por las que la lectura de mentes siempre está siendo y nunca se convierte, porque las "verdades" que sostenemos sobre las personas están constantemente formadas por el conjunto de personas que conocemos, tanto en relaciones antiguas como nuevas. En última instancia, no podemos divorciar nuestra comprensión de una persona o grupo de ninguna de las otras que conocemos. Todos ellos están inextricablemente vinculados unos a otros por nuestra comprensión en su totalidad.

Cuando vemos a otras personas, hay dos categorías principales en las que nuestras mentes perciben nuestra realidad externa: lo que es la persona y lo que no es la persona. Si bien el entorno en el que se encuentra la persona puede contener indicios sobre quién es realmente, todavía tenemos que diferenciar entre la persona y cualquier entorno que pueda ser. Es imposible hacer esto completamente porque la percepción sensorial es, en última instancia, confusa y desorganizada, pero una vez que la percepción sensorial se aclara al abstraerla de su individualidad y singularidad (en este caso, separando al individuo del entorno), se convierte en una cognición de orden superior. El punto aquí es no dejar que otras cosas en el fondo influyan en nuestras propias percepciones de las personas con las que estamos comunicándonos.

Con este enfoque láser dirigido a la persona con la que estamos comunicándonos, podemos eliminar cualquier información de fondo distractora que estamos absorbiendo, lo que nos permite comprender mejor lo que está sucediendo en la cabeza de la persona. Cuando nuestras energías se diluyen por preocupaciones de fondo innecesarias, perdemos nuestra capacidad de ver claramente lo que los demás están pensando.

Siempre debemos tomar estas decisiones sobre a quién leer con cuidado, porque estamos constantemente siendo moldeados por quienes nos rodean. Las personas con las que pasamos más tiempo y a las que prestamos más atención siempre van a moldear nuestro carácter mucho más que cualquier otra. Aquellos a quienes leemos más de cerca no solo deben ser quienes nos ofrezcan más, sino que también deben ser quienes nos alienten a ser nuestra mejor versión. De esta manera, podemos convertirnos en personas mucho mejores simplemente siguiendo a aquellos que más admiramos / con quienes mejor nos llevamos.

Una vez que estamos comprometidos con otro comunicador, necesitamos mantener nuestro enfoque en la persona. Esto incluye hacer contacto visual: una tarea que la mayoría no está dispuesta a llevar a cabo. Alrededor de 15 segundos es la cantidad ideal de tiempo para mantener el contacto visual con una persona al conocerla. Cualquier tiempo adicional tiende a hacer que los demás se sientan incómodos, mientras que cualquier tiempo menor no fomenta una gran conexión con el otro.

Una vez que se ha establecido este contacto visual, debemos formular una imagen mental de a quién hemos hecho contacto. Debemos tomar nota y recordar el rostro de la persona que hemos conocido, así como la energía que ha emitido. Debemos permitir que los pensamientos y emociones en el rostro de la persona nos dejen una impresión. Esto debe hacerse con el mismo sentido de apertura que todas las etapas de esta práctica, ya que tenemos que aceptar todas las impresiones que recibimos del otro, sean buenas o malas, y tampoco podemos pasar por alto ninguna de estas malas impresiones sin autocrítica.

Una vez que hemos establecido contacto inicial con la persona de una manera más analítica, podemos comenzar a leer verdaderamente los pensamientos del otro. Hacer esto con justicia hacia la persona en cuestión implica mantener una cierta cantidad de receptividad y cooperación. Conversar con otra persona se supone que es una calle de doble sentido, en la que hay un diálogo negociado y equitativo entre las partes. Donde la mayoría de las personas se encuentra con problemas es en su inclinación a valorar sus propios puntos por encima de los de los demás. Aquí es donde surge una gran parte del conflicto interpersonal, donde las personas solo quieren centrarse en sus propias ideas y nunca piensan en escuchar las de los demás.

Debemos confiar y seguir nuestra propia intuición al conversar con los demás. Esto requiere honestidad y apertura, y también una buena dosis de seguridad, ya que nunca sabemos cuánto están tratando de leernos los demás.

Las conversaciones, como todos sabemos, tienden a funcionar mejor cuando todas las partes están en la misma sintonía, pero sin transparencia, nunca se puede determinar si estamos o no de acuerdo con quienes estamos hablando. Somos actores racionales capaces de defendernos donde sea necesario, por lo que nunca debemos sentirnos amenazados al iniciar nuevas conversaciones y relaciones, incluso si las otras partes pueden estar trabajando hacia fines malévolos.

Permitir que cualquier pensamiento de otros llegue a nosotros es la única manera de asegurar que estamos obteniendo la máxima información de lo que se está diciendo. Aquellos que se adentran en los pensamientos negativos o desagradables serán recompensados a la larga por hacerlo. Ignorar los pensamientos aterradores o oscuros de los demás es igual de maladaptativo que ignorar los buenos. Debemos evitar guardar resentimientos contra la otra persona al conocerla, pero cualquier cosa mala que se presente debe ser investigada. También debe señalarse que a menudo, cuando nos sentimos asustados o incómodos por algo, es un buen indicio de que estamos a punto de aprender algo que no sabemos. Las cosas desagradables con las que nos encontramos suelen enseñarnos mucho más que las cosas agradables, por lo que debemos investigar y sentir profundamente los peores pensamientos de los demás.

Nuestra propia inteligencia emocional necesita ser fomentada si vamos a intentar leer los pensamientos de los demás. Cuando no podemos identificar nuestros propios pensamientos y aspiraciones, como a menudo no podemos, tampoco somos capaces de identificar los de los otros. Examinar nuestro razonamiento detrás de los pensamientos que tenemos nos permitirá resolver nuestros propios problemas y luego determinar lo que nos gustaría obtener de otras personas. Siempre estamos en un diálogo negociado con quienes nos rodean, siempre enviando señales sobre cómo esperamos que nos traten, así como recibiendo señales sobre cómo otros esperan que los tratemos. Cuando no sabemos lo que estamos pensando y lo que queremos, la primera mitad de este diálogo nunca se cumple, y por lo tanto, solo nos queda información sobre lo que los demás quieren de nosotros, sin haber afirmado nuestros propios apetitos y aversiones.

Demasiados oyentes escuchan solo para responder en lugar de entender. Esto se relaciona con nuestra tendencia a solo tener en cuenta nuestras propias ideas mientras conversamos con otros. Las personas pueden notar una diferencia notable entre estos dos tipos de oyentes, y poner nuestras propias respuestas por encima de la comprensión es siempre una forma segura de alejar a las personas de nosotros, a menudo para siempre. Todos tienen interjecciones que hacer en todos los momentos de una conversación. Aquellos que son menos seguros y más dependientes de la validación externa son mucho más propensos a prestar atención a sus propias interjecciones que a lo que realmente se está diciendo. Aquellos que escuchan a otros con recepción genuina y curiosidad, solo interesados en obtener una imagen clara del contenido de lo que se está diciendo, son una raza rara en un mundo solipsista contaminado por opiniones y afirmaciones innecesarias, y uno que es cada vez más valorado y buscado por todos.

Escuchar más de lo que hablamos es otro paso que podemos dar en la misma línea que el anterior. Mientras que aquellos que limitan sus interjecciones en situaciones sociales pueden no ganar inmediatamente el mismo respeto que otros, estas personas suelen terminar absorbiendo más información que los demás. Hablar constantemente reduce el valor de nuestras propias palabras. La paradoja del habla se encuentra donde este deseo de ganar visibilidad a través de nuestro discurso al hablar demasiado provoca que nos volvamos invisibles. Al entrar en una conversación debemos tener en cuenta que, a menos que estemos enseñando o instruyendo, nuestro trabajo principal suele ser escuchar. Aunque esto puede no parecer tan glamoroso como hablar constantemente, suele ofrecer muchas más recompensas, y aunque puede que no ganemos admiración por nuestra erudición a corto plazo, a largo plazo el silencio nos hará sabios, y normalmente pareceremos así ante los demás.

La mayoría de las personas están eligiendo volverse menos empáticas a medida que pasa el tiempo. Se señala que esta es una elección porque, en realidad, se necesita muy poco esfuerzo para identificarse con los demás. La empatía es recíproca, lo que significa que cuando empatizamos con los demás, ellos se vuelven mucho más propensos a hacer lo mismo con nosotros. Muchos problemas interpersonales se construyen meramente a partir de partes en conflicto que trabajan hacia sus propios intereses, sin dar un paso atrás ni por un segundo y considerar qué es lo que piensan los otros. Leer la mente es en gran medida un juego de empatía, uno que recompensa la capacidad de identificarse con las inquietudes de otras personas y trabajar con ellas hacia objetivos comunes. Sin embargo, para empatizar bien, necesitamos poner nuestros propios pensamientos en primer lugar; de lo contrario, estamos condenados a simplemente servir a los demás en nuestras relaciones.

Si vamos a avanzar en la lectura de los pensamientos de los demás, tendremos que analizarlos de manera holística. Aquí es donde siempre surgirán algunos problemas, porque no hay dos personas exactamente iguales. Las personas son complicadas, y justo cuando creemos haber comprendido a otro por completo, otra capa de la cebolla que es su personalidad se despoja, pidiéndonos que despojemos nuestras preconcepciones axiomáticas y otros aspectos de nuestra estructura de conocimiento integrada para adaptarnos a los cambios que encontramos.

Una de las diferencias más grandes que pueden ocurrir entre dos o más personas es una diferencia generacional o de edad. Todas las generaciones tienen estilos interpersonales (a veces de manera dramática) diferentes. Un miembro de la generación X, por ejemplo, generalmente preferirá el contacto cara a cara, mientras que un millennial a menudo preferirá el contacto a través de las redes sociales, mensajes de texto, etc.

Tener en cuenta la generación de una persona nos ayudará a llevar a cabo asuntos con ellos de mejor manera. Esto se extiende tanto a cómo debemos hablarles como a qué debemos hablar. Las personas tienden a la nostalgia, por lo que generalmente estaremos mejor hablando sobre la década de 1950 con un baby boomer que con un homelander. La mayoría de la comunicación hoy en día se realiza a través de la tecnología, por lo que debemos esperar tener conversaciones con personas más jóvenes a través de nuestros dispositivos más que con aquellas con personas mayores. Aquí debemos atender los deseos de los demás mientras también nos aseguramos de tener espacio para nuestros propios intereses y peculiaridades.

Los botones calientes son otra cosa a tener en cuenta, ya que hay muy pocas cosas que cerrarán a una persona como conversadora, tan efectivamente como aplastar sus opiniones sobre estos temas que sostienen con tanta convicción. Después de hacerlo, corremos el riesgo de permanecer en una conversación con una persona cuyas opiniones hemos aplastado, lo cual nunca es una situación ideal en la que encontrarnos. Debemos buscar lo que molesta y duele a los demás con el deseo de evitar estos temas o de ofrecer la ayuda que podamos reunir, no para echar sal en las heridas y añadir insulto a la herida. Aquí nuevamente, la empatía entra en juego, la capacidad de ver y entender por qué las personas se sienten como lo hacen acerca de estos temas.

Los temas que consideramos más importantes son increíblemente reflejos de nuestro carácter. Cuando alguien toma una postura firme sobre algo, deberíamos tomar su opinión en serio, porque es probable que hayan pensado en el tema más de lo que nosotros lo hemos hecho. La mayoría de las personas son sorprendentemente perspicaces, especialmente cuando se trata de cuestiones que sienten que merecen su atención. Es demasiado fácil dejarse llevar por la pasión del momento e insultar a otros por sus opiniones, pero este modo de conducta no ayuda a las conexiones interpersonales.

A continuación, debemos tener en cuenta las personalidades individuales con las que estamos tratando. Este puede ser el paso más difícil porque una personalidad es una construcción increíblemente compleja y multifacética que no se puede simplemente observar una sola vez. Si bien las primeras impresiones generalmente nos dan indicios bastante confiables de cómo es realmente una persona, siempre tenemos que profundizar mucho más en una persona de lo que parece a simple vista si queremos determinar cómo comportarnos a su alrededor.

Tenemos que hacer un esfuerzo concertado para adaptar nuestro estilo conversacional al estilo de personalidad con el que estamos en contacto. Esto implica determinar cómo es una persona fundamentalmente y ajustar nuestra comunicación dirigida a ella en consecuencia. Aquí, los tipos de personalidad MBTI pueden ser utilizados a nuestro favor. Este sistema clasifica las personalidades en términos de cuatro categorías: mundo favorito (introversión o extraversión), información (sensación o intuición), decisiones (pensamiento o sentimiento) y estructura (juzgar o percibir).

Los extrovertidos tienden a concentrar la mayor parte de su energía en sus mundos externos, mientras que los introvertidos prefieren la introspección. Las personas que sienten generalmente se enfocan solo en la información pura que se les da, mientras que aquellos que intuyen suelen agregar sus propias interpretaciones y significados. Los pensadores tienden a considerar la consistencia y la lógica al tomar decisiones, mientras que los que sienten miran más a las personas involucradas y a las circunstancias especiales. Al observar el mundo exterior, los jueces tienden a querer tomar decisiones, mientras que los percepcionistas prefieren mantenerse abiertos a nueva información. Todas estas dimensiones de la personalidad deben tenerse en cuenta al conversar con los demás, ya que estas dimensiones pueden crear grandes abismos entre las personas que tendrán que cruzarse.

Examinar el lenguaje que utiliza una persona, así como su tono de voz, es una excelente manera de obtener información sobre la personalidad de quien estás hablando. Al utilizar estas herramientas, podemos profundizar cada vez más en el trasfondo de la otra persona, así como en la relación que tenemos con ella. Sin el uso de estas herramientas, quedamos ciegos en nuestra búsqueda de cómo lidiar mejor con la persona.

La comunicación no verbal también debe ser abordada continuamente. Esta forma de comunicación siempre se tiene en cuenta cuando conocemos a una nueva persona, pero muchos de nosotros dejamos que esta atención caiga en el olvido a medida que se desarrollan las relaciones. Prestar atención continua a esta forma de comunicación siempre dará grandes recompensas a quienes elijan hacerlo. Las principales áreas de preocupación que deben tenerse en cuenta al observar la comunicación no verbal son el uso del contacto visual, el uso del tiempo, del tacto, de la voz, el uso de la apariencia física/entorno, la distancia y el lenguaje corporal.

La codificación y la decodificación son los dos procesos utilizados en la transmisión y descifrado del lenguaje no verbal, respectivamente. Estos procesos pueden llevarse a cabo de forma consciente o inconsciente. Las señales que se emiten durante la codificación suelen ser aquellas que percibimos como universales, mientras que las registradas durante la decodificación dependen de la disposición del codificador. La comunicación no verbal también está fuertemente influenciada por la cultura. Aprendemos ciertas señales no verbales, tanto mediante la codificación como la decodificación, desde una edad temprana y continuamos utilizando la mayoría de estas señales a lo largo de nuestras vidas. Cada sociedad tiene su propio conjunto de señales no verbales, pero existen ciertos reguladores universales de este tipo de comunicación aplicables a todas las personas.

Asombrosamente, dos tercios de toda la comunicación se realizan a través de medios no verbales. Esto significa que esta supuesta forma subordinada de comunicación es, en realidad, más importante que la comunicación verbal. La mayor parte del tiempo, las señales no verbales coinciden bastante bien con el contenido del habla, aunque a menudo hay divergencias en las señales producidas por estas dos formas de comunicación. Esta divergencia puede ser resultado de engaño, una mala habilidad comunicativa o simplemente una falta de comunicación general por parte del emisor. Por lo general, son las señales no verbales las que son más precisas de seguir en estos casos, ya que el 83% de lo que percibimos nos lo da la vista, el 11% el oído, el 3% el olfato, el 2% el tacto y el 1% el gusto.

Solo se necesita una décima de segundo para que alguien juzgue a otro al conocerlo y forme su primera impresión. Las primeras impresiones se producen generalmente de forma no verbal y tienden a durar mucho tiempo en su efectividad. Hay tanto impresiones positivas como negativas, que generalmente se forman a través de la presentación de la otra persona en términos de apariencia y lo que está diciendo, y a través de los prejuicios personales del individuo sobre el que se está impresionando. Aunque estas impresiones a menudo son engañosas, especialmente cuando se dan a personas prejuiciosas, más a menudo de lo que no, son representaciones bastante precisas de las personas que emiten las impresiones.

Cuando la mayoría piensa en la comunicación no verbal, el primer aspecto que viene a la mente es la postura. La postura corporal a menudo puede revelar más sobre lo que ocurre en la mente de una persona que las palabras que pronuncian. Estas posturas suelen incluir cosas como agacharse, cruzar los brazos, hombros hacia adelante, mandíbula firme, piernas separadas y adoptar una postura dominante. Antes de analizar el lenguaje corporal de los demás, primero deberíamos repasar algunos consejos sobre cómo mejorar nuestro propio lenguaje corporal.

Las expresiones faciales son uno de los factores más importantes para causar una buena primera impresión. Al comenzar una relación con una sonrisa, te estás asociando con la positividad. El 48 por ciento de los estadounidenses afirman que la sonrisa de una persona se convierte en su rasgo más memorable después de conocerla. A veces, sonreír en exceso puede parecer poco auténtico o incluso arrogante, pero sonreír de manera auténtica siempre tiende a encantar.

No solo sonrisas hacen que las buenas primeras impresiones sean más accesibles, sino que también se ha demostrado que disminuyen los niveles de hormonas del estrés como el cortisol y la adrenalina. Sonreír no solo es amigable, sino que también es una de las claves principales para la longevidad.

Un apretón de manos adecuado sigue siendo uno de los principios de la cortesía en todo el mundo. Hacer uno bueno, sin embargo, depende de mantener ese importante equilibrio entre ser demasiado firme y demasiado suave. Si se establece un término medio saludable, entonces causarás una mucho mejor primera impresión.

Las presentaciones verbales son la parte más importante de los primeros siete segundos que pasas con alguien. Hay muchas presentaciones comunes en nuestro lenguaje, que incluyen 'hola', 'encantado de conocerte', etc. Cualquiera que elijas; una presentación verbal puede ayudar mucho a romper el silencio y la tensión involucrados en conocer a alguien nuevo.

Un problema común con el que muchas personas se enfrentan al conocer gente nueva es que carecen de la confianza para hablar claramente. Hablar tímidamente no solo es una forma fácil de pasar desapercibido, sino que también a menudo conduce a ser tomado menos en serio. Se ha demostrado que aquellos que hablan con una voz más profunda y calmada suelen ser tomados más en serio, así que encuentra un equilibrio entre susurrar y gritar y tenderás a crear mejores relaciones.

El contacto visual muestra a los demás que no solo estás interesado en lo que están diciendo, sino que también tienes confianza en ti mismo. El contacto visual es también un gran indicador de respeto entre las personas. Sin embargo, debe usarse con moderación. Demasiado contacto visual puede intimidar a una persona o hacerla sentir incómoda, mientras que desviar la mirada puede interpretarse como una distracción.

El lenguaje corporal, más a menudo de lo que se piensa, se refleja cuando dos personas están hablando entre sí. Tu sonrisa, por ejemplo, es reflejada por aquellos que te rodean mediante una neurona especializada responsable de reflejar las expresiones faciales. Esto establece entre ustedes un entendimiento mutuo, conexión y confianza. Otros usos del lenguaje corporal positivo también son útiles, especialmente cuando se llevan a cabo dentro de los primeros siete segundos de conocer a una nueva persona.

Tu vestimenta puede ser un gran indicador de cómo eres para una nueva persona. Si te vistes con ropa que te hace sentir cómodo y seguro, es más probable que las personas te perciban de esa manera. Sin embargo, lo contrario también es cierto. No sólo vestirse bien te ayudará a causar mejores primeras impresiones, sino que también mejorará tu estado de ánimo y tu confianza.

En palabras de Dale Carnegie, "Deberíamos ser conscientes de la magia contenida en un nombre y darnos cuenta de que este único elemento es propiedad total y completamente de la persona con la que estamos tratando y de nadie más." A las personas les gusta mucho escuchar sus propios nombres, incluso más de lo que suelen darse cuenta. Escuchar el propio nombre puede resaltar especialmente para las personas en la era moderna, que es tan abrumadora en su exceso de nombres e información. Una vez que recuerdas el nombre de alguien, siempre es una buena idea seguir llamando a esa persona por su nombre, ya que esto te hará parecer más agradable.

Este es un aspecto de la vida que las personas tienden a descuidar. Pregúntate cuáles son tus propios objetivos al conocer a una nueva persona. Tener una visión clara de cuáles pueden ser estos objetivos te dará una mejor idea de cómo establecer tu tono y comportarte alrededor de esta persona. Esto también hará que sea mucho más fácil comunicarte con los demás porque tendrás una mejor idea de lo que estás comunicando.

Nadie quiere hablar con una persona que no está interesada en lo que tienen que decir o que no piensa antes de hablar. Por eso es importante errar del lado de ver a los demás como maestros potenciales y también ser preciso en lo que tienes que decir. Esto hará que los demás estén más inclinados a querer hablar contigo si muestras empatía por ellos y tratas de darles solo lo mejor de lo que tienes que decir. Mostrar consideración en tus palabras o acciones es una de las mejores maneras de causar una impresión duradera en los demás.

Los malos ánimos pueden causar impresiones inesperadamente fuertes en las personas. Si estás conociendo a una nueva persona pero estás de mal humor por cualquier motivo, intenta dejar tu negatividad atrás. Siempre es asombroso lo fácilmente que las actitudes negativas pueden contagiar a quienes te rodean.

Capítulo cinco: Psicología cognitiva

El enfoque principal del enfoque cognitivo de la psicología es el estudio de los procesos mentales, incluyendo pero no limitado a pensar, creatividad, resolución de problemas, percepción, memoria, uso del lenguaje y atención. El enfoque en los procesos mentales de los humanos se puede ver desde la antigua Grecia con Platón, el primer filósofo en la historia que afirmó que el cerebro es el asiento de los procesos mentales humanos. René Descartes agregar posteriormente a nuestra comprensión de la mente con su convicción de que todos los humanos nacen con ideas innatas, así como con su noción de un dualismo mente-cuerpo de los seres humanos. Después de estos dos pensadores, uno de los debates más populares en filosofía se convertiría en una de las nociones del pensamiento experiencial (empirismo) frente a la de las ideas innatas (nativismo). En el siglo XIX, George Berkeley y John Locke argumentarían a favor de los empiristas mientras que Immanuel Kant sería el principal defensor de la perspectiva nativista.

El siguiente gran paso que se dio en el campo de la psicología cognitiva fue el descubrimiento por parte de Paul Broca de una cierta área del cerebro responsable de la producción del lenguaje. Este salto fue seguido rápidamente por uno similar en el que Carl Wernicke descubrió otra área en gran medida responsable de la comprensión del lenguaje. Ambas áreas fueron luego nombradas en honor a sus fundadores y la mala adaptación y trauma a estas áreas que causan interrupciones en la producción del lenguaje o la comprensión de un individuo se llama afasia de Broca o afasia de Wernicke hasta el día de hoy.

La década de 1920 a la de 1950 vio un aumento en la popularidad del conductismo. Los primeros adherentes de esta escuela de pensamiento consideraban cosas como la conciencia, la atención, las ideas y los pensamientos como inobservables y fuera del ámbito del estudio psicológico. Si bien la perspectiva conductista tenía sus puntos fuertes, también contenía sus desventajas y Jean Piaget fue la primera figura notable de la época en ir en contra de la corriente de la escuela y en estudiar la inteligencia, el lenguaje y los pensamientos de los niños y adultos individuales.

La era de la Segunda Guerra Mundial vio la fundación de la teoría de la información, el estudio de la comunicación, el almacenamiento y la cuantificación de la información dentro del cerebro. Esto demostró ser más útil para rastrear el rendimiento de los soldados que luchaban en los frentes que el conductismo, que no tenía explicación de cuán bien se desempeñarían las tropas en combate. El desarrollo de la IA tendría más tarde una profunda influencia en el pensamiento psicológico, ya que muchos psicólogos comenzaron a ver de inmediato paralelismos entre los "cerebros" computarizados y los de los humanos en las áreas de almacenamiento y recuperación de la memoria. La revolución cognitiva de la década de 1950, iniciada por Noam Chomsky, creó el campo de la ciencia cognitiva al analizar la producción de procesos de pensamiento a través de una lente multidisciplinaria que incluía máximas en los campos de la antropología, la lingüística y la psicología.

El término “cognición” es un término general utilizado para referirse a todos los procesos en los que se utiliza, recupera, almacena, elabora, transforma y reduce la información sensorial. Incluso cuando estos procesos están desprovistos de información sensorial, permanecen activos, manifestando a menudo imágenes y, a veces, alucinaciones. Con esta amplia definición, queda claro que la cognición está involucrada en todo lo que una persona hace. Sin embargo, aún existen diferentes maneras de analizar los procesos de pensamiento que se desvían de este enfoque cognitivo, incluyendo el enfoque dinámico, que analizaría los instintos, necesidades o metas de un sujeto en lugar de sus creencias, recuerdos o visiones al tomar en cuenta acciones o experiencias.

La psicología cognitiva analiza los procesos mentales con el objetivo principal de investigar el comportamiento. El primer proceso mental que los psicólogos cognitivos tienen en cuenta es el de la atención, en el que la conciencia se centra intensamente en un mero subconjunto de la información perceptual disponible para una persona. Aquí, la información irrelevante se filtra de las cosas más importantes que suceden, otorgando al individuo un mayor poder para analizar entradas sensoriales específicas. El cerebro humano puede cognitir información táctil, gustativa, olfativa, visual y auditiva al mismo tiempo, pero es solo cuando se enfoca en una cantidad selecta de esta información que podemos clarificar esta información.

Hay dos sistemas atencionales principales que se utilizan en nuestra mente: el control exógeno y el control endógeno. El control exógeno se centra más en los efectos de resalte y el reflejo de orientación, mientras que el control endógeno se centra más en el procesamiento consciente y la atención dividida.

La atención dividida es uno de los puntos focales de la psicología cognitiva. Si bien la atención dividida dificulta el procesamiento de la información, aún mantenemos la capacidad de realizar tareas cuando tenemos mucho que hacer, por así decirlo. El efecto de la fiesta de cócteles atestigua esta noción, afirmando que somos capaces de mantener conversaciones y prestar atención a su contenido en entornos donde hay muchas más conversaciones ocurriendo. La información que se está siguiendo, sin embargo, cae en el olvido, dejando nuestra memoria tan pronto como la cognoscemos.

El siguiente proceso que los psicólogos cognitivos investigan es el de la memoria. Hay dos tipos principales de memoria: la memoria a largo plazo y la memoria a corto plazo, ambas conteniendo sus propios subtipos. La memoria a corto plazo se denominará aquí memoria de trabajo, ya que este es el término más comúnmente utilizado en el campo hoy en día.

La memoria de trabajo, aunque típicamente se usa de manera intercambiable con la memoria a corto plazo como término, se refiere a nuestra capacidad de asimilar información cuando hay distracciones presentes. Esta forma de memoria consiste en un ejecutivo central de la memoria que está interconectado inextricablemente con un bucle fonológico del lenguaje, una pizarra visuoespacial de la semántica visual y un buffer episódico de recuerdos episódicos a corto plazo. El principal problema de la memoria es el olvido. La psicología cognitiva nos ofrece dos soluciones en competencia a este problema: la teoría de la decadencia, que afirma que los recuerdos nos abandonan después de un tiempo únicamente debido al paso del tiempo, y la teoría de la interferencia, que afirma que los recuerdos nos abandonan debido a que son interferidos por otras piezas de información que se introducen a medida que pasa el tiempo.

A continuación, tenemos la memoria a largo plazo, de la cual hay tres subclases principales. La memoria procedural es la memoria utilizada para la realización de tareas que se lleva a cabo de forma inconsciente o requiere una cantidad mínima de esfuerzo consciente. Este tipo de memoria contiene información de respuesta a estímulos que se utiliza para realizar ciertas tareas o rutinas. Este tipo de memoria hace posible la realización aparentemente automatizada de tareas y rutinas. Conducir un coche y montar en bicicleta son dos grandes ejemplos de acciones realizadas con este tipo de memoria utilizada.

A continuación, llegamos a la memoria semántica. Este es el tipo de memoria en el que se encuentra nuestro conocimiento más enciclopédico. Las piezas de información que recopilamos a lo largo de los años a través de diversas fuentes se incorporan a nuestros almacenes de este tipo de memoria. Por ejemplo, nuestro conocimiento sobre los tipos de tortugas en nuestra área o cómo es la Torre Inclinada de Pisa se almacenarían en nuestra memoria semántica. El acceso que se nos concede a estas piezas de información dentro de este sistema de memoria depende de una serie de factores, incluyendo cuán reciente se obtuvo la pieza de información, el nivel de su significado, su frecuencia de acceso y el número de asociaciones que pueda tener con otras piezas de información. Normalmente recordamos las más recientes y salientes de nuestras memorias, prestando especial atención a las piezas de información que nos afectan directamente y de manera profunda en el momento presente.

Finalmente, la memoria episódica se utiliza para almacenar y recordar bocetos autobiográficos que pueden ser expresados explícitamente por el individuo. Este tipo de memoria contiene solo recuerdos temporales, como cuándo una persona se cepilló los dientes por última vez y cuándo el individuo compró su primer coche. Recuperar recuerdos de este tipo de memoria requiere un esfuerzo consciente mayor que hacerlo con recuerdos de otros tipos, ya que es necesario combinar tanto la información temporal como los recuerdos semánticos para pintar las imágenes de lo que estamos tratando de encontrar. Este es, sin embargo, discutiblemente el tipo más importante de memoria a largo plazo debido al hecho de que contiene tanto la información temporal como la memoria semántica mencionadas anteriormente.

Ahora llegamos al proceso de percepción. Este proceso implica la interpretación, identificación y organización de la información sensorial (de la propriocepción, tacto, vista, olfato, audición y gusto) y la reconciliación de los procesos cognitivos individuales que intervienen en esos canales sensoriales. Los primeros estudios de este proceso fueron realizados por estructuralistas como Edward Titchener, quien intentó reducir todo el pensamiento humano a sus componentes más básicos al observar cómo responden los individuos a los estímulos sensoriales.

La metacognición es, en términos generales, los pensamientos que un individuo tiene sobre sus propios pensamientos. Por ejemplo, la metacognición se utilizaría en las siguientes circunstancias: la efectividad de una persona para determinar sus propias capacidades de rendimiento en ciertas tareas, la comprensión introspectiva de una persona sobre sus propias fortalezas y debilidades al realizar ciertas tareas mentales, y la capacidad de una persona para emplear estrategias cognitivas para resolver problemas.

Donde el estudio de la metacognición resulta ser más útil es en el campo de la educación. La capacidad de un estudiante para cognar objetivamente sus propios patrones de pensamiento ha estado relacionada repetidamente con mejores hábitos de estudio y aprendizaje. Una de las principales razones de esta existencia correlacional radica en la capacidad añadida del estudiante para establecer y cumplir metas a través de la autorregulación. Las tareas metacognitivas son una excelente manera de asegurarse de que los estudiantes están evaluando con precisión el grado de su propio conocimiento y adquiriendo habilidades en sus capacidades de establecimiento de metas.

Algunos de los fenómenos más comunes relacionados con la metacognición son el Deja Vu (la sensación de experiencia repetida), la criptomnesia (el plagio inconsciente de pensamientos pasados combinado con la creencia en su novedad y singularidad), el efecto de fama falsa (la percepción de que nombres no famosos son, de hecho, famosos), el efecto de validez (donde la exposición repetida a afirmaciones parece darles más validez) y la inflación de la imaginación (la imaginación de un evento que nunca ocurrió en realidad, con la confianza de que sí ocurrió aumentando con el tiempo).

La teoría del proceso dual afirma que los pensamientos pueden provenir de dos procesos diferentes. El primero de estos procesos es implícito e inconsciente y ocurre automáticamente, mientras que el segundo es explícito y consciente, ocurriendo en condiciones controladas.

La psicología social moderna debe gran parte de su conocimiento a estudios anteriores realizados por psicólogos cognitivos. El subconjunto de la psicología social que está más inextricablemente ligado al campo de la psicología cognitiva es el de la cognición social, que estudia las formas en que las personas almacenan, procesan y aplican información sobre personas particulares y situaciones sociales. Este subconjunto nos ayuda a entender las interacciones humanas sobre una base que de otra manera nunca habría sido posible.

La teoría de la mente, en términos generales, trata sobre la capacidad de un individuo para atribuir y comprender la cognición de aquellos que lo rodean. Esta teoría es especialmente útil en el campo de la psicología del desarrollo, donde analizar esta capacidad en niños y adolescentes en desarrollo es esencial para predecir y determinar los patrones de comportamiento que se aplican en situaciones sociales. La psicología cognitiva se entrelaza con la psicología del desarrollo sin esfuerzo porque nuestra capacidad de cognición se afirma desde el comienzo de nuestras vidas. La teoría de la mente, por otro lado, solo comienza a ocurrir alrededor de las edades de cuatro a seis, debido al hecho de que este es generalmente el momento en que un niño comienza a reconocer que tiene sus propios pensamientos y, por lo tanto, otras personas deben tener pensamientos propios. La teoría de la mente es esencialmente una forma de metacognición en el sentido de que requiere que analicemos nuestros propios pensamientos así como los de los demás.

Jean Piaget fue el primer psicólogo del desarrollo en pronosticar la teoría del desarrollo cognitivo. Esta teoría analiza el desarrollo de la inteligencia humana a medida que una persona se convierte en adulta.

La psicología educativa también ha sido profundamente influenciada por el campo de la psicología cognitiva. La metacognición se analiza en la psicología educativa en términos de auto-monitoreo, que hace un seguimiento de cuán precisamente los estudiantes monitorean su propio rendimiento al aprender y desarrollar nuevas habilidades. Esto también implica el análisis de qué tan bien aplican el conocimiento de sus propias deficiencias para mejorar este rendimiento.

El conocimiento declarativo y el conocimiento procedimental también se analizan en la psicología educativa. El conocimiento declarativo es más parecido al conocimiento enciclopédico acumulativo que adquirimos a lo largo de los años, mientras que el conocimiento procedimental se refiere más al conocimiento de cómo realizar ciertas tareas y/o piezas de información relacionadas con estas tareas. Una de las tareas más desafiantes que muchos psicólogos educativos enfrentan a lo largo de sus carreras es lograr que los niños y adolescentes integren el conocimiento declarativo en sus sistemas de conocimiento procedimental.

La organización del conocimiento es otro tema en curso en el campo de la psicología educativa. El conocimiento de cómo se organiza y clasifica el conocimiento en el cerebro, adquirido por los psicólogos cognitivos, ha beneficiado enormemente al campo de la psicología educativa. Esta organización ocurre en una serie de jerarquías que resultan ser de gran utilidad para que los psicólogos educativos las tengan en cuenta en su trabajo.

La psicología cognitiva es, como su nombre sugiere, mucho más preocupada por los conceptos de la psicología aplicada que la ciencia cognitiva. También se diferencia de este campo de la ciencia en que intenta analizar fenómenos psicológicos. Los psicólogos cognitivos a menudo estudian cómo el cerebro humano absorbe, procesa y basa la toma de decisiones en la información que se le proporciona. La información que obtienen dentro de este estudio suele ser mantenida y aplicada dentro del campo de la psicología clínica. Este campo de estudio psicológico es único en que está tan fuertemente vinculado con los campos de la lingüística, la filosofía, la inteligencia artificial, la neurociencia y la antropología.

Podríamos argumentar que el papel de la ciencia cognitiva es subordinado al de la psicología cognitiva. Esto se justificaría porque muchos (si no la mayoría) de los hallazgos de los científicos cognitivos solo se utilizan dentro del campo de la psicología cognitiva. El trabajo realizado en este campo puede ser a veces más útil que cualquier trabajo en psicología cognitiva debido al hecho de que los científicos cognitivos a menudo realizan experimentos en otros animales que se considerarían poco éticos de realizar en humanos.

Las primeras críticas a la psicología cognitiva prov vinieron de los conductistas, quienes generalmente no estaban de acuerdo con el empirismo del campo, considerándolo incompatible con la existencia de estados mentales. La respuesta a esta crítica se expresó más claramente más tarde en el subcampo de la neurociencia cognitiva, que encontró evidencia de correlaciones directas entre la actividad cerebral fisiológica real y los estados mentales determinantes.

Otro área de investigación importante dentro de la psicología cognitiva es el proceso de categorización. Este proceso implica el reconocimiento, diferenciación y comprensión del sustrato de objetos y de nosotros mismos como sujetos. Este proceso es necesario para establecer diferencias y similitudes entre cosas en nuestra realidad observable. Sin embargo, donde algunos de nosotros comenzamos a ver problemas es cuando esta categorización de objetos y sujetos comienza a hacer que dos hechos dentro de un continuo sean indistinguibles, causando paradojas en declaraciones contradictorias dondequiera que se presenten.

Dentro de nuestro poder de juicio se encuentra la capacidad de inducción y adquisición, que nos permite inclinar conceptos al discernir ejemplos de no ejemplos. Las habilidades para distinguir similitudes y diferencias entre objetos y para representar, clasificar y estructurar lo que percibimos de la experiencia sensorial también se encuentran dentro de nuestro poder de juicio. Este poder, sin embargo, se subordina al poder de comprensión, lo que significa que ninguna de estas habilidades es posible sin la comprensión.

La psicología cognitiva también investiga el área de la representación del conocimiento y el razonamiento. Esta área del pensamiento nos brinda la capacidad de representar información que nos llega del mundo exterior y de utilizar esta información para razonar hacia nuestros propios fines. Los temas subordinados tratados en la representación del conocimiento y el razonamiento son la codificación proposicional, la cognición numérica, la imaginación mental, la psicología de los medios y las teorías del doble código.

El lenguaje es otra área investigada comúnmente por los psicólogos cognitivos. La adquisición del lenguaje, así como los problemas del procesamiento del lenguaje, la gramática, la lingüística, la fonología y la fonética, son las principales áreas de preocupación respecto al lenguaje dentro del campo de la psicología cognitiva. Estos estudios a menudo se superponen con los de la lingüística, pero los psicólogos cognitivos generalmente se centran más en las áreas de adquisición y procesamiento del lenguaje que sus contrapartes.

La memoria es probablemente el área de la cognición más investigada dentro del campo de la psicología cognitiva. En términos generales, la memoria es la función del cerebro por la cual se almacenan, codifican y recuperan piezas de información cuando se necesitan.

La pérdida de memoria relacionada con la edad es el problema más común relacionado con la memoria, ya que la mayoría de nosotros tenemos capacidades de memoria razonables que disminuyen a medida que envejecemos. La memoria autobiográfica almacena nuestros recuerdos de nuestras propias experiencias pasadas, como su nombre lo sugiere. La memoria de la infancia se ocupa de las experiencias de la infancia. La memoria constructiva es una memoria que construye erróneamente recuerdos falsificados de eventos pasados. También hay un fuerte vínculo entre la emoción y la memoria de todo tipo que es investigado por psicólogos cognitivos.

La memoria episódica se ocupa de eventos autobiográficos pasados que se pueden recordar claramente, mientras que la memoria de testigos es simplemente memoria episódica que se refiere a crímenes u otros eventos dramáticos del pasado de una persona. Un falso recuerdo es simplemente uno erróneo, como su nombre lo sugiere. Los recuerdos de flash son recuerdos breves, increíblemente detallados de eventos pasados. También existen memorias a corto y largo plazo y memoria semántica, todos los cuales hemos revisado previamente. El error de monitoreo de la fuente ocurre cuando la fuente de un recuerdo se atribuye erróneamente a alguna experiencia que no es la que le dio origen. El efecto de espaciamiento psicológico puede ser utilizado a nuestro favor cuando espaciamos la repetición de nuestras revisiones del material aprendido para recordar mejor dicho material. También hay muchos tipos diferentes de sesgos de memoria que obstaculizan nuestra facultad de memoria que no se abordarán aquí por cuestiones de brevedad.

La percepción es otra área de gran preocupación dentro de la psicología cognitiva. La atención, el reconocimiento de objetos y el reconocimiento de patrones son las tres principales áreas de interés. La percepción de formas es la forma de percepción más comúnmente estudiada dentro de la psicología cognitiva. La psicofísica, un área de estudio relativamente nueva, analiza la relación entre los estímulos físicos con los que nos enfrentamos y nuestras percepciones y sensaciones relacionadas con ellos. Por último, la sensación del tiempo estudia cómo percibimos y nos vemos afectados por el tiempo.

El pensamiento es probablemente el área más amplia de

investigación dentro de la psicología cognitiva. El término "pensamiento" se refiere al flujo orientado a objetivos de asociaciones e ideas que pueden ser dirigidas hacia conclusiones orientadas a la realidad. Una elección es una forma de pensamiento que sigue una finalidad presupuesta por el que elige. Esta forma de pensamiento implica discernir los méritos y deméritos de las opciones que se nos presentan y elegir una o más de estas opciones en consecuencia. Las facultades de inducción y adquisición utilizadas en la formación de conceptos también son formas de pensamiento.

La toma de decisiones es el proceso cognitivo de elegir una o más opciones que se presentan a uno mismo, y luego iniciar un curso de acción basado en la elección. La lógica es la inferencia estudiada sistemáticamente. Se debe hacer una relación concisa de apoyo lógico entre las presuposiciones hechas en la inferencia y la conclusión real para que una inferencia logre validez. La psicología del razonamiento es el estudio científico de cómo las personas sacan conclusiones a partir de la información y toman decisiones basadas en esas conclusiones. La resolución de problemas es simplemente la solución de los problemas que enfrentamos.

El objetivo principal que los psicólogos cognitivos buscan cumplir es la elaboración de modelos del procesamiento de información que ocurre dentro del cerebro de una persona. La conciencia, la memoria, el pensamiento, la percepción, la atención y el lenguaje son las principales áreas de preocupación dentro de este campo. Al completar estos modelos, como dice la idea general, podemos trabajar con planos preestablecidos para determinar cómo están destinados a llevarse a cabo estos procesos en otros individuos. Las tres principales subcategorías dentro de este campo son la psicología experimental humana (que se ocupa principalmente de cuestiones relacionadas con la memoria, la atención, el lenguaje y la resolución de problemas), el enfoque del procesamiento de información análogo a las computadoras (incluyendo IA y simulaciones por computadora) y la neurociencia cognitiva (que usualmente estudia los efectos del daño cerebral en la cognición).

Alrededor de la década de 1950, algunos desarrollos en las ciencias psicológicas hicieron necesaria la expansión de la psicología cognitiva. Estos incluyen, pero no se limitan a, la disidencia de la psicología conductual, que hacía mucho hincapié en los comportamientos externos pero ninguno en los procesos internos que iniciaban estos comportamientos, el desarrollo de métodos experimentales más nuevos y a menudo más efectivos, y nuevas comparaciones que se establecían entre la mente humana y el procesamiento de información por parte de las computadoras. Ya sea que la psicología cognitiva respondiera a las preguntas de la época sobre estos temas de la manera más efectiva o no, el conductismo estaba convirtiéndose en un enfoque en peligro de extinción, desplazado por su propia metodología anticuada.

El auge de la psicología cognitiva fue inversamente proporcional a la caída de algunos de los enfoques más erróneos de la psicología en ese momento. Este campo se deshizo de la paja del comportamiento condicionado y de muchos enfoques psicoanalíticos de la época.

Los conductistas generalmente eran reacios al estudio de los procesos internos de la mente porque creían que estos procesos no podían ser observados y medidos objetivamente. Los psicólogos cognitivos respondieron a esta reticencia observando y estudiando los procesos mentales de los organismos, considerando que hacerlo era una parte esencial para aprender más sobre ellos. Los procesos mediacionales entre estímulo y respuesta dentro de los organismos fueron los primeros objetos específicos de estudio para los psicólogos cognitivos, y siguen siendo objetos de estudio primordiales en el campo hasta el día de hoy.

Los psicólogos cognitivos hicieron paralelos a los conductistas en que emplearon métodos controlados, objetivos y científicos para perseguir sus objetivos. La única diferencia entre los dos grupos aquí es que los psicólogos cognitivos estaban utilizando estos métodos para analizar los procesos mentales de los organismos, mientras que los conductistas no.

Nuestros cerebros son similares a las computadoras en cómo transforman, almacenan y recuperan información (lo cual no debería sorprender, considerando que los humanos programan computadoras). Una secuencia clara se muestra en la mayoría de los modelos de procesamiento de información. Los procesos cognitivos de atención y memoria suelen tener las secuencias más claras de todas.

El análisis de estímulos se encuentra generalmente dentro de los procesos de entrada. Los procesos de almacenamiento dentro del cerebro pueden codificar y a veces manipular la percepción de estímulos. Finalmente, los procesos de salida legislan nuestras respuestas a los estímulos.

A finales de la década de 1950 y principios de la de 1960, el enfoque cognitivo se convirtió en el enfoque más ampliamente aceptado en el campo de la psicología, revolucionando la forma en que percibimos los procesos cognitivos internos. El trabajo de Piaget y Tolman es la principal razón de esta realidad.

Tolman es considerado por la mayoría hoy en día como un conductista suave. Su estudio de los comportamientos con propósito en los organismos, sin embargo, se desvió del paradigma conductista que afirmaba que el aprendizaje era el producto de la relación entre estímulos y respuestas.

Tolman sostuvo, por el contrario, que el aprendizaje derivaba de las relaciones entre estímulos entre sí. El término que acuñó para referirse a estas relaciones fue "mapas cognitivos".

No fue hasta la llegada de la computadora que la psicología cognitiva ganaría la metáfora y la terminología que necesitaba para investigar adecuadamente la mente. Esta llegada dio a los psicólogos la oportunidad de trazar analogías entre la mente humana y los procesos de una computadora, siendo esta última, en su conjunto, mucho más simple y fácilmente comprensible. Esta analogía remite a la que hizo Platón en su República entre los componentes individuales de un estado y la mente humana. Además, esta analogía también se convirtió en el punto focal del argumento Leibnitz-Searle. Esencialmente, una computadora codifica información, la cambia, la almacena, la utiliza y, finalmente, produce algún tipo de salida.

Este modelo computadorizado de procesamiento de información fue observado por psicólogos cognitivos que creían que el mismo modelo o un modelo similar se utilizaba dentro del cerebro humano. Sin embargo, este enfoque se basa en algunas suposiciones clave: que la información de nuestro entorno externo es procesada por una serie de procesos (incluyendo percepción, atención, memoria, etc.), que la transformación y alteración de estos procesos ocurren de maneras sistemáticas, que la investigación debe tener como objetivo especificar estos procesos y sistemas, y que el procesamiento de información por parte de computadoras se asemeja al de los humanos.

El enfoque conductista nos ofrece que podemos observar y estudiar los procesos externos (estímulo y respuesta) con los que nos encontramos, pero nuestras observaciones bajo este enfoque se limitan solo a estos procesos externos. El enfoque cognitivo, en contraste, afirma que podemos observar y estudiar los procesos internos que ocurren dentro de la mente. Este enfoque estudia las relaciones mediacionales entre el estímulo/entrada y la respuesta/salida.

El enfoque conductista trabaja en una progresión lineal dentro del siguiente marco: estímulo del entorno, una "caja negra" que no puede ser estudiada, y la respuesta conductual. El enfoque cognitivo sigue una progresión similar: entrada del entorno, un proceso de mediación en el evento mental, y salida conductual. Como podemos ver, aparte de las diferencias en el lenguaje, la principal diferencia entre estas dos progresiones se encuentra en sus pasos transitorios: mientras que el enfoque conductista solo nos ofrece una caja negra de ignorancia respecto a los procesos mentales internos, el enfoque cognitivo investiga los procesos de mediación que ocurren dentro de los eventos mentales.

Estos procesos mediacionales se llaman así porque están destinados a ir entre el estímulo y la respuesta del evento mental. Esta respuesta podría incluir procesos como la resolución de problemas, la atención, la memoria, la percepción, etc. Cualesquiera que sean, estos procesos ocurren después de que se ha encontrado el estímulo y antes de que se presente la respuesta conductual.

Las relaciones causales entre todos estos procesos mentales en algunos casos solicitan juicios teleológicos sobre sus partes. Aquí vemos caminos claros y lineales de comportamientos intencionados que siguen estímulos y procesos mediacionales subsecuentes. Donde se dice que el modelo conductista carece es en el conocimiento de estos procesos mediacionales intermedios que ocurren dentro de la mente. Nos queda claro hoy que para entender la psicología conductual primero debemos entender estos procesos mediacionales. Hacer lo contrario sería en muchos sentidos poner el carro delante del caballo.

Fue el libro de Kohler de 1925 "Mentalidad de los simios" el que inició la ruptura popular con el modelo conductista dentro de las ciencias psicológicas. En este libro, Kohler investigó los comportamientos más perspicaces de los animales, fundando en el proceso un campo poco conocido llamado psicología de la Gestalt. Los términos entrada y salida, tan comúnmente utilizados en la psicología cognitiva, fueron introducidos por primera vez en el campo en el libro de Norbert Wiener de 1948 "Cibernética: o control y comunicación en el animal y la máquina". Las observaciones de Tolman de 1948 sobre mapas cognitivos realizados en ratas en laberintos fueron el primer estudio en demostrar que los animales tienen representaciones internas de comportamientos.

Fue "El número mágico 7 más o menos 2" de 1958 por George Miller lo que finalmente vio el nacimiento de la psicología cognitiva. El solucionador de problemas general desarrollado por Newell y Simon fue el siguiente gran descubrimiento dentro del campo. En 1960, el Centro de Estudos Cognitivos fue finalmente fundado por Miller y el desarrollador cognitivo Jerome Bruner. La publicación de Ulric Neisser en 1967 de "Psicología cognitiva" marca el nacimiento definitivo del enfoque cognitivo. El modelo Multi Store de Shiffrin y Atkinson de 1968 se convirtió en el primer modelo de procesamiento de la memoria. Hoy, por fin, la psicología cognitiva es vista como un campo altamente influyente en todas las áreas del estudio psicológico (biológica, conductual, social, desarrollacional, etc.).

Un psicólogo cognitivo sería útil para hablar con cualquier persona que podría estar experimentando los siguientes problemas: un problema psicológico que puede necesitar métodos de terapia cognitiva para mitigar o exterminar, trauma cerebral que puede necesitar tratamiento, problemas sensoriales y o perceptuales, un trastorno del habla o del lenguaje (se necesitarían más tipos de terapia en este caso, siendo los métodos cognitivos complementarios), problemas relacionados con la memoria como la enfermedad de Alzheimer, demencia o pérdida de memoria, o discapacidades de aprendizaje.

En esencia, casi cualquier persona que tenga o esté experimentando problemas relacionados con los procesos mentales se beneficiará necesariamente de la terapia psicológica cognitiva. Muchos sienten que la psicología cognitiva es un campo de estudio erudito e impráctico que tiene mucha más utilidad dentro del aula que fuera de ella, pero todos tienen procesos mentales, por lo que todos pueden beneficiarse de esta área de investigación. Tener un psicólogo cognitivo trabajando para y con nosotros nos dará una perspectiva más objetiva y científica sobre los procesos mentales que tenemos y de los cuales puede que no seamos conscientes o que estemos interpretando de manera no científica.

Uno de los adversarios más sigilosos de nuestro propio bienestar son los patrones de pensamiento negativo. Estos patrones de pensamiento son tan destructivos porque normalmente no podemos darnos cuenta de lo distorsionados que están, lo que les permite legislar nuestros procesos de pensamiento sin nuestra conciencia consciente. Tener otra perspectiva sobre nuestros propios procesos mentales internos es, sin duda, la única forma infalible de evitar que estos patrones negativos controlen el resto de nuestras mentes. Las rumiaciones negativas a menudo conducen a un aumento del estrés, autossabotaje, pesimismo e incluso a una indefensión aprendida después de un tiempo si no tenemos cuidado.

Una vez que estos patrones de pensamiento negativo han

afianzado su control sobre nuestra psique, no necesariamente pueden ser eliminados. Nuestra mejor opción es entonces reemplazar estos patrones con otros mejores, más optimistas y racionales. Por ejemplo, un esquema que le dice a una persona repetidamente cosas como "no vales nada" o "nunca cumplirás con los estándares" debería ser respondido con uno que le diga cosas como "tienes un valor intrínseco" o "estos estándares son los tuyos". Los patrones de pensamiento negativo, así como las respuestas racionales a sus interjeciones, son indeterminados y dependen del individuo. Aun así, el objetivo básico es reemplazar los pensamientos que no nos ayudan o no nos empujan hacia adelante como individuos por aquellos que sí lo hacen. Aquí se podría utilizar algo de auto-terapia. Siempre que tengamos un pensamiento o una serie de pensamientos con los que nuestra mente ejecutiva no está de acuerdo, debemos registrar y analizar estos pensamientos, editándolos y reemplazándolos con otros más saludables y racionales. Hacer esto cambiará nuestros modos de pensar y nos permitirá convertirnos en personas más racionales y motivadas intrínsecamente.

La psicología cognitiva podría considerarse el propósito final de la psicología, aquel al que todos los demás subcampos son subordinados. Todo lo que conocemos, lo conocemos gracias a nuestra capacidad de cognición. Sin analizar nuestros procesos mentales, nos estamos dejando en la oscuridad sobre lo que realmente está sucediendo dentro y fuera de nosotros.

Capítulo seis: Modos de persuasión

Finalmente llegamos a lo que probablemente es la parte más útil de nuestro libro. Modos de persuasión, también conocidos como apelaciones retóricas o estrategias éticas, son dispositivos retóricos utilizados para clasificar el recurso de un orador hacia su audiencia. Estos modos se llaman Eros, pathos, logos y Kairos. Aristóteles consideraba que la persuasión era meramente una forma de demostración, ya que estamos más plenamente persuadidos por las cosas que percibimos como habiendo sido demostradas. Podría seguir lógicamente que cuanto más o menos demostramos algo, más o menos otros estarán persuadidos de ello en proporción.

Hay tres tipos principales de persuasión en la oratoria: persuasión debida a la credibilidad percibida del orador en el momento del discurso, persuasión de los oyentes debido a sus propias emociones, y persuasión alcanzada a través del discurso cuando se llega a la verdad o a una verdad aparente mediante argumentos adecuados al caso en cuestión.

El ethos se define en términos amplios como el apelativo a la autoridad o a la credibilidad del orador. Para fortalecer el ethos, un orador debe convencer a la audiencia de su propia credibilidad, a menudo apelando a otras fuentes de autoridad en el proceso. Las personas emplean diversos medios para hacer esto, incluyendo, pero no limitado a, ser o convertirse en una figura notable en el campo en cuestión, como un profesor, médico o experto, aprender y demostrar un dominio del lenguaje vernáculo del campo en cuestión, y presentar o producir expertos comprobados en el campo.

Sin el cumplimiento de estos amplios criterios, un orador generalmente tendrá problemas para ganar y fomentar un sentido de credibilidad o ethos. Sin ser un experto en el campo sobre el que habla, o sin el vocabulario necesario y/o el atractivo a otras fuentes de autoridad, un orador típicamente perderá cualquier sentido de credibilidad a los ojos de su audiencia, lo que suele causar que el individuo pierda su sentido de credibilidad intrínseca, comenzando así un ciclo causal de pérdida de credibilidad y potencia general como orador.

El ethos podría considerarse persuasión por carácter o credibilidad. La confiabilidad suele ser el rasgo más importante que una persona puede mostrar para fomentar el ethos. Tendemos a ver a aquellos que son más confiables como también más creíbles, ya que, aunque puede que no sepamos lo que nos van a decir, estamos más seguros de que será la verdad. Aquí necesariamente seguiría que, para que alguien gane ethos, debe volverse más confiable. Aristóteles nos ofrece tres cualidades explícitas que una persona debe mostrar para convertirse en un individuo más confiable: sentido común, buen carácter moral y buena voluntad.

El sentido común se encuentra solo en pensadores racionales y responsables. Tendemos a confiar en aquellos con sentido común mucho más que en los demás. Aquellos con sentido común son casi siempre tranquilos, serenos y composados en tiempos de estrés y confusión. Esas personas suelen ser vistas como profesionales confiables y dignos de confianza dentro de sus campos de trabajo. El sentido común se asocia con la fiabilidad porque aquellos que lo tienen son impulsados más por la lógica y la racionalidad que otros sin ella. Con sentido común, un orador también es capaz de leer mejor a una multitud y de transmitir mensajes que están más fundamentados en la realidad.

Un buen juicio moral fue otra área en la que Aristóteles puso mucho énfasis. Se dice comúnmente que el carácter es lo que hacemos cuando nadie está mirando. Lo mismo es cierto para la moralidad. Aristóteles pensaba que tener este sentido del juicio moral era crucial para desarrollar el arte de la persuasión.

Finalmente, la buena voluntad es el estado en el que una persona realmente tiene en mente nuestros propios mejores intereses. Sin esta voluntad no hay una dirección clara en la mente de una persona sobre hacia dónde deben ir las cosas o incluso cómo deberían ser idealmente. Si un orador no muestra conocimiento o consideración por los intereses de todo el que está hablando, entonces nunca se construirá una relación. Si bien el ethos de una persona probablemente se vea menos afectado por la falta de buena voluntad que por la falta de alguno de los otros dos bienes, las personas aún se sienten desanimadas por esta ausencia porque no estarán seguras de si el orador está realmente de su lado. Solo es, como afirma Aristóteles, con estas tres cualidades que una persona puede ser más digna de confianza y ganar ethos.

El pathos puede ser un modo de persuasión más poderoso porque depende de la capacidad del orador para apelar a las emociones de la audiencia. De esta palabra raíz se forman las palabras empatía, patético y simpatía. Usando las tácticas comunes de metáfora, símil y una entrega apasionada en general, el orador puede ganar pathos. A menudo, incluso afirmaciones simples que afirman que las cosas son injustas son suficientes para apelar a las emociones de los oyentes. Este modo de persuasión es increíblemente efectivo cuando se utiliza con otros, pero generalmente se desmorona cuando se usa como independiente. Sin embargo, hay un criterio principal que un orador necesita cumplir para ganar pathos; él o ella necesita transmitir un mensaje que esté en acuerdo con algunos valores subyacentes de los lectores o oyentes.

Para ganar pathos, un orador puede centrarse en cualquier emoción que él o ella considere útil para aprovechar. Estas incluyen la felicidad y el optimismo, pero también incluyen emociones más negativas como el miedo y la ansiedad. Cualesquiera que sean las emociones, un orador con sensibilidad hacia las emociones del público gana rapport con facilidad al hablar con las personas sobre lo que consideran más saliente.

Nuestra adopción de creencias y puntos de vista depende en gran medida de nuestras emociones inmediatas. Un buen orador no solo sabe cómo exaltar ciertas emociones, sino también cómo eliminar otras. Para enfurecer a las personas acerca de una causa, un buen orador explicará las dudas detrás de no seguir esa causa. Del mismo modo, si una multitud está enojada por los precios de la gasolina, un buen orador los calmará y les dará la seguridad de que seguirán pudiendo trasladarse. Una persona persuasiva tiene en cuenta lo que les preocupa a los demás y les ofrece soluciones a sus problemas.

Cuando se usa dentro de discursos y escritos, el patos a menudo juega con la imaginación y las aspiraciones de la audiencia acerca de eventos futuros. Los pensadores persuasivos no solo son capaces de predecir y hablar sobre las emociones presentes, sino que también pueden transmitir algún tipo de imagen de cómo podría ser el futuro bajo su visión. Sin este énfasis en la finalidad teleológica de lo que el persuasor está pensando, el persuadido se queda sin un curso de acción determinante que seguir y, por lo tanto, está destinado a no ser persuadido.

Mientras que se debe asegurar una cierta cantidad de ethos para que un orador sea escuchado, este ethos a menudo se minimiza y se coloca en un papel subordinado al pathos. Cuando el pathos es el modo principal utilizado, a menudo comenzamos a ver menos control dentro del discurso y la escritura y más apelaciones a las emociones básicas y a menudo irracionales. William Cullen Bryant vio esto como un hecho aceptable, afirmando que cualquier persona que hable desde la rectitud ofrecerá al mundo una ofrenda que superará cualquier cantidad de errores que traiga consigo.

Aristotle nos ofrece algunas de las dualidades básicas de la emoción en el libro 2 de su retórica:

Enojo vs. calma

Las personas tienden a enojarse cuando mostramos desprecio hacia, avergonzamos o actuamos con resentimiento contra ellos. El desprecio se define aquí como el trato hacia cosas o personas que otros valoran como poco importantes. Actuar con resentimiento es impedir que otros obtengan lo que quieren solo para perjudicarlos. La vergüenza se da cuando desacreditamos a otros de alguna manera. Hacer lo opuesto a estas cosas, como dejar las cosas y a las personas en su propio valor, tener en estima a los demás y permitir que otros tengan lo que desean, mantendrá a las personas tranquilas.

Amistad vs. odio

Son aquellos que actúan sin egoísmo para lograr lo mejor para nosotros con quienes elegimos ser amigos. Mostramos odio hacia aquellos que son egoístas o que trabajan hacia fines dañinos. Los contingentes solo se forman entre personas que tienen intereses comunes en mente. Dividimos nuestro mundo en aquellos que trabajan con nosotros (amigos) y aquellos que no lo hacen (enemigos).

Miedo vs. confianza

Solo tememos las cosas que percibimos como capaces de causarnos daño o sufrimiento. Cuando no percibimos que existen esos peligros, o tenemos medios para combatirlos, nos sentimos seguros. La confianza que deriva de nuestra percepción de la capacidad para combatir el peligro es la más confiable de las dos porque cualquier confianza derivada de la falta de peligro insinúa peligro en el futuro.

Vergüenza vs. desvergonzado

Sentimos vergüenza cuando hemos sido desacreditados por mostrar lo que Aristóteles llamó maldad moral, como ser cobarde, arrogante, avaro o mezquino. Nos sentimos sin vergüenza cuando somos indiferentes o despreciamos las percepciones de los demás sobre nuestra maldad moral. La vergüenza es el concepto de maldad moral (real o percibida) ligado al concepto de autoconciencia. La falta de vergüenza es este concepto separado de la autoconciencia.

Amable vs. cruel

Se nos percibe como amables cuando ayudamos a otros por su propio bien. Se nos percibe como crueles cuando o descuidamos ayudar a otros o los ayudamos únicamente por nuestro propio interés. La amabilidad se encuentra en aquellos que mantienen en mente los intereses de aquellos a quienes están ayudando. La crueldad se encuentra en aquellos que no ayudan a otros o que lo hacen por su propio beneficio.

Lástima vs. indignación

Sentimos pena por aquellos que están sufriendo de maneras y calibres que percibimos como desproporcionados a su aptitud. Por otro lado, sentimos indignación cuando vemos a otros prosperar y sentimos que no lo merecen. La pena se siente cuando vemos a alguien sufrir más de lo necesario, mientras que la indignación se siente cuando vemos a alguien recibir más de lo que su carácter merece, o eso pensamos.

Envidia vs. emulación

La envidia se siente cuando vemos a otro que consideramos nuestro igual encontrar una buena fortuna. Esto se siente más intensamente cuando sentimos que tenemos derecho a la misma buena fortuna o cuando ya no nos vemos como iguales a esa persona como resultado de las circunstancias afortunadas. La envidia proviene del egoísmo en el sentido de que no ofrece que podamos vivir vicariamente a través del otro individuo. Somos más envidiosos de aquellos que percibimos como más afortunados que nosotros porque cada persona quiere creer que él o ella es igual a los demás.

La emulación se siente cuando vemos a otro que tiene buena fortuna y sentimos que podemos alcanzar una fortuna similar. Aquí tenemos los mismos estímulos que los que causan envidia, pero nuestra respuesta mediacional es más constructiva y positiva. Aristóteles consideraba, como la mayoría lo haría, que la emulación es el mejor de estos dos sentimientos porque, mientras que las personas envidiosas a menudo desean que la persona más afortunada tenga menos, las personas emulativas simplemente se esfuerzan por lograr más. La envidia es la percepción de desigualdad con el concepto de desagrado hacia aquellos con más, mientras que la emulación es la misma percepción con el concepto de autoeficacia.

El concepto de un ser humano necesariamente incluye el de emoción. Las emociones nunca son correctas o incorrectas, solo son racionales o irracionales. A veces, por ejemplo, el miedo y la ira son las únicas respuestas racionales a las realidades externas, mientras que en otras ocasiones se requiere serenidad y felicidad. Un buen persuasor conoce los entresijos de las emociones de los demás, sean racionales o irracionales. Con este conocimiento, un persuasor puede exaltar las emociones que desea en otros individuos y restringir todas las demás.

Logos es, en términos generales, un recurso a la lógica. El término lógica se deriva en realidad de este. Generalmente hay algún tipo de tesis que un orador está intentando comunicar al hablar. La lógica, en parte, se refiere a los hechos y cifras que respaldan estas tesis, en este caso. Tener logos tiende a generar un mayor ethos para un orador porque la información hace que el orador parezca más conocedor ante su(s) oyente(s). Aunque logos puede ser increíblemente útil, también puede ser perjudicial y engañoso, dependiendo del contenido de la información y su relación con el tema en cuestión. A menudo, la información descontextualizada, falsificada o inexacta conduce a los oyentes por el camino equivocado, haciendo que se alejen del orador y causando que el orador pierda ethos.

Aristotle nos habla de tres métodos principales de persuasión lógica:

Argumento deductivo

En su etapa inicial, un argumento sólido y lógico presentará una serie de premisas axiomáticas. Estas afirmaciones se perciben como verdaderas o falsas. A partir de estas premisas, podemos llevarnos a conclusiones. Si se dice que una conclusión es verdadera dado que todas sus premisas axiomáticas también se dicen verdaderas, entonces el argumento se consideraría válido. Si todas estas premisas son verdaderas y se dice que el argumento es válido, entonces también es, por definición, sólido. Estos argumentos son lo que se conoce como argumentos deductivos. Dentro de estos argumentos, las nociones de validez y solidez se definen y se observan desde las premisas hasta las conclusiones. Estos son buenos argumentos porque utilizan una lógica fácilmente comprensible a lo largo de su desarrollo.

Argumento inductivo

Si a partir de nuestras premisas iniciales, encontramos en su lugar conclusiones que no son necesariamente pero probablemente verdad, entonces estamos haciendo argumentos inductivos. Estos argumentos existen con el concepto de incertidumbre y cierta cantidad de conjeturas. La fuerza o debilidad de un argumento inductivo se encuentra únicamente en la probabilidad de que sus conclusiones sigan a sus premisas. Un argumento inductivo cogente es aquél en el que todas sus premisas son, de hecho, consideradas verdaderas.

Argumento abductivo

Un argumento abductivo se llega cuando recopilamos un conjunto de datos y luego procedemos a formular una conclusión basada en esos datos. Esta conclusión siempre debe explicar el conjunto de datos en cuestión. Al igual que los argumentos deductivos, la validez y solidez de estos argumentos dependen de la verdad detrás de las conclusiones.

Finalmente, Kairos se refiere al tiempo y al lugar. Este modo se utiliza a menudo para infundir un sentido de urgencia en la mente de los oyentes, instándolos a actuar sobre los eventos a medida que ocurren.

Además de los modos de persuasión aristotélicos, también hay numerosos métodos contemporáneos que podrían ser utilizados a nuestro favor. Aunque los modos aristotélicos son atemporales en su aplicabilidad, las personas siempre están ideando nuevas formas de persuadir a otros, formas que generalmente están destinadas a atraer más a las personas de la época.

La imitación es uno de los métodos de persuasión más infalibles. Tendemos a ser mucho más receptivos a los mensajes cuando son entregados por personas que hablan, piensan y actúan como nosotros. Usar la imitación casi invariablemente aumentará la relación, hará que los demás nos agraden más y nos hará parecer más agradables en general. Al intentar persuadir a los demás, siempre deberíamos notar cómo están actuando y hablando, y reflejar estas características tanto como sea posible para fomentar un sentido de parentesco con nosotros en su mente. Esto nos colocará en el mismo plano que ellos, por así decirlo, asegurándoles que compartimos intereses comunes y estamos dispuestos a trabajar con ellos para perseguir estos intereses.

El Paradoja de Ellsberg fue descubierta en 1961 en una serie de experimentos realizados por Daniel Ellsberg. En estos experimentos, se informó a los participantes que debían elegir entre dos urnas de las que sacar una bola, la primera conteniendo 100 bolas rojas y negras sin una proporción cierta entre los dos colores, la segunda con exactamente 50 bolas rojas y 50 bolas negras. Su recompensa era de $100 si elegían el color correcto, $0 si no lo hacían. La gran mayoría de los sujetos sacaron de la segunda urna con la proporción de colores determinada.

Estos experimentos muestran que somos naturalmente propensos a evitar el riesgo y la incertidumbre siempre que sea posible. Aunque a veces podemos beneficiarnos más al arriesgarnos ante incertidumbres, sigue siendo nuestra inclinación natural aferrarnos a probabilidades ciertas y concisas dondequiera que las encontremos, incluso cuando se demuestra que nuestras ganancias son menores al hacerlo.

La influencia social, o prueba social, se refiere a cómo somos afectados por los pensamientos, emociones y comportamientos de los demás. Estamos impresionados por este tipo de influencia en gran parte de manera inconsciente, razón por la cual a menudo es difícil discernir lo que hacemos por interés propio de lo que hacemos como resultado de esta influencia. Aquí se plantea la pregunta: ¿hasta qué punto somos meramente productos de quienes nos rodean? La mayoría de las personas puede ser analizada como una colección de sus influencias sociales inmediatas.

No importa cuán independientes seamos, anhelamos la validación externa para que nuestros patrones de pensamiento nos parezcan "normales". Las personas que más admiramos terminan siendo las mayores autoridades sobre cómo deberíamos pensar, sentir y comportarnos, nos guste o no.

La reciprocidad es otro asistente de la persuasión. Cuando recibimos cosas de otros, sean lo que sean, generalmente sentimos la necesidad de corresponder. Cuando sentimos este impulso, nos obliga a apaciguar al otro, lo que nos hace mucho más propensos a ser persuadidos por esa persona. Cuando damos cosas a los demás, no solo los estamos obligando a corresponder, sino que también los estamos haciendo mucho más propensos a colaborar con nosotros en el futuro. Las personas necesitan algún tipo de incentivo para trabajar en nuestros objetivos. Debe haber alguna manera en la que una persona pueda beneficiarse al trabajar con nosotros. Al hacer favores y dar cosas a los demás, les estamos ofreciendo este incentivo y animándolos a corresponder y hacer lo mismo por nosotros. Sin embargo, somos afectados por las experiencias en proporción inversa a sus distancias temporales de nosotros, por lo que cuando hacemos cosas por otras personas, generalmente se sentirán más obligadas a corresponder justo después, y esta compulsión solo disminuirá con el paso del tiempo.

La falacia de la mano caliente es otro fenómeno que podemos usar a nuestro favor. Esta es una falacia mediante la cual las personas se convencen de que, dado que están encontrando éxitos inmediatos, continuarán haciéndolo indefinidamente. Si bien el éxito a menudo engendra éxito, la vida es en última instancia caótica y aleatoria, y las vicisitudes tienden a presentarse cuando menos lo esperamos. El modus operandi de la falacia se encuentra en la percepción (presuntivamente falsa) de control que nos brinda.

Las personas son mucho más propensas a ser persuadidas de sus futuros éxitos cuando están experimentando éxitos. Nuevamente, cuanto más cercana esté una experiencia a nosotros temporalmente, más nos afecta. Este afecto se extiende a nuestras percepciones, lo que en este caso implica que los éxitos más recientes nos harán creer que tendremos mejores futuros. Para persuadir a alguien aprovechando esta falacia, debemos hacer que crea que actualmente está experimentando éxito y continuar enfatizando que las cosas solo están mejorando para él.

Un sentido de compromiso y consistencia nos hará mantenernos con las cosas que elegimos, sean cuales sean estas cosas. Cualesquiera que sean las elecciones que hagamos en la vida, está en nuestra naturaleza ceñirnos a estas elecciones hasta que se manifiesten como erróneas, si es que alguna vez lo son. A lo largo de estas sendas que trazamos para nosotros mismos, viajaremos hasta que el cambio se vuelva necesario.

Si estamos tratando de persuadir a otros, podemos utilizar su sentido de compromiso a nuestro favor al hacer que primero acepten cosas pequeñas, y eventualmente ir llevándolos a compromisos cada vez más grandes a medida que pasa el tiempo. A la gente le desagrada que se le otorgue demasiada responsabilidad de una vez. En cambio, preferimos ir adentrándonos en las cosas tomándonos tiempo para hacer la transición hacia ellas. La persuasión es, en parte, un juego de pequeñas solicitudes, cada una construyéndose sobre la anterior, llevando a un compromiso cada vez mayor entre las partes.

Al tomar una decisión, tendemos a confiar demasiado en las primeras piezas de información que encontramos. Esta tendencia se llama anclaje y se considera falaz porque nos hace pasar por alto otras piezas de información útiles que podrían ayudarnos en nuestra toma de decisiones.

Una vez que se ha establecido un anclaje, también se establece una inclinación hacia su idea. A partir de esto, necesariamente se seguiría que las personas son mucho más propensas a ser persuadidas de algo cuando se ha hecho un anclaje inicial hacia ello. Si estamos tratando de convencer a alguien de que tome una cierta decisión, entonces necesitaremos darle alguna información inicial de la cual puedan basar sus decisiones posteriores.

A continuación, simplemente gustar de otra persona nos hace mucho más receptivos a ellos. Uno de los mayores defensores de la persuasión es la simple simpatía. Nunca somos influenciados positivamente por aquellos que no nos agradan, independientemente de su carácter. Buscamos desacreditar las opiniones de estas personas siempre que nos topamos con ellas y nunca somos persuadidos por las cosas que dicen como resultado. Para lograr que una persona esté de nuestro lado, tenemos que tratarlos de una manera que les haga gustar de nosotros, porque sin que ellos lo hagan no se puede fomentar ningún sentido de camaradería, y sin ningún sentido de camaradería nunca podremos persuadirlos de nada.

Ser amigable con los demás es probablemente la mejor manera de hacer que les agrademos. Recordar sonreír y mantener un espíritu ligero alrededor de los demás hará que las personas se sientan más cómodas a nuestro alrededor, abriendo la puerta a conversaciones más amistosas y amables.

Las palabras sensoriales siempre deben ser tomadas en cuenta al intentar convencer a otros. Estas palabras son algunas de las más poderosas que usamos, y es probable que las personas estén más afectadas por estas palabras que por cualquier otra. Las palabras con connotaciones a estímulos sensoriales que las personas encuentran agradables pueden usarse para convencer a las personas a menudo sin que se den cuenta. Estas palabras son más que simples palabras para aquellos que las escuchan, son experiencias reales y tangibles asociadas con experiencias sensoriales, por lo que usar estas palabras sabiamente puede tener un efecto sorprendentemente poderoso en los procesos de toma de decisiones de quienes las escuchan.

También tenemos un sesgo hacia la autoridad. Los pensamientos y opiniones de las figuras de autoridad a menudo se consideran mucho más valiosos de lo que realmente son. Desde una edad temprana, nos socializan para respetar a las figuras de autoridad y tomar en serio lo que dicen. Por eso, las cosas que dicen estas personas se escuchan más que las cosas que dicen otras personas. Aquí es donde el ethos sigue siendo importante. Para ser escuchados, y ni hablar de ser persuasivos, tenemos que convencer a nuestra audiencia de que somos algún tipo de autoridad en lo que estamos hablando.

El efecto Ikea es un fenómeno por el cual las personas tienden a valorar más las cosas que han ensamblado que las cosas que han llegado a ellas preensambladas. Nos sentimos orgullosos de todo lo que producimos y consideramos que estos productos son mejores y más valiosos que los de cualquier otro. Dar a las personas un sentido de participación en lo que les estamos proponiendo las hará mucho más receptivas a nuestras ideas porque sentirán que son parte de algo que les da voz.

A la gente le gusta tener opciones y sentirse como si tuvieran el control sobre las opciones que persiguen. Cuando hacemos que nuestras premisas y argumentos parezcan más personalizables para los demás, ellos se identificarán más con lo que estamos diciendo porque estamos fomentando una especie de diálogo negociado entre nosotros y ellos. Este sentido de unidad puede hacer que las personas sean mucho más propensas a seguirnos a donde decidamos ir intelectualmente.

Capítulo siete: Controlando las emociones

El lugar de trabajo tiende a ser uno de los lugares más difíciles para controlar las emociones. No importa cuánto lo intentes, esos días difíciles siempre están destinados a surgir. En tu vida personal, tus reacciones a situaciones estresantes son mucho más libres, pero en el lugar de trabajo, tus reacciones están sujetas al escrutinio de tus compañeros. Cualquier explosión emocional mientras trabajas no solo puede dañar tu reputación profesional y tu productividad, sino que incluso puede hacer que te despidan.

Bajo circunstancias normales, suele ser fácil mantener la compostura en el lugar de trabajo, pero en circunstancias más estresantes, como despedidos de personal, recortes presupuestarios y cambios de departamento, mantener la calma puede resultar difícil, si no imposible. Sin embargo, bajo estas circunstancias, se vuelve aún más importante controlar su temperamento, ya que los jefes suelen considerar el comportamiento de sus empleados al decidir quién es despedido. Tienes total libertad en cómo reaccionar ante ciertas situaciones, pero esa libertad conlleva responsabilidad, especialmente en el lugar de trabajo.

Puede parecer fácil decidir cómo vas a reaccionar en ciertas situaciones con la perspectiva del tiempo, pero siempre es recomendable explorar técnicas para tratar con estas situaciones y emociones. Aquí discutiremos muchas emociones negativas asociadas con el empleo, así como muchos métodos para hacer frente a estas emociones.

Las emociones negativas más comúnmente reportadas entre los trabajadores son las siguientes:

Preocupación/ nerviosismo, frustración/ irritación, desagrado, enojo/ agravación, decepción/ infelicidad

Y ahora nos adentraremos en algunas estrategias para lidiar con estas emociones poco saludables.

Preocupación/ nerviosismo

Estas son dos de las emociones más desagradables y poco saludables en el espectro, y, desafortunadamente para los trabajadores, estas dos plagan prácticamente todos los lugares de trabajo. Esta ansiedad puede provenir de una serie de fuentes: miedo a ser despedido, problemas sociales, bajos salarios, gran carga de trabajo, etc., y puede verse agravada por problemas en casa, o con la familia o amigos para muchos. Una pequeña cantidad de estrés puede ser algo productivo, pero una vez que se convierte en ansiedad crónica, comienzan a surgir problemas de salud. Aquí hay algunos consejos sobre cómo evitar la ansiedad excesiva:

Rompe ciclos de preocupación

No te rodees de ansiedad. Si puedes prever una ansiedad innecesaria derivada de una situación o una conversación, evita esa ansiedad. Intenta minimizar la cantidad de cosas que inducen ansiedad con las que tienes que lidiar.

Intenta ejercicios de respiración profunda.

Estos ayudan principalmente a disminuir tu respiración y tu ritmo cardíaco. Hay todo tipo de ejercicios de respiración profunda que puedes aprender en internet. Por ejemplo, existe la respiración cíclica, con inhalaciones de 4 segundos seguidas de una retención de 4 segundos, y luego exhalaciones de 4 segundos seguidas de una retención de 4 segundos. Al realizar estos ejercicios, es importante concentrarse en tu respiración y nada más. Además de estos ejercicios, hay otros ejercicios de relajación física que ayudarán a reducir el estrés laboral, incluyendo la relajación muscular progresiva.

Enfócate en mejorar la situación

Cualquiera que sea lo que te preocupa en relación con el trabajo, generar ideas y hacer intentos para resolverlo ayudará a reducir tu ansiedad en gran medida. Hacer estas cosas también te convertirá en un activo más valioso para tu empresa.

Escribe tus preocupaciones en un diario.

Simplemente escribir las cosas que te molestan ayudará mucho a aliviar la ansiedad que las rodea. Esta técnica también ayuda a reducir los problemas de sueño y las pesadillas, ya que las preocupaciones que escribimos durante el día normalmente no nos molestan de noche. Una vez que estén escritas, puedes programar momentos para abordar estos problemas. Antes de que llegue ese momento, deja que estos problemas te dejen y continúa con tu día. Cuando llegue ese momento, asegúrate de realizar un adecuado análisis de riesgos antes de poner en marcha cualquier plan.

La preocupación y los nervios pueden disminuir la autoconfianza y llevar a complicaciones de salud. Siempre es importante alejar estas emociones negativas y mantener la confianza y seguridad.

Frustración/irritación

La frustración es más a menudo causada por la sensación de estar atrapado o estancado en un punto del cual quieres salir, pero no puedes. Esta sensación puede ser provocada por varias cosas, especialmente en el trabajo. Un colega bloqueando un proyecto tuyo, un jefe demasiado desorganizado para asistir a una reunión a tiempo, o una llamada telefónica que se extiende más de lo necesario son solo algunos ejemplos que se me ocurren. La frustración, cualesquiera que sean sus causas, siempre debe ser tratada rápidamente porque cuando no lo es, puede acumularse en ira y otras emociones aún más negativas.

Sin embargo, hay muchas maneras de lidiar con esta horrible emoción, algunas de las cuales se enumeran a continuación:

Deteniéndose a evaluar

Lo mejor que puedes hacer cuando surgen sentimientos de frustración es detenerte y tomarte un tiempo para evaluarlos. Escribir tus frustraciones en esta etapa puede ayudar mucho. Después de hacer esto, piensa en algunos aspectos positivos de tu situación actual. Esto mejorará tu estado de ánimo y reducirá la frustración futura.

Busca cosas positivas

De nuevo, encontrar el lado positivo en una situación frustrante te hará ver los acontecimientos que se desarrollan con una nueva perspectiva. Este cambio en tu forma de pensar mejorará tu estado de ánimo, entre otras cosas. Si es una persona la que te está causando frustración, ten en cuenta que probablemente no es algo personal, y si es un acontecimiento o situación, probablemente se pueda resolver. Intenta avanzar a partir de este paso tanto como sea posible.

Recuerda la última vez que te sentiste frustrado.

Si puedes recordar la última cosa que te frustró, entonces probablemente puedes recordar cómo esa cosa eventualmente se resolvió. Al mirar las cosas con retrospectiva, siempre se solucionan bien. También puedes recordar que tus sentimientos de frustración no ayudaron mucho en esa última situación, por lo que asumir que te están ayudando esta vez no sería muy prudente. La perspectiva lo es todo, y muchos problemas pierden gran parte de su importancia cuando se ven desde ángulos diferentes.

Desagrado

El desagrado por ciertos compañeros de trabajo es inevitable, y cuando surge, rara vez se va. Todos tenemos que trabajar con personas que no nos gustan en algún momento, por lo que cuando estas personas llegan, es importante tomar medidas para lidiar con ellas de manera responsable. Algunas de las mejores cosas que puedes hacer en estas situaciones son:

Mostrar respeto

Nunca estás obligado a llevarte bien con todos con los que trabajas, pero, en muchos sentidos, estás obligado a mostrarles a todos respeto. Cuando surgen estas situaciones, el orgullo y el ego son dos cosas que deberías dejar a un lado, incluso si la(s) otra(s) parte(s) no están dispuestas a hacerlo. Esto te permitirá salir de la experiencia con tu dignidad intacta, cualesquiera que sean los resultados.

Sé asertivo

Si un compañero de trabajo es grosero o poco profesional contigo, no tengas miedo de decírselo. Si lo haces con certeza y justicia, es posible que se sientan inclinados a cambiar algunas de sus actitudes y comportamientos en el futuro.

Rabia/agravación

La ira es, sin duda, la emoción más destructiva que se encuentra en un ser humano. Esto es especialmente cierto cuando la ira está fuera de control en el lugar de trabajo. También es una emoción que la mayoría de nosotros no manejamos muy bien. En lo que respecta al trabajo, típicamente hay muy poco espacio para la ira, lo cual es problemático porque gran parte de ella luego se lleva a casa con nosotros. Controlar esta emoción es uno de los pasos más importantes para mantener cualquier trabajo, especialmente para aquellos que tienen dificultades con esto. Algunos consejos para lidiar con esta emoción se enumeran a continuación:

Presta atención a las primeras señales de ira

Nadie más puede detectar cuando tu ira se está acumulando tan bien como tú, así que detectar esto a tiempo es tu propia responsabilidad. Como se mencionó antes, tú decides cómo reaccionar ante las situaciones, así que si reaccionas con ira, nadie es responsable de que eso ocurra.

Cuando surja la ira, tómate un descanso de lo que estás haciendo.

Cuando comienzas a enojarte, cerrar los ojos y practicar los ejercicios de respiración profunda mencionados puede ayudarte enormemente. Estas acciones harán mucho para interrumpir tus pensamientos enojados y ayudarán a llevar tu mente de vuelta a un camino más positivo y relajado, reduciendo afirmaciones y decisiones irracionales.

Imagínate cuando te enojas.

Imaginar cómo te ves y te comportas generalmente te dará una perspectiva bien necesaria sobre la situación en cuestión. Por ejemplo, si tienes el impulso de gritarle a un compañero de trabajo, piensa en cómo te verías haciéndolo: confundido, cruel y exigente. Con esa imagen en mente, es fácil ver que no serías un buen compañero de trabajo al tomar esa decisión.

Decepción/descontento

La decepción y la infelicidad son dos de las emociones más proliferadas en los lugares de trabajo modernos. Estas dos son casi igual de dañinas que la ira, de hecho, la infelicidad puede ser incluso más perjudicial. También pueden tener impactos perjudiciales en tu productividad, ya que pueden dejarte sintiéndote agotado y cansado, y también menos inclinado a asumir riesgos en el futuro. Aquí hay algunos pasos que se pueden tomar para reducir los efectos de estas terribles emociones.

Considera tu mentalidad

Intenta recordar siempre que las cosas no siempre saldrán como tú quieres. Si lo hicieran, entonces la vida se volvería prosaica y sin sentido. A veces, son la adversidad y el sufrimiento los que le dan sustancia a la vida. No intentes evitar estas cosas, la respuesta a estos problemas reside en la disposición de enfrentarlos.

Establece y ajusta tus objetivos

La decepción a menudo puede derivar de la falta de alcanzar

una meta. Sin embargo, esto raramente significa que la meta ya no sea alcanzable. Es natural sentir decepción en estas situaciones, pero siempre debes encontrar la fuerza de voluntad para levantarte de nuevo. Podrías, por ejemplo, mantener tu objetivo, pero solo hacer un pequeño cambio. Cualquier cosa que te ayude a superar las decepciones que enfrentas.

Registra tus pensamientos

Un método para tratar con emociones negativas es escribirlas. Cuando te sientas infeliz o decepcionado, intenta escribir lo que te está molestando y sé específico sobre tus preocupaciones. ¿Es tu trabajo lo que te molesta? ¿Un compañero de trabajo? ¿Tienes una carga de trabajo demasiado pesada? Escribir estas preocupaciones te ayudará a identificar exactamente lo que te molesta y cómo puedes mejorar en estas áreas de preocupación. Recuerda que siempre tienes más poder del que piensas para mejorar una situación.

Recuerda sonreír

Forzar una sonrisa en tu rostro puede realmente hacerte sentir más feliz y aliviar el estrés. Además, esta actividad también libera los neurotransmisores dopamina, endorfinas y serotonina, que reducen la frecuencia cardíaca y la presión arterial. Las endorfinas liberadas también actúan como analgésicos naturales y la serotonina actúa como un antidepresivo natural. Sonreír también te hará parecer más atractivo para quienes te rodean, mejorando aún más las relaciones que tienes con tus compañeros de trabajo.

Ahora que se han cubierto las emociones principales que tienen efectos adversos en la mayoría de los trabajadores, echemos un vistazo a algunas estrategias más para lidiar con ellas:

Compartmentaliza tus factores de estrés

Intenta mantener el estrés y las cargas del trabajo y del hogar en sus respectivos lugares. Puedes usar técnicas mentales, como imaginar los estresores encerrados en una caja por el momento. Si no intentas compartmentalizar estos problemas, entonces las aguas se enturbiarán mucho en tu vida personal y las cosas se volverán muy complicadas.

Identifica tu propio diálogo interno

Repite para ti mismo lo que te dices a ti mismo. Al hacer esto, puedes encontrarte repitiendo pensamientos y frases que no son necesariamente verdaderos o útiles. Intenta identificar tus propios pensamientos que pueden ser engañosos o basados en errores de pensamiento. Hacer esto te ayudará a avanzar desde algunos de tus peores momentos y actitudes hacia una mentalidad más productiva y expansiva.

Identifica y acepta tu emoción

Prácticamente no hay nada que puedas hacer para controlar una emoción con la que ni siquiera estás dispuesto a aceptar que tienes. Es como negar la existencia de una araña justo frente a tus ojos, la araña seguirá creciendo hasta que sea todo lo que puedas ver. Al identificar qué emoción(es) estás teniendo y aceptando que son una parte natural de la vida, les quitas mucho poder. Al hacer esto, también te estás convirtiendo en un mejor solucionador de tus propios problemas.

Afirmar tus derechos

Hay muchos lugares en la vida, especialmente en el trabajo, donde es probable que sientas que no tienes derechos y ningún control sobre lo que te sucede. Al identificar tus derechos y tus poderes, te estás dando una perspectiva sobre las cosas que están dentro y fuera de tu control. Después de tomarte un tiempo para hacer esto, puede que descubras que eres mucho más poderoso de lo que piensas. Esto mejorará tu estado de ánimo y tu confianza en ti mismo para afirmar estos derechos que tienes.

Comunicar estratégicamente

Cualquiera puede hablar sin parar sobre las cosas que no le gustan, pero se necesita habilidad y determinación para realmente hacer que las cosas sucedan y solucionar todos sus problemas. Cuando intentas comunicarte con los demás, especialmente en desacuerdos, siempre es importante ser preciso en tu lenguaje. Esto te permitirá comunicar tus objeciones de manera más efectiva y también disminuirá la posibilidad de malentendidos y discusiones acaloradas. Al intentar expresar un punto de vista, trata de entrar en la situación con alguna idea de lo que quieres lograr y tu probabilidad de tener una conversación productiva aumentará dramáticamente. Si otros responden emocionalmente, déjalos desahogarse y sé comprensivo. Puede que aprendas más de ellos de lo que ellos aprenderán de ti. Pide más detalles también y probablemente ambos se acercarán más a un entendimiento gracias a ello.

Sé objetivo

Intenta mirar lo que te está molestando desde enfoques analíticos y sintéticos. Un enfoque analítico te ayudará a comprender un solo problema con más profundidad y claridad, mientras que un enfoque sintético te ayudará a entender el problema dentro de la clase de todos tus problemas posibles. Es importante investigar las cosas con profundidad y enfoque, pero ver las cosas como partes de tu comprensión general te ayudará a hacer conexiones y descubrir por qué ciertas cosas te molestan a través de asociaciones libres.

Las emociones nunca son correctas o incorrectas, solo se sienten. No hay vergüenza en sentir emociones, a menos que, por supuesto, la emoción sea una vergüenza. Las emociones siempre vendrán y se irán y siempre son más sabias que el ego. Cada uno de nosotros, sin embargo, tiene libre albedrío en cómo reaccionamos a las vicisitudes de la vida. Controlar las emociones no siempre es fácil, de hecho, a veces se vuelve casi imposible. Pero esta habilidad es como cualquier otra en el sentido de que se puede mejorar con práctica y diligencia.

Capítulo ocho: Ingeniería social y liderazgo

La importancia de la ingeniería social y el liderazgo a menudo son subestimados por los pensadores contemporáneos. La mayoría de las personas están tan absorbidas en manipular y derribar estructuras jerárquicas que descuidan averiguar cómo manifestarse dentro de estas estructuras. Ya sea que tenga una inclinación hacia el liderazgo o no, sigue siendo importante tener un conocimiento práctico del liderazgo y de cómo funciona entre grupos de personas.

Los líderes, por encima de todo, se ayudan a sí mismos y a otros a dar pasos hacia hacer las cosas correctas. Al hacerlo, construyen una visión inspiradora, establecen una dirección y crean nuevas posibilidades. El liderazgo es, en parte, trazar la ruta hacia el futuro exitoso de su equipo. Es un desafío, pero también emocionante, dinámico e inspirador. Sin embargo, establecer la dirección del grupo no es la única responsabilidad de un líder. También están obligados a guiar a su gente en estas direcciones de manera fluida y eficiente. Esta puede ser la habilidad más desafiante que requiere más tiempo para desarrollarse.

Este capítulo y sus consejos sobre el proceso de liderazgo se basarán en el 'modelo transformacional' de liderazgo propuesto por James MacGregor Burns y desarrollado posteriormente por Bernard Bass. Este modelo se centra más en provocar cambios a través de un liderazgo visionario que en los procesos gerenciales normativos diseñados para mantener el rendimiento actual de los grupos dados.

Una visión general del liderazgo

Las siguientes son algunas características de un líder efectivo:

1. Logra crear una visión inspiradora del futuro
2. Inspira y motiva a las personas a comprometerse con esa visión.
3. Gestiona la entrega de la visión
4. Construye y entrena un equipo, para que se vuelva más eficaz en cumplir con la visión.

El liderazgo eficaz requiere que todos estos rasgos trabajen juntos. A continuación, sería útil explorar cada uno de estos elementos con mayor detalle.

Logra crear una visión inspiradora del futuro

En la fuerza laboral, una visión que un jefe pronostica necesita ser una representación convincente, realista y atractiva de la situación en la que deseas estar en el futuro. Esta visión debe establecer prioridades, proporcionar dirección y un marcador para las personas para asegurar que todos puedan ver si se han alcanzado o no los objetivos establecidos.

Para crear una visión confiable, los líderes deben primero evaluar y analizar su situación actual para entender hacia dónde ir. Algunos pasos que son apropiados para tomar en esta etapa son considerar la evolución de su industria en el futuro, considerar los comportamientos de sus competidores y cómo innovar con éxito para dar forma a su negocio para la competencia en el mercado futuro. El siguiente paso es realizar un análisis de escenarios para evaluar la validez de su visión.

El liderazgo es, por lo tanto, proactivo en lugar de reactivo; mirando hacia adelante, resolviendo problemas y evolucionando constantemente.

Una vez que se ha desarrollado la visión de un líder, es necesario vender la visión. Para hacer esto, él o ella tiene que hacer que la visión sea convincente y atractiva. Una visión convincente permite que las personas la comprendan, la adopten, la vean y la sientan. Los líderes efectivos pueden comunicar sus visiones de manera efectiva y clara. Son capaces de hablar sobre sus visiones de maneras con las que las personas puedan identificarse y informan a las personas de una manera inspiradora. Esto hace que las personas sean más receptivas a sus ideas y más propensas a seguir lo que tienen que decir.

Los valores compartidos y la creación de una visión son dos componentes principales del liderazgo. Aquellos que pueden desarrollar habilidades en estas dos áreas tienen más probabilidades de tener éxito en roles de liderazgo.

Inspira y motiva a las personas a involucrarse con esa visión.

La base del liderazgo es una visión convincente. Sin embargo, esta visión solo se cumple con la capacidad de un líder para inspirar y motivar a sus seguidores. Al principio de la mayoría de los proyectos, es más fácil mantener el entusiasmo, lo que a su vez facilita ganar apoyo para el mismo que en otras etapas del proyecto. Después de que el entusiasmo inicial se desvanece, es cuando se vuelve más difícil mantener una visión inspiradora hacia adelante. Las personas cambian junto con sus actitudes y métodos de trabajo, así como sus metas. Un buen liderazgo requiere reconocer este fenómeno y trabajar arduamente a lo largo de un proyecto dado para ser consciente de las necesidades, esperanzas y deseos de los demás mientras se cumple con la visión en cuestión. Es un acto de malabarismo entre el altruismo y el pragmatismo que ayuda dondequiera que vaya.

Uno de los medios para vincular esfuerzo, motivación y resultado se conoce como la teoría de la expectativa. Este lugar pone énfasis en que los líderes vinculen dos expectativas principales que tienen sus seguidores. Estas se enumeran a continuación:

La expectativa de que el trabajo duro conduzca a buenos resultados.

Y

La expectativa de buenos resultados que conducen a incentivos o recompensas.

Las personas con estas expectativas prevén tanto recompensas intrínsecas como extrínsecas y, por lo tanto, trabajan más duro para alcanzar el éxito.

Un enfoque alternativo incluye reiterar la visión repetidamente con un énfasis añadido en sus recompensas y comunicar la visión de una manera más efectiva y atractiva.

El poder experto es una de las cosas más útiles que un líder puede tener. Las personas están más inclinadas a admirar y creer en los líderes con esto porque son vistos como expertos en lo que hacen. La experiencia conlleva credibilidad, respeto y prestigio. Esto también puede dar a las personas un derecho e incluso una obligación de liderar a otros. Tener y mostrar competencia facilita mucho a los líderes motivar e inspirar a sus seguidores.

El carisma natural y el atractivo también pueden servir como conductos para la motivación de un líder y su influencia sobre las personas, así como otras fuentes de poder. Estas otras fuentes de poder incluyen la capacidad de asignar tareas a las personas y de otorgar bonificaciones.

Gestionando la entrega de la visión

Esta área de liderazgo se aplica más a la gestión que a cualquiera de estos otros consejos.

Los líderes siempre necesitan asegurarse de que están gestionando adecuadamente el trabajo necesario para llevar a cabo su visión. Esto puede ser realizado por ellos mismos, un gerente, o un equipo de gerentes delegados por el líder para cumplir con la visión del líder.

Para lograr esto, los miembros del equipo necesitan cumplir con sus metas de rendimiento vinculadas a la visión de la empresa. Algunos medios para garantizar que esto se realice son los KPI (indicadores clave de rendimiento), la gestión del rendimiento y la gestión de proyectos. Otra forma de asegurar que se esté cumpliendo la visión es un estilo de gestión llamado gestión mediante la observación (MBWA). Este estilo garantiza que se tomen todos los pasos necesarios para alcanzar cualquier meta dada.

Otro rasgo de un líder efectivo es la capacidad de gestionar bien el cambio. El liderazgo es, después de todo, una evolución constante y adaptación a las vicisitudes del trabajo. Gestionar los cambios de manera fluida y eficiente asegura que se cumplirán todos los objetivos y se superarán los obstáculos a lo largo del proceso de realización de la visión del líder. Sin embargo, esto solo se puede lograr con el respaldo y apoyo de las personas detrás del líder.

Construyendo y entrenando un equipo para alcanzar la visión

Algunas de las actividades más cruciales llevadas a cabo por los líderes transformacionales son el desarrollo individual y de equipo. Sin estas, no habría nada para que el líder liderara. El primer paso en el desarrollo de un equipo que un líder debe dar es llegar a entender la dinámica del equipo. Hay varios modelos populares y bien establecidos que pueden describir esto a los líderes, incluyendo el enfoque de roles de equipo de Belbin y la teoría de la formación, enfrentamiento, normalización, desempeño y disolución de Bruce Tuckman. A continuación se presenta un análisis más profundo de esta teoría:

Formando

El paso de formación implica que un equipo se una al comienzo de un proyecto para definir los objetivos del grupo y la forma de lograrlos. Los miembros tend tendan a ser impersonales y educados durante este período, ya que todos aún se están orientando dentro del equipo.

Tormenta

La fase de tormenta es un poco más selectiva y crítica. En esta fase, el liderazgo puede ser cuestionado junto con las ideas de los miembros del grupo. Esta es una fase de depuración del proceso, ya que muchos de los miembros del grupo se sentirán abrumados y desconcertados por la turbulencia y la crítica. Algunos de ellos que no se van después de esta etapa también abandonan el objetivo en cuestión. Y algunos simplemente no quieren hacer lo que se les pide.

Norming

La normalización es el paso en el que el grupo se une para acordar un plan singular para alcanzar el objetivo común. En esta etapa, se anima a los miembros del grupo a ceder sus ideas para el mejoramiento del grupo y también comienzan a conocerse y entenderse mejor, construyendo relaciones más fuertes. Es trabajar hacia un objetivo común lo que une a los miembros del equipo.

Realizando

A medida que avanza la etapa de ejecución del proceso, los miembros del grupo pueden trabajar para lograr el objetivo sin mucha supervisión o intervención externa. También llegan a comprender mejor las necesidades de los demás y cómo trabajar juntos para alcanzar el objetivo en cuestión.

Aplazando

En la etapa de cierre, surge la oportunidad de reflexionar sobre los resultados no exitosos y exitosos. Los miembros del grupo pueden utilizar estos resultados para evaluar qué deberían hacer al trabajar en tareas futuras. Esto ayudará a facilitar el proceso de alcanzar un objetivo en el futuro.

La próxima vez que te encuentres trabajando en grupo en una tarea determinada, supervisa el progreso del grupo a través de estas etapas. Los miembros del grupo tienden a moverse a través de estas etapas en todo tipo de órdenes diferentes. De hecho, rara vez ocurren en el orden listado arriba. Si, sin embargo, los miembros del equipo son conscientes de los pasos por los que están avanzando, que generalmente no lo son, entonces pueden trabajar a través de estos pasos de manera mucho más eficiente y efectiva.

Pasarte por estos pasos listados arriba te ayudará a navegar mejor los eventos de tu lugar de trabajo en el futuro.

Un líder competente siempre hace todo lo posible para asegurarse de que los miembros del equipo cuenten con todas las habilidades y destrezas necesarias para hacer su trabajo y alcanzar la visión general. Para lograr esto, es necesario dar y recibir retroalimentación diariamente, así como también entrenar y guiar a los miembros del equipo de manera regular. Estos pasos mejorarán drásticamente el rendimiento individual y del equipo.

Los buenos líderes lideran, pero los grandes líderes lideran y encuentran potencial de liderazgo. Al liderar un equipo, siempre es útil encontrar habilidades de liderazgo en otros, independientemente de cuáles sean sus posiciones actuales. Esto allana el camino no solo para la diferenciación en el estatus jerárquico, sino también para un desarrollo posterior más allá de la influencia del líder o incluso su permanencia. También puede dar a un líder un ejemplo sorprendentemente útil en otros trabajadores competentes.

Los términos 'líder' y 'liderazgo' a menudo se utilizan incorrectamente para describir a personas que en realidad ocupan puestos gerenciales. Estas personas a menudo son altamente capacitadas y tienen una gran ética de trabajo, pero eso no las convierte necesariamente en grandes líderes.

Los lugares de trabajo a menudo están sostenidos por personas que otros consideran líderes, pero que en realidad son gerentes. Estos gerentes a menudo no brindan ninguna aspiración o incluso objetivos a largo plazo para los miembros de su equipo, lo cual está bien a corto plazo, pero eventualmente conduce a sentimientos de falta de sentido e incluso resentimiento.

Los próximos puntos de discusión que deberían ser

profundizados son la dinámica de grupo y la ingeniería social. Estos son ámbitos importantes que hay que conocer al ingresar a un nuevo lugar de trabajo, o a cualquier entorno social, para el caso. Aquí analizaremos qué son las dinámicas de grupo y qué necesitas saber sobre ellas para dominarlas.

La dinámica de grupo, ya sea ignorada por los participantes o no, juega un papel importante en cualquier cultura, organización o unidad. Las personas con ideas y perspectivas diferentes componen estos grupos. Es muy raro que todas las personas y sus ideologías sean homogéneas dentro de un grupo determinado. De hecho, también es peligroso. Los líderes son admirados dentro de estos grupos y mantienen la unidad de propósito y la cohesión de la unidad. Los lazos culturales dentro de estas unidades deben desarrollarse más en ciertos momentos que en otros. Una vez que se desarrollan estos lazos, se debe hacer un esfuerzo adicional para cultivarlos.

La disfunción dentro de estos grupos ocurre con la alienación entre miembros específicos. Cuando un miembro se siente ostracizado, hay muy poco que lo mantenga a él o ella de actuar de maneras impredecibles. Esto está destinado a surgir en ocasiones y, cuando lo hace, el líder puede tener problemas para mantenerse objetivo a medida que la estructura de la unidad cohesiva comienza a desmoronarse. Estos son generalmente los peores períodos de caos en las historias de los grupos. Sin embargo, son estos períodos los que separan a los buenos líderes de los malos.

En todo momento, si son comprensibles o apropiados, el líder o gerente debe continuar reconociendo al miembro del equipo que causa la perturbación como una parte integral del grupo. La alienación adicional típicamente solo conduce a una mayor perturbación. En estos momentos, sería beneficioso para el líder considerar al empleado que causa la perturbación como un empleado especial, uno que podría utilizar la ayuda o habilidades del líder, uno que sigue siendo parte del grupo, e incluso uno que puede estar allí para enseñar algo al líder. Una revisión de la naturaleza de la comunicación, el poder y el clima corporativo de la unidad también sería beneficiosa en estas circunstancias para comprender mejor el punto de vista del miembro del equipo y evitar más perturbaciones en el futuro.

Un líder también debe tener habilidades en la introspección objetiva. No es aconsejable ni siquiera posible guiar o ayudar a otros a menos que estas habilidades estén desarrolladas. Estar poniendo el carro delante del caballo. Un líder que reconozca sus propias inseguridades podrá percibir y reconocer más fácilmente las disfunciones del personal como sintomáticas de disfunciones sistémicas. El ego estará más abierto a la racionalidad una vez que los problemas personales se aborden de manera más específica. Se necesita una persona segura y madura para decidir que el personal es, en última instancia, más importante que sus propias ideas para avanzar.

Una vez que se tomen nuevos pasos después de las disfunciones, se puede avanzar mucho y la empresa a menudo puede quedar en mejor situación de la que estaba anteriormente debido a esto. El personal puede encontrar nuevos medios de comunicación y formas de relacionarse entre sí, también pueden descubrir nuevos modos de comportamiento que podrían incluso impulsar su autoestima o bienestar general. Afortunadamente para el líder, todos en la empresa podrían entonces presumir de tener un gerente con una plétora de ideas y actitudes recién descubiertas. Todas estas complejidades y regulaciones tienden a hacer que trabajar en grupo sea muy complicado a veces, pero si se siguen todos estos pasos y cada uno hace su parte, los beneficios del trabajo en equipo pueden ser innumerables.

Conclusión

Gracias por llegar hasta el final de Psicología Oscura. Esperemos que este libro haya sido tan informativo y útil como sea posible. Todos tenemos un lado oscuro en nuestra psique, ya lo admitamos o no. Solo aquellos que aceptan y estudian este lado oscuro pueden aprovechar los beneficios de hacerlo, y estos beneficios son algunos de los más grandes que podemos encontrar en la vida, por lo que este libro y otros similares son algunos de los mejores recursos que podemos darnos.

La psicología oscura podría describirse mejor como un estudio de la condición humana en la que se convierte en norma que las personas se aprovechen de otras por deseos criminales y/o desviados. A menudo, estos deseos carecen de un propósito específico y se basan principalmente en deseos instintivos básicos. Cada ser humano tiene el potencial y la capacidad de victimizar a otros humanos, así como a otros seres vivos, pero la mayoría de nosotros mantenemos estos deseos reprimidos para poder funcionar exitosamente en la sociedad. Aquellos de nosotros que no sublimamos estas tendencias oscuras son típicamente representativos de la "triada oscura": psicopatía, sociopatía y maquiavelismo, o de otros trastornos mentales/alteraciones psicológicas. De esta manera, la psicología oscura se centra principalmente en los fundamentos (es decir, los pensamientos, sistemas de procesamiento, sentimientos y comportamientos) que se encuentran bajo los aspectos más depredadores de nuestra naturaleza, los mismos que van más enérgicamente en contra del pensamiento moderno sobre el comportamiento humano. En este campo, tendemos a asumir que estos comportamientos más abusivos, criminales y desviados son intencionales la mayor parte del tiempo, aunque hay instancias en las que parecen no tener fundamentos teleológicos.

La psicología oscura estudia las partes de nosotros mismos que ninguno de nosotros quiere reconocer. Dentro de este campo, se profundiza en nuestros demonios más íntimos y se arroja luz sobre los lugares que preferiríamos no ver pero que necesitamos ver. La psicología oscura acepta y abraza el lado más oscuro de la experiencia humana. De esta manera, está haciendo lo mismo que cualquier área de estudio antropocéntrico, la única diferencia radica en la especialidad de la psicología oscura en esta oscura realidad dentro del animal humano. Sin embargo, la psicología oscura no está destinada a ser un certamen de villanos. Los especialistas en este campo realizan su trabajo para comprender mejor por qué y cómo las personas malévolas trabajan hacia sus objetivos, no por algún intento de ganar fama para sí mismos o de idolatrar a los más monstruosos entre nosotros. También es importante tener en cuenta que cada uno de nosotros tiene un lado oscuro o "malévolo" en nuestra propia psicología. Si bien hay otros conductos a través de los cuales podemos llegar a la realización del contenido de este lado, es la psicología oscura la que proporciona la ruta más clara para nosotros en nuestro camino hacia la iluminación sobre cuán oscuros somos en verdad y por qué.

Hackeo Mental y Memoria Fotográfica:

Cómo Cambiar tu Mente y Desarrollar una Memoria Fotográfica en 21 Días. Técnicas Secretas para Memorizar Rápidamente Todo

directa o indirecta, que se incurra como resultado del uso de la información contenida en este documento, incluidos, entre otros, — errores, omisiones o inexactitudes.

Introducción

¿Qué tan buena es tu memoria? ¿Eres capaz de recordar detalles minuciosos, o olvidas los nombres y rostros de las personas que conoces de inmediato? Muchas personas no tienen buena memoria y son incapaces de recordar información básica después de haber mirado algo durante un minuto. Muchos de nosotros desearíamos tener una mejor memoria, pero no sabemos por dónde empezar. Estamos tan frustrados con lo que no podemos recordar, aunque intentamos con tantas ganas recordar las cosas básicas en nuestras vidas. Esa es una de las razones por las que tenemos fotos, para capturar momentos en nuestras vidas y conmemorar las experiencias que hemos tenido.

Una de las cosas que las personas desean es una memoria fotográfica, que es una memoria capaz de recordar cosas con vívida precisión porque cuando intentas recordar algo, puedes asociarlo automáticamente con una imagen en tu mente. Esta es la forma en que pensamos, y es la forma en que podemos recordar cosas. Nuestras memorias están formadas por imágenes en nuestras mentes para facilitar su recuperación. No podemos olvidar eventos, personas, lugares, números, etc., cuando los hemos codificado en nuestras mentes utilizando imágenes que nos ayudan a producir un recuerdo de ellos a pedido. Tener una memoria fotográfica es un paso esencial para ayudar a una persona a recordar mejor todos los diferentes detalles de su vida. Y no requiere que seas un genio. Todo lo que necesitas es un poco de entrenamiento y disciplina, y también puedes perfeccionar tu memoria para tener una memoria fotográfica.

Este libro va a explicar el proceso de desarrollar tus habilidades para tener una memoria fotográfica utilizando diferentes métodos y trucos que te ayudarán a hacer tu memoria más aguda que nunca. Aunque podrías pensar que requiere mucho talento y un don innato, te mostraremos que este no es el caso. En cambio, nuestras memorias son complejos depósitos de conocimiento e información que se desarrollan con el tiempo y continúan expandiéndose y creciendo, mientras se eliminan algunos recuerdos. Nuestros cerebros siempre están desarrollando nuevos recuerdos que podemos llevar con nosotros por el resto de nuestras vidas. Algunos permanecen en nuestra memoria permanente, mientras que otros solo están en nuestras mentes por un corto período y luego se desalojan con el viento.

A medida que leas este libro, descubrirás nueve maneras en las que puedes hacer que tu memoria sea más aguda y fotográfica que nunca. Este libro comienza presentándote planes de entrenamiento de la memoria que ayudarán significativamente a tu memoria, así como un método militar que ha demostrado potenciar tu recuerdo de información textual. Luego, explicaremos cómo factores como el sueño, la dieta, el ejercicio, la cafeína y otras cosas afectan el desarrollo de tu memoria y su bienestar general. Estos factores deben ser considerados al desarrollar un programa de bienestar, que mejorará tu memoria.

Agradecemos que nos acompañen en este viaje hacia la imaginación y la memoria. Esperamos que experimenten nuevas perspectivas sobre cómo recordar mejor las cosas y se beneficien de cada paso del camino. Nuestros nueve pasos están garantizados para ofrecerles la mejor memoria fotográfica para recordar prácticamente cualquier cosa que puedan nombrar. Descubramos juntos los secretos de tener esta habilidad única y sorprendente.

Paso 1: Entrenando tu Memoria General

Todo el mundo quiere tener una buena memoria, pero demasiados de nosotros luchamos por tener habilidades básicas de memorización. La verdad es que el mundo en el que vivimos prospera en formas que no nos hacen usar nuestra memoria. Dependemos de la comunicación y de Internet para almacenar la información en la Nube, en diferentes documentos y en otros dispositivos de almacenamiento que están al alcance de un clic, pero que no están inmediatamente disponibles para nosotros en nuestras mentes.

Pasamos una buena parte de nuestro tiempo utilizando dispositivos electrónicos que almacenan enormes cantidades de información, de las que dependemos cada día. No podríamos pensar en funcionar sin Internet o tecnología móvil, porque todo en nuestra vida depende del uso adecuado de esos dispositivos. Como resultado, pasamos muy poco de nuestro tiempo entrenando nuestra memoria para recordar cosas básicas. Algunas personas son incapaces de recordar números básicos como números de teléfono o contraseñas. La era digital nos ha convertido en personas que dependen menos de la memoria y más de las computadoras y dispositivos que utilizamos todos los días para almacenar nuestros recuerdos.

Pero estamos en constante necesidad de recordar momentos

y cosas, y, sin embargo, siempre parece que olvidamos los elementos esenciales en nuestras vidas. Los dispositivos que utilizamos todos los días no pueden almacenar completamente nuestras memorias de forma permanente. Estos dispositivos eventualmente fallarán y no podrán hacer todas las cosas que queremos que hagan. Además, podríamos perder estos dispositivos, o podrían fallar permanentemente y romperse de modo que no podríamos recuperar la información almacenada en ellos.

Esto nos lleva al punto de necesitar almacenar nuestros recuerdos en nuestras mentes. El cerebro humano es uno de los dispositivos más complejos y fascinantes del planeta. Tenemos el poder de ser cientos de computadoras dentro de nuestros cerebros. Nuestras mentes son espacios vacíos que almacenan grandes cantidades de información. Al olvidar ciertas cosas, podemos recordar cosas nuevas.

Crea una Memoria Visual

Una de las formas esenciales en que podemos entrenar nuestras memorias para visualizar lo que podemos hacer es recordando a través de pistas visuales y espaciales. Podrías intentar la memorización mecánica de diferentes cosas sin ninguna contextualización. La memorización mecánica es el acto consistente de repetición de algo en tu mente para recordarlo mejor. Es posible que logres recordar esas cosas durante unos segundos, minutos o horas. Pero después de hacer un examen, no podrás recordar nada de lo que habías estudiado o visto antes. Este es el caso de muchas personas que viven en Asia, donde la memorización mecánica es un concepto educativo crucial que millones de personas llevan a cabo todos los días para promover la adquisición de vocabulario. Sin embargo, los profesionales educativos están activamente en contra de este enfoque y piensan que esto hace más daño que bien al depender únicamente de la memoria a corto plazo, que puede, de hecho, retener grandes cantidades de información. Pero lo que queremos lograr es una memoria a largo plazo, que retenga mucha información que podamos tener durante un largo tiempo. Ahí es donde tenemos que entrenar nuestra memoria general.

Estudio de Caso

Joshua Foer dio una charla TED en 2012, donde habló sobre su experiencia con el entrenamiento de la memoria, ya que participó en una competencia de memoria (Foer, 2012). Comenzó como periodista, entrevistando a diferentes participantes y viendo cómo les iba en la competencia. Sin embargo, quería adentrarse realmente en las mentes de estos participantes. Su estudio sobre la memoria no era muy emocionante, y quería llevar su investigación a un nivel más profundo. Además, decidió intentar participar en una competencia de memoria en la que pudiera entrenar su memoria audiovisual para recordar lo que fuera que llegara a su memoria.

En sus entrevistas, Foer habló con diferentes hombres y mujeres que estaban participando en esta competencia. Estaban memorizando números de teléfono, nombres de personas y caras, entre otros fragmentos de información memorizada. Mientras hablaba con los participantes, reconoció que ellos también tenían memorias promedio. No tenían ningún conocimiento o habilidad especializada. El entrenamiento de la mente no tiene que involucrar ningún talento innato para la memoria. Estas personas, con una memoria promedio, fueron capaces de entrenarse para recordar mucha información en un corto período, y demostraron una habilidad que se adquirió estudiando un método desarrollado por los antiguos griegos hace 2,500 años, del cual hablaré en los siguientes párrafos.

Hace mucho tiempo, durante la época de los antiguos griegos, las personas dependían de su memoria y cultivaban recuerdos a largo plazo. Hacían esto sin ningún tipo de referencia a otras cosas. Piensa en los poetas griegos, que memorizaban historias y luego las recitaban en voz alta. Gran parte de la información y el conocimiento se impartía a las personas a través de la tradición oral, que era una forma de entrenar a las personas para recordar cosas que leían, lugares a los que iban y otras cosas. Foer da el ejemplo de Simonides, que era un poeta, y que recitó un poema largo y épico a un grupo de personas en una reunión. Desafortunadamente, durante la reunión, ocurrió un desastre, y el edificio colapsó, en el que todos murieron, excepto el poeta, Simonides. Diferentes partes del cuerpo estaban esparcidas por la sala, pertenecientes a las Personas que estaban allí. Como confiaba en su memoria audiovisual, Simonides pudo recordar dónde había estado cada persona en la sala. Para las personas que estaban de luto por la pérdida de sus seres queridos, Simonides pudo dirigirlas al área de la sala donde habían estado sus seres queridos. Este es un testimonio fantástico de la memoria y de cómo puede trabajar a favor de alguien. Simonides utilizó su memoria visual y espacial para recordar las ubicaciones de donde estaban las personas en la sala.

Este antiguo método es uno que se utilizó en la competencia con diferentes campeones de memoria. Foer habló sobre cómo los competidores fueron sometidos a una resonancia magnética, y sus cerebros se compararon con el de la persona promedio en el mundo. El estudio encontró que estos individuos no tienen cerebros que sean tan diferentes del resto de nosotros. Sin embargo, hubo una diferencia crucial que él señaló. Ellos dependían más de habilidades espaciales y de navegación dentro de sus cerebros, lo que les permitía recordar más detalles.

Técnicas utilizadas para la memoria general: Asociación de palabras

Foer demostró diferentes métodos para ayudar con la memoria. Una de las técnicas de entrenamiento de memoria más críticas es la asociación de palabras, que es básica pero importante para desarrollar una memoria visual y espacial. Por ejemplo, dale a una persona un nombre para memorizar y observa quién puede hacerlo mejor. Digamos que tienes el nombre: Baker, y se te da la tarea de memorizar ese nombre. O se te dice que memorices la palabra, bakers. ¿Qué persona crees que tendrá un tiempo más fácil con la memorización? ¿La que tiene que memorizar el nombre de la palabra? Si una persona tuviera que memorizar la palabra "baker" sin crear una imagen mental, no podría recordarla. Sin embargo, si puede pensar en una imagen de un panadero, entonces sin duda tendrá un tiempo más fácil recordando la palabra. Baker tiene muchas connotaciones que podemos conectar con nuestra memoria. Cuando escuchamos la palabra "baker", podemos asociarla con el Pillsbury doughboy con un sombrero blanco y harina en las manos. Además, podríamos oler el pan de una panadería y cómo podemos visualizar una imagen de una panadería. Si usamos esta pista visual, entonces podríamos recordar fácilmente el nombre de una persona usando la asociación de palabras con baker.

Aquí hay otro ejemplo de cómo podemos entrenar nuestras mentes con la asociación de palabras. Toma el nombre: Taylor. Eres el CEO de una empresa de consultoría y ves a cientos de personas todos los días. Y quizás, conoces a diferentes clientes todo el tiempo. Pero hay un problema: no recuerdas nombres ni rostros. Te cuesta recordar los nombres más básicos. Así que lo que haces es desarrollar una técnica para recordar los nombres y rostros de las personas que conoces todos los días. Tu cliente se llama Michael Taylor. Michael es bastante simple de recordar, pero el apellido, Taylor, es un poco más difícil de retener. Michael Taylor es un experto en moda, y él viene a ti para pedir consejo sobre su negocio de ropa. Ahora puedes recordar su apellido porque Taylor podría ser escrito como "tailor", que también está relacionado con la ropa. En tu mente, puedes pintar la imagen de un "tailor" en una tienda con mucha ropa. Y luego, voilà... ahí lo tienes. La imagen está ahí, y ahora puedes recordar el nombre Michael Taylor porque has creado un espacio visual que puede recordar el nombre, y también puedes emparejarlo con un rostro. Esa es la hazaña de la memoria visual y espacial.

Haciendo la Información Significativa

El arte de mejorar tu memoria es encontrar formas de conectar ideas en tu cerebro para que coincidan de manera significativa. Las cosas sin un contexto necesitan ser unidas para que tu mente pueda imaginar fácilmente de qué estás hablando. Nuestros cerebros están diseñados para pensar de manera contextual. Por lo tanto, es crucial que encontremos formas de conectar ideas para formar un todo. Entonces, podemos visualizar de qué estamos hablando.

Ejemplo

Crear experiencias significativas es esencial para nuestro bienestar físico y espiritual. Cuanto más significado podamos encontrar en nuestras vidas, más experiencias podremos recordar. Recuerda una vez que fuiste de viaje con tus padres, y donde te dieron tiempo libre para hacer lo que quisieras. Piensa en la libertad que te proporcionaron tus padres. ¿Qué hiciste con ella? ¿Cómo la utilizaste? Reflexionar sobre estas experiencias las hará más memorables. Cuando meditas sobre las experiencias que has tenido, puedes recordarlas con más claridad y viveza. Es importante crear momentos increíbles que nunca puedas olvidar.

Crea un Palacio de la Memoria

Usando la técnica de los antiguos griegos, te recomendamos crear un palacio de la memoria, que es un edificio de tu memoria. Imagina que tu memoria es un gran edificio que contiene recuerdos de diferentes cosas. Visualiza el palacio de tu memoria y los diferentes espacios dentro de él que guardan información vital sobre tu vida. Esto te permite estar orientado espacial y visualmente para que puedas recordar mejor momentos de tu vida. Imagina que eres Cicerón y te han invitado a dar una charla TED. Tienes que hacerlo todo de memoria y debes usar la técnica que usaron los griegos. Entonces, ¿cómo vas a hacer eso? Creando ese palacio visual. Veamos un ejemplo a continuación.

Cierra los ojos. Imagina que estás en la puerta de tu casa. Luego, entra en ella. Ves al Cookie Monster bailando con sus amigos en tu sala de estar. Gira a la derecha, y ves a Britney Spears, semi vestida, bailando y cantando, "Hit Me Baby One More Time" en tu mesa de café. También ves a Dorothy, Toto, el Hombre de Hojalata, el León y el Espantapájaros caminando por el Camino de Ladrillos Amarillos que sale de la pared. Juntos, están cantando, "We're Off to See the Wizard." Luego, entras a la cocina donde ves a Martha Stewart cocinando su famosa cena de pavo. Puedes oler el pavo asándose en el horno. Ella está salteando el ajo y las cebollas para hacer su cazuela de verduras. Luego, vas a tu dormitorio, donde ves a Snoop Dogg, que está rapando furiosamente en tu cama. Finalmente, vuelves afuera y ves a Katy Perry, que está cantando su éxito, "Firework," con fuegos artificiales estallando de fondo.

Ahora abre los ojos. Puede que no hayas podido recordar todas esas imágenes en orden, pero puedes juntar las diferentes ideas en tu mente. Con diferentes fragmentos de información, puedes recordar distintos momentos que has pensado basándote en las diversas imágenes que estás ensamblando en tu mente, en función de tu conocimiento previo de la información presentada. Esta es una forma crucial en que funciona el entrenamiento de la memoria. Implica entrenar activamente tu mente para crear imágenes utilizando tu memoria existente y la asociación de esos pensamientos. Entonces, y solo entonces, puedes recordar la historia mejor que antes.

Recuerda utilizar imágenes

Esencialmente, lo que todo esto nos está diciendo es que podemos recordar mejor las cosas si les asociamos una imagen. Aprendemos mejor cuando podemos visualizar de qué estamos hablando. Esta es la forma principal en la que podemos avanzar en nuestras vidas porque necesitamos un medio esencial para relacionarnos con la información que recibimos cada día.

¿Cómo te va a ayudar esto en tu vida? Recordar utilizando imágenes te ayudará a recordar todo. Ya han quedado atrás los días en que olvidarías las llaves de tu coche. También puedes encontrar formas de recordar eso. Podrás recordar todo tipo de información, desde números de teléfono hasta barajas de cartas, entre otras cosas. Todo esto te ayudará a lograr un mayor éxito profesional. Serás la persona a la que todos recurran para obtener información crucial porque tu memoria te proporcionará un vasto depósito de la información vital para progresar. También serás muy respetado por todos en tu empresa o lugar de trabajo.

Si aplicas este método para entrenar tu memoria, podrás recordar muchos tipos diferentes de cosas. Revolucionarás tu vida, porque finalmente podrás recordar todas las cosas que pensabas que habías olvidado, y será un tiempo increíble. Desarrollarás habilidades para la vida que podrás usar por el resto de tu vida. Piensa en cómo quieres almacenar información crítica en tu mente que nunca quieras olvidar. Piensa en ese día de graduación para el título universitario de tu hijo o en tu boda. Estas son experiencias inolvidables que nunca quieres olvidar. Pero también quieres retener detalles clave de cada uno de estos eventos importantes para poder almacenar los tesoros en tu mente. Demasiada información se vuelve confusa en una masa en la que se pueden olvidar fácilmente las cosas. Podemos ser personas increíblemente olvidadizas. Pero si podemos aplicar los principios del desarrollo de la memoria, entonces podemos cambiar la forma en que desarrollamos nuestra memoria y entrenarnos para recordar todos los eventos importantes de la vida.

Claro, por favor proporciona el texto que deseas que traduzca al español.

Paso 2: Usa el Método Militar

Nuestros cerebros no pueden capturar completamente cada detalle de nuestras vidas. No son cámaras. Algunas personas nacen con mejores memorias que otras. Aquellos que tienen un talento extraordinario para la memoria se llaman "eidéticos", pero incluso estas personas pueden tener dificultades para recordar información necesaria porque sus cerebros no son completamente fotográficos ("Memoria eidética", n.d.). Puedes pensar: "Oh, soy tan olvidadizo, y ni siquiera puedo recordar el camino a mi casa." La buena noticia es que puedes entrenar tu cerebro para recordar los detalles de cualquier cosa. En el capítulo anterior, vimos cómo puedes preparar tu cerebro para pensar en diferentes imágenes y asociaciones de palabras. Esa es una de las mejores formas de entrenamiento general. En este capítulo, vamos a ver cómo utilizar el método militar para obtener buenos resultados.

El ejército está continuamente realizando investigaciones avanzadas y locamente impresionantes sobre diferentes cosas, incluyendo espías psíquicos, visualización objetiva y recuerdos fotográficos (Boureston, n.d.). El ejército ha entrenado a millones de soldados en cómo recordar coordenadas, mapas, etc. Entonces, ¿por qué no lo intentamos? Utilicemos algunas técnicas militares probadas para recordar algunos detalles y veamos cómo afecta nuestras habilidades.

Este método te enseñará cómo entrenar tu cerebro para tener una memoria fotográfica, pero también una buena memoria que recuerde muchos detalles útiles. Es un entrenamiento que puedes hacer en casa. Aquí están los pasos que puedes seguir para hacer eso.

Descargo de responsabilidad

Antes de entrar en cómo utilizar el método militar, es vital que te informemos que este método tomará un tiempo prolongado para desarrollarse; no sucederá de la noche a la mañana. Date al menos un mes para realizar este experimento. Debe practicarse todos los días. Si te saltas un día, puede que tengas que empezar de nuevo. Por lo tanto, es crucial que encuentres tiempo para hacer esto todos los días, así que haz un espacio para ello en tu agenda.

Pasos para implementar el Método Militar

Los siguientes pasos describen cómo entrenar con éxito tu memoria utilizando el método militar (Boureston, n.d.).

Paso 1: Encuentra una habitación oscura que no tenga ventanas y donde puedas apagar todas las luces. Necesitas estar en un lugar donde no tengas distracciones. Pero debes tener una lámpara brillante que cuelgue sobre la habitación. Un baño sería un lugar ideal para hacer esto.

Paso 2: Siéntate en una posición donde puedas encender y apagar la luz rápidamente sin tener que levantarte. Luego, encuentra una hoja de papel y corta un agujero rectangular en ella que tenga el tamaño de un párrafo en un libro.

Paso 3: Toma tu libro o el ítem que estás intentando memorizar y cúbrelo con una hoja de papel que solo te permita ver un párrafo.

Crea una distancia razonable entre tú y el libro para que cuando abras y cierres los ojos, puedas ver y concentrarte en las palabras inmediatamente.

Paso 4: Apaga las luces y permite que tus ojos se acostumbran a la oscuridad que te rodea. Luego, enciende la luz durante un nanosegundo y luego apágala nuevamente. En este punto, tendrás una imagen grabada en tu memoria del material que fue colocado frente a tus ojos.

Paso 5: Si la memoria de este texto se está desvaneciendo, entonces enciende la luz nuevamente por un nano-segundo y luego mira de nuevo el texto.

Paso 6: Sigue haciendo esto hasta que puedas recordar todas las palabras del párrafo en el orden correcto.

Si estás haciendo este paso de la manera correcta, podrás visualizar el texto en tu mente y leer todas las imágenes del texto, como si estuvieran justo frente a ti, porque tu memoria ha grabado visualmente estas imágenes en tu mente, muy parecido a una fotografía.

Practica esto una vez al día durante 15 minutos durante un mes.

Debes poder comprometerte con esta práctica una vez al día durante un mes. Intenta hacerlo durante 15 minutos al día, y podrás recordar la información de cualquier texto. Será asombroso.

A medida que entrenas tu mente, podrás visualizar diferentes fragmentos de texto y aplicar este principio a tu vida diaria. Te ayudará mucho más en tu capacidad para hacer todas las cosas de manera efectiva.

Usando el Método Militar para Ayudar con la Memoria—Ejemplo Práctico: Ron White, Dos Veces Campeón de Memoria de EE. UU.

En un video de YouTube, Ron White, dos veces campeón de memoria, explicó cómo fue entrenado por un ex Navy SEAL llamado TC Cummings para ayudarlo a alcanzar el objetivo que quería lograr (Ron White Memory Expert, 2016). Usando cinco técnicas militares diferentes, White pudo alcanzar su objetivo y ganó el campeonato, pero lo hizo a través de mucho trabajo duro y dedicación al desarrollo de su memoria.

Aunque White no era un Navy SEAL, podía aprender mucho de lo que los militares estaban haciendo en su entrenamiento, porque lo ayudaron a ganar confianza en sí mismo y en sus habilidades para hacer grandes cosas. Aquí hay algunos puntos destacados que quería enfatizar mientras entrenas tu estilo de memoria militar.

1. "Cuanto más sudas en tiempos de paz, menos sangras en tiempos de guerra."

Este fue un principio que aplicó a su vida mientras se preparaba para entrenar su memoria porque sabía que tenía que someterse a circunstancias adversas para lograr su objetivo. Cuando estás entrenando para competencias de memoria o diferentes cosas, es esencial que prepares tu memoria para la guerra, en lugar de para tiempos de paz, porque lo más probable es que tengas que someterte a experiencias traumáticas en tu vida. Nuestras vidas no son fáciles. Tenemos que enfrentar algunas realidades duras que impactan quiénes somos como personas. Por lo tanto, es crucial que encontremos formas de entrenarnos en condiciones menos que ideales porque nunca se sabe cuándo tu salud se deteriorará o cuándo te encontrarás con una situación traumática que cambie tu vida.

White ilustró este punto al decir que iba a entrenar bajo el agua en clima frío en enero con una baraja de cartas y equipo de buceo. Memorizar cartas mientras nadaba bajo el agua era una tarea difícil, pero pudo hacerlo porque estaba enfrentando los elementos, incluso cuando no era durante un "tiempo de guerra". Por lo tanto, pudo entrenar mucho mejor de lo que lo habría hecho si hubiera entrenado en condiciones normales.

2. Desarrollar una Mentalidad Positiva: Marco Mental Ganador

En segundo lugar, si quieres ser bueno memorizando algo, ya sea para un examen o una competencia de memoria, debes tener una mentalidad positiva y adoptar una mentalidad de "ganador" que pueda recordar todas las experiencias que has tenido. Piensa en la competencia del equipo de debate de la escuela secundaria que ganaste, el premio al mejor delegado en el comité de modelo de la ONU que recibiste, o otros logros que tuviste durante tu infancia y en la juventud. Y luego, anímate para que puedas lograr todas las cosas que te propusiste hacer.

It appears that there is no text provided for translation. Please provide the text you want translated to Spanish.

3. Establece Metas Pequeñas para Tu Memorización

Si quieres memorizar 20 mazos de cartas al día, hazlo. Comienza aprendiendo un texto corto un poco cada día, y verás resultados. Por ejemplo, un hombre pudo memorizar un capítulo entero de Moby Dick cada día creando un palacio de memoria y pudo hacerlo muy rápidamente con el tiempo. Pero le tomó entrenamiento y trabajo hacerlo (Vox, 2016).

Paso a paso, podrás lograr el objetivo que te propusiste. Pero tendrás que dedicar tiempo y energía porque nada sucede instantáneamente. Todo requiere una cierta dosis de paciencia y perseverancia para que funcione.

En círculos cristianos o religiosos, memorizar textos sagrados es una práctica importante. Regálate algunos extractos o versículos para recordar todos los días, y verás cuánto puedes aprender y crecer a partir de esta experiencia. Será fantástico.

4. Siempre Enfrenta la Consecuencia de No Alcanzar un Objetivo

Aunque podamos establecer metas que queremos alcanzar,

es posible que no siempre las logremos, y cada vez, debemos establecer alguna forma de consecuencia para nosotros mismos, porque eso será una parte esencial de nuestro entrenamiento. Perder es una consecuencia que puede ocurrir, pero tenemos que darnos alguna forma de pequeño castigo, como estar bajo agua fría durante dos minutos, especialmente si no nos gusta que nos tiren agua fría.

Puede ser fácil ignorarlo y no hacer nada al respecto, pero necesitamos encontrar formas de enfrentar las consecuencias de nuestras acciones porque cada paso que damos tendrá algún resultado más temprano que tarde. Por lo tanto, cuanto antes nos acostumbremos a las consecuencias de no alcanzar nuestra meta, mejor estaremos.

5. Entrena tu memoria todos los días, incluso cuando no te apetezca

El aspecto crítico del entrenamiento es hacerlo todos los días en preparación para un evento, como un gran examen o una competición. No puedes dejar de entrenar simplemente porque estés cansado o no tengas ganas. Así no es como funcionan las cosas. Debes entrenar incluso en los días en que no sientas que puedes continuar con ello. Es vital desarrollar la disciplina para hacer las cosas de manera militar porque lo harás independientemente de si te sientes bien o no. White tuvo que pasar por esto con su entrenador. Se sentía enfermo y le dijo a su entrenador, Cummings, "TC, estoy enfermo. No puedo ir a entrenar." TC le dijo que tenía que entrenar y que iba a enseñar de todos modos. Incluso estando enfermo, White tuvo que completar su entrenamiento. Simplemente porque estés enfermo o no te sientas bien no significa que puedas saltarte el entrenamiento. Como mencioné en el punto #1, tienes que "enfrentar la música", incluso cuando no te sientas preparado para algo.

En el día de la competencia, White tuvo otro obstáculo aparentemente imposible. No estaba enfermo, pero no estaba en las condiciones adecuadas para tener éxito en la competencia de memoria. Más que estar enfermo esta vez, solo había dormido 45 minutos la noche anterior, por lo que había estado despierto toda la noche. La falta de sueño puede representar un gran problema para algunas personas, y claramente, era algo con lo que White luchaba, dado que no había recibido el descanso adecuado la noche anterior. Pero aquí está la cuestión: se había entrenado para esto. Había pasado meses preparándose para este momento, y no iba a permitir que la falta de sueño lo detuviera en la consecución de sus objetivos. Por lo tanto, fue tras ello con todo lo que tenía. Y fue increíble ver el resultado final.

Paso 3: Mejorando tu dieta de memoria fotográfica

Quizás quieras zambullirte en ese gran filete con papas fritas. Pero antes de hacerlo, tienes que examinar el hecho: la dieta puede influir en nuestro bienestar mental y psicológico en general. Cuantos más alimentos poco saludables comamos, más probable es que desarrollemos enfermedades como la demencia a medida que envejecemos ("Boost your memory," 2012).

El filete que quieres morder es rico en grasas saturadas, lo que puede elevar tus niveles de grasa en sangre y darte niveles poco saludables de colesterol. Este colesterol dañino no solo se sabe que perjudica tu corazón y otros órganos vitales, sino que también puede dañar tu cerebro ("Boost your memory", 2012).

¿Cómo está conectada la memoria con la dieta?

La dieta es un aspecto esencial de lo que consumimos cada día. Hay algo de verdad en el adagio: "eres lo que comes", porque somos la suma de las cosas que consumimos día a día. Por lo tanto, es crucial que alimentemos nuestras mentes con ideas que sean útiles y beneficiosas para nuestro bienestar general. De lo contrario, terminaremos sintiéndonos débiles y cansados, lo cual no es útil para nuestra salud en general. Las cosas que necesitamos limitar en nuestra dieta incluyen el colesterol, los niveles de azúcar en sangre y la presión arterial, porque son necesarios para proteger nuestra memoria ("Boost Your Memory," 2012).

También debemos tener en cuenta la importancia de almacenar grasas saludables, que nos ayudarán a preservar la memoria. Esto incluye grasas monoinsaturadas y poliinsaturadas, que se encuentran en alimentos como el aceite de oliva, el pescado y los frutos secos. Estos alimentos también son conocidos por prevenir la demencia causada por la enfermedad de Alzheimer y el deterioro cognitivo leve (DCL), que es un tipo de pérdida de memoria que aparece justo antes de la demencia ("Boost Your Memory," 2012).

Los alimentos de la dieta mediterránea son particularmente útiles para ayudar con la memoria. Aquí hay algunos ejemplos de ellos: frutas, verduras, granos enteros y aceite de oliva. Los pescados también son buenos alimentos para la memoria. Además, un consumo moderado de alcohol puede ayudar a aumentar los niveles de colesterol HDL (lipoproteína de alta densidad) saludable y disminuir la resistencia a la insulina de una persona. La resistencia a la insulina puede llevar a la demencia ("Boost Your Memory," 2012.).

Muestra de dieta para la memoria

Desayuno

- Tostada integral con bayas frescas y almendras; o

- 8 oz. de yogur griego con bayas esparcidas sobre la superficie.

Almuerzo

•Ensalada mediterránea griega con tiras de pollo a la parrilla

• Pasta integral con hummus y tomates cherry.

Cena

•Salmón al horno con tomates y aceitunas, espinacas, pasas y peras; o

• Pechuga de pollo a la parrilla con ajo y limón, espárragos.

Aunque se ha demostrado que algunos alimentos protegen la memoria, la investigación aún no ha probado qué alimentos pueden mejorar nuestras memorias. Sabemos cómo es una dieta saludable para el corazón, pero no sabemos exactamente cómo es una dieta saludable para el cerebro. Sin embargo, los médicos están tratando de encontrar la correlación entre los alimentos para el cerebro y los alimentos saludables para el corazón ("Boost Your Memory," 2012). Seguir dietas saludables para el corazón, bajas en grasas saturadas, puede ayudar a disminuir el riesgo de diabetes y obesidad, condiciones que se han relacionado con la pérdida de memoria.

Una dieta saludable para el corazón puede ser una dieta saludable para el cerebro.

Aquí hay algunos alimentos que deberías considerar agregar a tu dieta para poder obtener el beneficio de una dieta saludable para el corazón, que también puede ayudar al desarrollo de tu cerebro.

- Frutas y verduras
- Alimentos integrales y pasta
- Frijoles y nueces
- Aceite de oliva virgen extra (AOVE)
- Cantidades limitadas de carne roja
- Consumo moderado de alcohol (cerveza o vino)

Las dietas han demostrado impactar significativamente nuestra capacidad para realizar diferentes tareas cognitivas. Por lo tanto, es crucial que encontremos formas de mejorar nuestra dieta, porque eso afectará cómo comemos, cómo vivimos nuestras vidas y cómo obtenemos la nutrición adecuada que es necesaria para llevar un estilo de vida más saludable. Ir a McDonald's cada semana puede parecer una tentación a la que muchos de nosotros nos enfrentamos, y puede que no pensemos mucho en las consecuencias de nuestras acciones. Sin embargo, es cierto que una dieta rica en grasas insaturadas poco saludables y aceites no ayudará a nuestras mentes a pensar de manera más clara o eficiente. En consecuencia, nuestro pensamiento puede verse afectado por ello. Pero cuando comemos saludablemente, todo nuestro cuerpo puede sentir la diferencia, incluido nuestro cerebro. Más sangre puede fluir hacia el cerebro, dándole más energía y sustento, lo cual es necesario para sentirnos en nuestro mejor estado. No más intentando enmascarar todo con picos de cafeína y azúcar, que pueden hacernos colapsar. Si adoptamos una dieta saludable, podremos hacerlo mucho mejor y obtener los resultados que deseamos en nuestra vida. Y nuestra memoria mejorará porque estamos cuidando de nuestros cuerpos al obtener la nutrición adecuada. Sé que es tentador simplemente agarrar una comida por conveniencia, especialmente cuando estamos muy ocupados con cosas por hacer. Pero debemos tener en cuenta que nuestras vidas dependen de un cierto nivel de autocuidado que nos permite hacer todas las cosas que queremos hacer por nosotros mismos y mantener nuestros cuerpos en excelente estado.

Los alimentos y bebidas que te recomendamos probar para una mejor memoria

Es posible que te estés preguntando: "¿qué tipo de cosas puedo comer para mejorar mi memoria y estar al día con las diversas cosas que debo hacer?" Aquí tenemos algunas ideas para ti.

Café

Muchos de nosotros dependemos de nuestro café de la mañana para pasar el día. Si eres una de estas personas, sabe que el café es muy bueno para ti. Los dos aspectos principales del café, la cafeína y los antioxidantes, son beneficiosos para tu cerebro. Además, la cafeína en el café puede ayudarnos de varias maneras, incluyendo hacernos más alerta al bloquear la adenosina, que es un químico que nos hace sentir somnolientos. Además, el café libera químicos que nos hacen sentir bien, como la serotonina. También permite a una persona concentrarse más en lo que está haciendo en ese momento. Además, si bebes café durante un largo período, reduces tu riesgo de enfermedad de Parkinson y Alzheimer (Jennings, 2017). Suena como un gran plan para tomar tu próxima taza de café, ¿verdad?

El café es una de las mejores creaciones del planeta. Beber café también ayuda a que tu sistema digestivo procese varios alimentos. Puede ayudarnos a recordar las cosas con más claridad, porque podemos concentrarnos en lo que es importante para nosotros. Por otro lado, también es importante vigilar que nuestro consumo no se descontrole. La moderación siempre es la mejor manera de seguir adelante.

Cúrcuma

La especia amarilla que se encuentra en el curry tiene muchos beneficios para el cerebro. La curcumina puede entrar en el cerebro directamente y hacer cosas buenas por nuestras células cerebrales. Tiene un fuerte antioxidante del cual los pacientes con Alzheimer pueden beneficiarse. Además, ayuda con la depresión, para que no te sientas demasiado abatido durante el día. También fomenta el crecimiento celular, lo que ayuda con la memoria en las personas mayores. Si quieres beneficiarte del uso de la curcumina, deberías añadirla a diferentes platos o preparar té de cúrcuma (Jennings, 2017).

Brócoli

¿Alguna vez has pensado que el brócoli podría ser muy bueno para ti? Bueno, lo es. Está lleno de antioxidantes. El brócoli tiene un alto contenido de vitamina K, que se ha relacionado con tener una mejor memoria. También contiene compuestos que pueden ayudar a proteger el cerebro del daño con el tiempo (Jennings, 2017).

Chocolate oscuro

El chocolate oscuro y el cacao contienen muchos compuestos, incluidos antioxidantes y cafeína, que mejoran la función de tu memoria. Contiene flavonoides, que ayudan al cerebro a aprender y memorizar diferentes piezas de información. En un estudio, los investigadores mostraron que estos compuestos pueden ayudar con el deterioro mental en las personas mayores. El chocolate también mejora nuestro estado de ánimo, porque genera sensaciones positivas. No se sabe con certeza por qué hace felices a las personas, pero quizás tenga que ver con el delicioso sabor (Jennings, 2017).

Naranjas

Las naranjas tienen mucho vitamina C, lo que ofrece muchos beneficios para la salud, incluida la prevención del deterioro mental en la vejez. Cuando comemos suficientes alimentos que contienen vitamina C, también podemos protegernos contra la enfermedad de Alzheimer. La vitamina C ayuda en la mejora de la salud general de nuestro cerebro (Jennings, 2017).

Huevos

Los huevos contienen varios nutrientes que ayudan a fortalecer nuestro cerebro, incluyendo la colina, que ayuda con la regulación del estado de ánimo y la memoria. Dos estudios han demostrado que las personas que consumen más colina tienen una memoria y un funcionamiento cognitivo mejorados (Jennings, 2017). Obtener tu dosis de colina puede lograrse simplemente comiendo la yema de huevo, que es donde se encuentra la mayor parte de los nutrientes saludables.

Té Verde

Al igual que el café, el té verde también contiene cafeína, que mejora la atención, el funcionamiento cognitivo y la memoria de las personas. Además, permite a las personas concentrarse mejor en las tareas que tienen que realizar. Uno de los compuestos que se encuentra en el té verde es la L-teanina, que te hace sentir menos ansioso y más relajado (Jennings, 2017).

Prueba dietas que incluyan más grasa y menos carbohidratos.

Hay muchos planes de dieta disponibles, y no todos son útiles, pero si quieres, puedes probar un plan de dieta que te ayudará a alcanzar tus objetivos de pérdida de peso. Por ejemplo, podrías probar la dieta Keto, que es rica en grasa y proteína pero baja en carbohidratos y azúcar. Los carbohidratos y el azúcar pueden darnos energía por períodos cortos, pero luego nos agotan de energía y nos hacen caer en una profunda somnolencia, lo que dificulta nuestra concentración. Cuanto más comemos estos alimentos, más probable es que experimentemos aumento de peso y otros efectos no deseados. Además, queremos comer alimentos que nos den energía durante todo el día y no nos hagan colapsar. Adicionalmente, cuando puedes proporcionar a tu cuerpo más grasa, puedes almacenar esa energía y hacer del ayuno intermitente parte de tu rutina.

Ayuno Intermitente

Integrar el ayuno en tu dieta es una manera de mejorar tu rendimiento cognitivo, porque podrás concentrarte más en tus estudios, y es fácil de implementar en tu estilo de vida. Si adoptas una dieta que te mantenga durante horas, te ayudará a comenzar con el ayuno intermitente, que tiene beneficios para la salud comprobados. Pruébalo. Verás que puedes desarrollar energía y resistencia al practicar el ayuno intermitente, y también puedes aumentar tu rendimiento cognitivo.

Consumo Moderado de Alcohol, Para Que Puedas Recordar Más

Se ha demostrado que el alcohol nos ayuda a olvidar los momentos difíciles y a recordar más los buenos momentos. Afecta a un gen llamado receptor D2-like, que registra la memoria y la codifica como placentera o desagradable. El alcohol puede hacernos olvidar los momentos incómodos de nuestras vidas y produce un mecanismo de recompensa que podemos experimentar cada vez que bebemos. Sin embargo, también puede hacernos propensos a olvidar las cosas con facilidad (Kekatos, 2018).

Muchas personas, especialmente los jóvenes y adultos jóvenes, son propensas a abusar del alcohol de maneras que son bastante destructivas para su salud y memoria. No solo el consumo excesivo de alcohol causa problemas para controlar el comportamiento y tener momentos difíciles en los pubs, sino que también provoca problemas en la retención de la memoria que hacen que sea cada vez más difícil recordar cosas de nuestro pasado. Puede hacer que una persona, especialmente olvidadiza, pierda su memoria. Piénsalo. Cuando una persona bebe en exceso, es poco probable que pueda recordar algo que sucedió la noche anterior, porque el efecto del alcohol causa problemas para recordar eventos. El consumo excesivo de alcohol probablemente afectará el funcionamiento cognitivo por un tiempo después de haber bebido en exceso, lo que puede dificultar el funcionamiento al día siguiente y poder realizar todas las actividades que te propusiste hacer.

Estudio de Caso

John se dio cuenta de que su dieta no estaba ayudando a su salud en general. Comía fuera todo el tiempo y no prestaba atención a las calorías que consumía. En consecuencia, sentía que estaba ganando peso todo el tiempo y no podía controlarlo. John sabía que sus hábitos eran poco saludables, pero no quería hacer nada al respecto. Entonces, un día, recibió el diagnóstico: diabetes. Se sorprendió por este descubrimiento y sintió que tenía que hacer algo al respecto. Su médico y nutricionista le dieron algunas herramientas para volver al camino correcto. Eligió una dieta constante de frutas y verduras y proteínas, que le ayudaría a mantener un peso saludable. Además, consumiría más grasas y menos carbohidratos. Después de unas pocas semanas, John notó que sus niveles de energía eran más altos. Además, pudo recordar mejor los detalles de su vida. No sentía que estaba perdiendo la cabeza. Tenía una mejor memoria, lo que le sirvió bien en su trabajo como asistente de ventas.

Claro, por favor proporciona el texto que deseas que traduzca al español.

Paso 4: Dormir por el Bien de la Memoria

El estadounidense promedio está viviendo su vida en una privación crónica de sueño. Estamos viviendo una vida en sobrecarga. Nuestras vidas están pasando realmente rápido. Estamos trabajando más duro que nunca, tomando menos días de vacaciones que antes y tratando de ganar más dinero que antes. Y todo parece ser un esfuerzo por el cual queremos volvernos más prósperos. Pero, ¿y si le dijera que el secreto para vivir una vida más feliz radica en obtener más horas de sueño y consumir menos cafeína y café que mantienen su mente y cuerpo despiertos en todo momento de la noche? En este capítulo, vamos a explorar las maneras en que dormir bien te ayudará a desarrollar una mejor memoria, una memoria fotográfica.

¿Por qué es importante un buen sueño?

Pasamos más de un tercio de nuestras vidas durmiendo. Puede que no pensemos a menudo sobre por qué dormimos, pero vemos la manifestación exterior de los beneficios de dormir. Nos sentimos más enérgicos y alertas y podemos concentrarnos mejor en las tareas que estamos realizando. Sin sueño, nuestras funciones cognitivas sufren, y rendimos menos ("Why Do We Sleep," n.d.).

Para que podamos apreciar completamente el sueño, debemos reconocer que el sueño es una función vital de nuestros cuerpos. Deberíamos considerarlo tan importante como comer. Sabemos que necesitamos comida y nutrientes para sobrevivir. No hay forma de que podamos vivir nuestras vidas sin ello. Ayuda a que crezcamos, nos desarrollemos, reparamos tejidos rotos y funcionemos bien. Es un proceso físico que requiere que ingestemos las cosas que necesitamos para seguir adelante cada día. Pero podrías estar pensando, "dormir simplemente no es tan importante como comer." Pero es una parte vital de nuestros procesos corporales.

Un buen sueño nos lleva a un lugar de restauración física y mental de todas las cosas que están perjudicando nuestros cerebros y causando que se cansen, se sobrecarguen, entre otras cosas. El sueño permite que nuestras funciones internas del cuerpo se ralenticen, mientras nuestro cuerpo descansa y se recupera de diferentes factores de estrés y situaciones que pueden causar estragos en él. En nuestro mundo moderno, ponemos tanta presión sobre nuestro cuerpo para hacer cosas que solo puede hacer bien si duerme bien por la noche. Continuamos pasando sin dormir y tratando de funcionar sin demasiado de ello, lo que causa ansiedad, depresión y otras condiciones de salud mental. También nos lleva a estar más cansados e incapaces de realizar cognitivamente las tareas que debemos hacer durante nuestro día.

Las teorías detrás del sueño

Aunque se conoce mucho sobre los beneficios inherentes del sueño para la salud, poco se ha comprendido sobre por qué dormimos, pero existen algunas teorías. Un postulado es la teoría de la inactividad, que proviene de un instinto evolutivo en el que los animales duermen para permanecer quietos en la naturaleza y protegerse de los depredadores durante el día ("Why Do We Sleep", n.d.).

Otra teoría habla de cómo las personas pueden conservar energía y reducir el consumo de energía para que pueda ser reservada para otro día. Aún otra habla de cómo nuestro cuerpo necesita restaurar ciertos aspectos de lo que se pierde durante el día. Cuando estamos despiertos, las neuronas en el cerebro pueden producir adenosina, lo que puede llevar a sentimientos de fatiga. Este sentimiento se bloquea cuando consumimos cafeína y nos mantenemos alerta. Cuando estamos despiertos, esta hormona continúa acumulándose en nuestro cerebro y permanece alta hasta que se elimina durante el sueño. Cuando dormimos, nuestros cuerpos pueden eliminar la adenosina de la mente. Esto nos permite sentirnos mucho mejor al día siguiente cuando nos despertamos a primera hora de la mañana. Nuestra mente y cuerpo se sienten renovados por los efectos del sueño ("Why Do We Sleep," n.d.).

Dormir es vital para nuestro bienestar porque no podríamos funcionar sin ello. Si dejáramos de dormir y no tuviéramos un descanso adecuado cada noche, dejaríamos de trabajar bien con el tiempo. Con el paso del tiempo, nos sentiremos más fatigados y eventualmente nos agotaremos y quemaremos. Los peores escenarios de la privación del sueño incluyen enfermedades y agotamiento. Estos requieren una recuperación continua de los períodos intensivos que causan la privación del sueño, y puede ser extremadamente perjudicial para nuestro bienestar general no obtener suficiente sueño.

¿Qué hace el sueño por la memoria?

Además de su necesidad para que nuestros cuerpos funcionen correctamente, el sueño cumple una función significativa para ayudar a nuestras memorias mientras descansamos nuestros cerebros por la noche. La investigación ha demostrado que el sueño puede ayudar a una persona a aprender y retener cosas en su memoria de manera efectiva. Cuando una persona tiene privación de sueño, no podrá aprender de manera eficiente y será propensa a olvidar cosas. Además, el sueño es responsable de la consolidación de la memoria, lo que permite a una persona aprender nueva información ("Why Do We Sleep," n.d.).

Para que la memoria de una persona funcione correctamente, deben seguirse diferentes pasos. Primero, el cerebro debe adquirir nueva información. Luego, debe consolidar los datos durante el cual la memoria puede volverse estable. Finalmente, el cerebro debe ser capaz de recordar los datos después de que han sido almacenados en el cerebro de una persona. Podemos adquirir y recordar las diferentes partes de las cosas en nuestra vigilia. Pero los estudios han demostrado que el sueño es el estado en el que ocurre la consolidación de la memoria ("Why Do We Sleep," n.d.).

Lo que debemos darnos cuenta es que nuestros recuerdos se consolidan en nosotros mientras dormimos. Siempre que estudiamos para un examen, dependemos del almacenamiento de esos recuerdos en nuestro cerebro para poder acceder fácilmente a la información cuando estamos despiertos y realizando el examen. Esto se hace principalmente de manera inconsciente sin que nos demos cuenta. Hay mucha sabiduría en obtener el descanso adecuado antes de hacer algo importante como una presentación, examen o competencia. Si no descansamos bien, no podremos desempeñarnos bien en estos eventos.

Eso no significa que sea imposible hacerlo bien si no tenemos un descanso adecuado antes del evento. Pero simplemente obstaculiza cognitivamente nuestra capacidad de hacer las cosas bien. Cualquiera puede acumular un montón de información en su cerebro la noche anterior a un gran examen y esperar obtener un buen resultado en el examen. La memoria a corto plazo es más fácil de acceder, ya que podemos recordar cosas que acabamos de ver, pero es muy probable que olvidemos por completo la información que hemos acumulado justo después del examen. Por lo tanto, el método de acumular información es muy ineficiente y no permite a las personas obtener los resultados correctos de su memoria. En cambio, fragmenta nuestro conocimiento en trozos y hace mucho más fácil olvidar.

Ejemplo de Corea: Escuelas de repaso, memorización mecánica y la ausencia de sueño

Te transportas a la moderna ciudad de Seúl, Corea. Es una hermosa ciudad y metrópoli que se asemeja a la ciudad de Nueva York. Muchas personas residen en esta área, al menos 10 millones de personas. Ve a un lugar llamado Gangnam, donde podrías ver un montón de BMWs o coches Rolls Royce pasando. Una noche aquí puede costarte 100,000 won ($100 USD) porque estás en el área lujosa de Seúl. Ahora, ve a un lugar llamado Daechi-dong en Seúl, donde hay cientos de escuelas de inglés en el área llenas de estudiantes que están estudiando para los exámenes de SAT coreano, TOEFL y TOEIC. Bienvenido a la cultura de educación en inglés de Corea, un lugar donde muchas personas están estudiando intensamente inglés, pero espera, ¿realmente están aprendiendo inglés o solo están empollando?

Si asistes a una academia de inglés (o en coreano: hagwon), encontrarás miles de estudiantes memorizando para sus exámenes y aprendiendo listas de cientos de palabras de vocabulario. Los profesores de inglés coreanos dan a sus estudiantes 50 palabras por día para estudiar. En otros días, estudian 100 palabras al día o incluso 500 palabras a la semana. Estudian duro y memorizan palabras en inglés y en coreano. Abundan las pruebas diarias de palabras, y los estudiantes están continuamente empujando e intentando meter la información en sus cabezas, pero esto no tiene mucho éxito porque sus cerebros adolescentes aún están en desarrollo y están consolidando solo un conocimiento fragmentado. La verdad es que este método es ineficiente para ayudar al desarrollo cognitivo de los adolescentes, ya que atraviesan el período de adolescencia y la adultez temprana. Los niños y adolescentes se ven marcados por un período de angustia intensa al estudiar inglés porque están utilizando un método de memorización mecánica.

Además, los estudiantes en Corea no están durmiendo lo suficiente. Están durmiendo mucho menos cada noche. Están durmiendo de 4 a 5 horas. Van a la escuela desde la madrugada hasta las 3 o 4 de la tarde. Luego, generalmente van a una academia de inglés separada de 4 pm a 10 pm y continúan estudiando hasta la 1 o 2 de la mañana, momento en el cual finalmente se van a dormir por la noche. Esta es la vida típica de un adolescente coreano, "estudiando" inglés todo el tiempo y sin dormir. Hay graves consecuencias para la salud mental de los adolescentes coreanos, ya que sufren y casi no duermen. Las repercusiones son importantes. Incluso después de estudiar tanto, cerca de 14 horas al día, los estudiantes no pueden retener la información que se les da. Olvidan todo después del examen. Después de todo el estudio, les queda poco más que un resultado de examen para mostrar por sus cientos de horas de estudio cada mes. La industria de las academias de repaso es un negocio lucrativo debido a la naturaleza explotadora tanto de los profesores como de los estudiantes.

¿Qué nos enseña Corea sobre el sueño? Las enormes cantidades de privación del sueño en Corea deberían sugerir que el sueño es crucial para el éxito académico. Sin embargo, también muestra que aunque los estudiantes están intensamente enfocados en los exámenes y pueden tener éxito al obtener el resultado de la prueba mediante el estudio interminable a todas horas, su desarrollo cognitivo se ve severamente afectado, porque están asimilando grandes cantidades de información en un corto período de tiempo. No están realmente aprendiendo la información, aunque están constantemente bombardeados con ella. En consecuencia, no pueden procesar completamente todo lo que están estudiando porque su cerebro no tiene tiempo para procesar la información que tienen visible. Pero una de las razones clave es que no están durmiendo en el proceso, por lo que sus cuerpos se están desgastando y se vuelven muy poco saludables. No tienen un cerebro adecuadamente desarrollado, lo que hace mucho más difícil para ellos aprender cualquier cosa, mucho menos inglés.

La privación del sueño tiene consecuencias graves para nuestra memoria.

Ahora, debemos ser conscientes de que la privación del sueño tendrá graves consecuencias en nuestro desarrollo de la memoria. Si nos quedamos sin dormir a diario, perderemos nuestros recuerdos, y puede ser difícil recuperar completamente esos períodos de nuestras vidas. El descanso tiene un poder restaurador que nos permite funcionar plenamente y recuperarnos de diferentes situaciones en nuestras vidas que causan pérdida de energía. Sin embargo, debemos encontrar formas de recuperar nuestro sueño porque nuestros cuerpos lo necesitan. Nuestra memoria también lo necesita, porque, para recuperar los recuerdos que están profundamente almacenados dentro de nosotros, debemos dormir y descansar nuestras mentes. Nuestros sueños demuestran mucho de lo que nuestra conciencia puede consolidar, así que cuanto más soñamos, más podemos ver que nuestros cuerpos se están restaurando y llenando nuestros recuerdos con información que puede ser almacenada por el resto de nuestras vidas.

Cómo mejorar tu memoria y permitirte recordar: ¡Duerme!

Así que, ¿cuál es nuestra recomendación sobre cómo puedes recuperar tu memoria? ¡Dormir! En serio, ahora es el momento de descansar. Si estás desvelándote, no lo hagas. Intenta irte a la cama más temprano. No te permitas consumir cafeína y permanecer despierto a cualquier hora interminablemente. Descansa tu mente y no hagas nada que requiera demasiado esfuerzo. El descanso está subestimado en esta economía. Todo parece girar en torno a la productividad y cuánto trabajo puedes producir para tu empleador. Pero debemos ser conscientes de que no podemos funcionar de esta manera. Nuestros cerebros no están diseñados para operar así. Deben tener sueño para funcionar correctamente, así que dormir lo suficiente por la noche te ayudará y mejorará tu capacidad para recordar cosas. Si continuamente dependes de la cafeína para pasar el día, omites tu dosis de sueño cada noche y solo duermes 4-5 horas, y llegas a la oficina con un galón de tu café con un extra de espresso. Pero esta no es la forma de vivir tu vida. Deberías obtener tu dosis diaria de sueño porque eso hará una gran diferencia en cómo puedes vivir una mejor vida y tener un mejor equilibrio entre trabajo y vida personal. Pero también es la clave para desbloquear tu memoria, porque, cuanto más descanses, más podrá tu cerebro consolidar y almacenar el conocimiento que recoge diariamente, lo que nos hace soñar por la noche. ¿No quieres tener más sueños por la noche? Te ayudará mucho en tu vida.

Estudio de Caso

Jane era una estudiante concienzuda, aunque no siempre sabía cómo estudiar. Su vida estaba llena de estudiar a último momento para los exámenes, y a menudo se quedaba despierta hasta las 3 a.m. para hacer su trabajo. Desafortunadamente, no sabía cómo manejar su tiempo correctamente, así que acababa teniendo muchos problemas de concentración en la escuela. Cuando llegaba a clase, estaba exhausta y no podía escuchar al profesor. Intentaba tomar notas sin pensar, pero todo lo que quería hacer era poner la cabeza sobre el escritorio y dormir. Sus maestros notaron que estaba teniendo problemas y querían ayudarla. Un maestro le dijo: "Jane, necesitas dormir un poco por la noche. Puedo notar que no estás durmiendo mucho, y eso está afectando tu capacidad para concentrarte en mi clase. Necesitas adoptar un horario de sueño normal y seguirlo religiosamente." Jane no se dio cuenta de que lo que había estado haciendo estaba afectando cómo podía hacer su tarea. Aunque Jane esforzaba por estudiar por la noche, acababa desmayándose por el estrés de todo. Comenzó a hacer lo que su maestro le dijo que hiciera, y después de uno o dos meses, pudo concentrarse en clase. Ya no se quedaba dormida en clase como solía hacerlo. Además, pudo obtener calificaciones más altas en sus exámenes, porque podía recordar lo que había estudiado la noche anterior. Eso la ayudó mucho.

Sure, please provide the text you would like me to translate into Spanish.

Paso 5: Usa Dispositivos Mnemotécnicos para Recordar Casi Cualquier Cosa

En este capítulo, discutiré cómo podemos recordar casi cualquier cosa utilizando dispositivos mnemotécnicos, que pueden facilitar una mejor memoria.

Nuestros recuerdos están destinados a ser moldeados por las asociaciones de palabras que formamos con ellos. Tenemos que desarrollar significado construyendo imágenes que estén conectadas por alguna idea. Una forma de hacerlo es a través del uso de dispositivos mnemotécnicos para recordar cosas en nuestras vidas. A menudo, no recordamos cosas porque no entendemos cómo entrenar nuestras mentes para recordar. En consecuencia, olvidamos cosas y tratamos de depender de la memorización mecánica. Pero como hemos aprendido, este método es ineficaz e infructuoso. La cosa en la que necesitamos concentrarnos es en cómo podemos aplicar conceptos de memoria a nuestras vidas y poner en práctica nuevas ideas.

Los dispositivos mnemotécnicos son algo que se ha utilizado durante mucho tiempo. Mnemotécnico proviene de la palabra griega, mnemonikos, que significa "estar atento" ("Mnemonic," n.d.). Los dispositivos mnemotécnicos permiten a una persona recordar algo mejor. Te permiten codificar algo dentro de tu memoria para que puedas recordar cosas a demanda. Los dispositivos mnemotécnicos se han utilizado desde los antiguos griegos, y permitieron a las personas tener mejores recuerdos.

Aquí hay algunos ejemplos de dispositivos mnemotécnicos:

El Método de Loci

El Método de Loci es una técnica en la que te imaginas en un lugar familiar, como tu casa o un parque. Es similar a la idea del palacio de la memoria. Luego utilizas los lugares habituales para almacenar tus recuerdos. Lees una lista de palabras o conceptos que requieren memorización y luego colocas cada una de estas palabras en las ubicaciones de tu lugar familiar. Te ayudará a memorizar casi cualquier cosa. Luego, podrás volver a repasar esta información en el futuro ("Memory and Mnemonic Devices," n.d.). Es una idea fantástica.

Acrónimos

Las personas han estado utilizando acrónimos durante mucho tiempo para recordar diferentes conceptos. Piensa en tu clase de álgebra en la secundaria, donde tenías que recordar PEMDAS para el orden de las operaciones. Luego, cada vez, pasabas por ello y decías que el orden de las operaciones en un problema matemático era: Paréntesis, Exponentes, Multiplicación, División, Adición y Sustracción. Estoy seguro de que después de esa clase de álgebra en la secundaria, nunca has olvidado cómo hacer esas operaciones. Es probable que también puedas resolver un problema aritmético simple basado en esta estrategia. A veces, puedes recordar el nombre de una persona simplemente escribiendo diferentes palabras para describir a esa persona. Por ejemplo, toma el ejemplo de una persona llamada Daniel, podrías construir significado para el nombre de esa persona simplemente escribiendo un poema acróstico sobre esa persona.

• Atrevido

• Asombroso

• Navegacional

• Inteligente

• Expresivo

• Orientado a la lengua

Cada una de estas cualidades describe a una persona específica en mente, que también es un buen amigo mío llamado Daniel. Si utilizo este mismo acrónimo, podré recordar su nombre sin ningún problema. Es mejor que la memorización mecánica y también me permite recordar aspectos de las personas de una manera que me ayuda a conocerlas mejor.

Creando una Clase de Memoria (Para Maestros)

Para los maestros, siempre hay una ansiedad constante en torno a los nombres de los estudiantes en un aula. Los maestros que trabajan en entornos multiculturales también pueden encontrar que aprender los nombres es bastante complicado y difícil de manejar. Sin embargo, ¡no te preocupes! ¡Puedes hacerlo! Recordar los nombres en un aula puede ser divertido y emocionante. Una forma es visualizar dónde está cada estudiante en el aula e identificar dónde se encuentran en la habitación. Usar un plano de asientos puede ayudar con este proceso, ya que podemos visualizar dónde están sentados los estudiantes en un aula en un momento dado. El recurso de un plano de asientos puede ayudar a las personas a recordar nombres muy rápido y puede aportar una dimensión espacial específica al aprendizaje y la memorización de los nombres de diferentes estudiantes.

En Diferentes Culturas: Usa nombres en inglés

Los profesores de inglés en Corea son conocidos por dar a sus estudiantes nombres en inglés porque no pueden pronunciar correctamente los nombres coreanos debido a lo increíblemente complicados que son. Este método es particularmente útil para los profesores de inglés que trabajan en universidades coreanas, donde normalmente enseñas entre 100 y 150 estudiantes por semana en clases y tienes muchas maneras diferentes de recordar los nombres. Esta es una de las formas de ayudar a una persona a recordar cien nombres de memoria. O mejor aún, también podrías usar un plano de asientos y emplear nombres en inglés para algunas de las clases, mientras mantienes los nombres coreanos para los otros cursos. Eso también ayuda. De cualquier manera, te permite desarrollar un fuerte sentido de comprensión sobre cómo hacer las asociaciones. Otra cosa que un profesor puede hacer es permitir que los estudiantes escriban sus acrósticos, lo que te permitirá entender los diferentes aspectos de las personalidades de los estudiantes.

Rimas

Otro dispositivo mnemotécnico que las personas pueden usar es el concepto de una rima, que ayuda a los estudiantes a memorizar largas listas. Es bien conocido que Shakespeare utilizó verso blanco y pentámetro yámbico con rima para hacer que sus líneas fueran más fáciles de recordar. Por lo tanto, citar a Shakespeare debería ser factible para la mayoría de las personas en diferentes capacidades. Hay varias formas de rimas que usamos todo el tiempo para intentar recordar cosas. Veamos varios ejemplos comunes de esto.

• En mil cuatrocientos noventa y dos, Colón navegó el océano azul.

• Todo está bien cuando termina bien.

• Cielo rojo en la mañana, advertencia del pastor.

La poesía, que está destinada a ser leída en voz alta, a menudo incluye un componente rítmico, porque el sonido de rimas finales similares permite a las personas recordar las palabras del verso de manera más clara y eficiente. Esto también hace que recitar poesía de memoria sea una forma particularmente útil de memorizar.

¿Cómo memorizas ese poema extenso? Crea una imagen de él en tu mente.

¿Alguna vez te has preguntado cómo las personas memorizan poemas largos que tienen tantas palabras? Bueno, no ocurre simplemente mirando una página durante mucho tiempo. No, recordar requiere una forma única de visualizar cómo suceden las cosas en la página. Cuando aprendes un poema de memoria, memoriza las vistas y los sonidos que emanan de la página. Abarcas los cinco sentidos y entonces puedes hacerlo bien. Una forma de hacer esto es imaginar la imagen que deseas estudiar utilizando los cinco sentidos. Por ejemplo, si estás estudiando un poema sobre la nieve, entonces puedes visualizar cómo sabe la nieve, cómo se ve, cómo huele, cómo se siente y cómo suena. Piensa en todas esas cosas y construye la imagen en tu mente.

Una vez que hayas estudiado las imágenes y las hayas hecho reales en tu mente, entonces puedes comenzar a memorizar el poema. Nuevamente, la estrategia no es la memorización de forma mecánica; en su lugar, consiste en crear la imagen, para que sea una imagen real para ti. Si no puedes visualizarla en tu mente, entonces no hay forma de que puedas recordarlo. Simplemente lo olvidarás. Desafortunadamente, así es como opera la mayoría de las personas. Miran un texto durante mucho tiempo y luego intentan reproducirlo en un examen. Pero luego, después, lo olvidan todo. Es como si la memoria nunca se hubiera formado en sus mentes, y todo es porque nunca hubo una imagen tangible en primer lugar.

Estudio de Caso

Jeremy disfrutaba de leer poesía en casa. Quería aprender a memorizar varios poemas, porque quería presentarse en el próximo concurso de poesía de la escuela. Así que trabajó con todas sus fuerzas en memorizar "El Caminante" de Alfred Noyes. Este era uno de sus poemas favoritos de la escuela secundaria y quería desafiarse a sí mismo para recordar todo el poema mientras participaba en la competencia. Pudo recordar mucho del poema simplemente al recordar los sonidos de las palabras onomatopéyicas que decía en voz alta mientras practicaba. Aquí hay un ejemplo de una sección que pudo memorizar perfectamente:

El forajido vino montando—Montando—montando—¡Los abrigos rojos miraban su carga! Ella se puso de pie, recta y quieta. (Noyes, n.d.)

Mientras memorizaba estas líneas, comenzó a visualizar todo desde esta escena y recorrió toda la poema. Luego, pudo recrear gráficamente la imagen, mientras leía el poema. Finalmente, pudo recitar todo el poema sin mirar las palabras. Durante el slam de poesía, recitó todo el poema de memoria, y recibió un aplauso atronador.

Cómo memorizar líneas para la próxima obra de teatro del pueblo

¿Alguna vez te has preguntado cómo los actores pueden memorizar líneas de manera eficiente? Recuerda a Linus en la Navidad de Charlie Brown: "¡No puedo memorizar estas líneas tan rápidamente! ¿Por qué tengo que pasar por tal agonía?!" ("Tracy Stratford," n.d.). Puede parecer inquietante en ese momento tratar de memorizar líneas para una obra o para una película, pero la realidad es que es bastante simple y fácil de hacer. Aprender líneas es algo que se puede hacer rápidamente y con fluidez, dependiendo de cómo lo hagas. Pero necesitas crear algunos mnemotécnicos para ello, y entonces estarás listo para comenzar. A menudo, los actores visualizan el papel que están a punto de encarnar, y luego lo hacen. Es realmente asombroso cómo pueden lograrlo tan bien. Ayuda que los actores realmente puedan "convertirse" en los papeles que están leyendo de un guion. Todo comienza con la lectura, pero luego, mientras actúas en el escenario o en la pantalla, creas el personaje, y eso ayuda a los actores a recordar. Es una experiencia integral, en la que todo es mnemotécnico por diseño para que los actores puedan recordar fácilmente las líneas del guion e encarnar los personajes que nacieron para interpretar.

Estudio de Caso: Jemima

Jemima era una nerd del teatro. Le encantaba montar un espectáculo para la gente. Pero su memoria estaba llena de huecos, lo que le dificultaba memorizar sus líneas en las obras. Se esforzaba, y se esforzaba, y se esforzaba, todo el día para estar en el espectáculo. Debido a que su memoria era bastante irregular, los directores no querían darle papeles críticos en una obra.

Como consecuencia, siempre recibió papeles de apoyo y a veces incluso papeles de extra. Era bastante horrible. Se sentía mal. Jemima quería mejorar su memoria, así que necesitaba entrenarse para desarrollar su memoria y poder conseguir un papel principal en una obra local. Después de un tiempo, Jemima comenzó a memorizar dispositivos mnemotécnicos, lo que le permitió recordar la información bien. Incorporó los mnemónicos en su rutina diaria para poder recordar fácilmente sus líneas de la obra. Cuando llegó a la siguiente audición, lo logró. Pudo recordar completamente todas sus líneas con total éxito. Fue un día fantástico, ya que se sintió lo suficientemente segura como para poder decir las líneas al revés gracias a sus intensos estudios la semana previa a la audición. Fue una historia fantástica.

Chunking y Organización

Otra forma en que podemos recordar información, como los números de teléfono, es agrupando y ordenando los datos en "fragmentos", lo que facilita su recuerdo. Hacemos esto todo el tiempo para poder retener nuestro número de teléfono. Decimos cosas en grupos de tres o cuatro para poder recordarlo mejor. Los diez dígitos se dividen en tres partes, lo que permite a las personas reconocer la información rápidamente. Nuestros cerebros están diseñados para recordar cosas en pequeñas porciones, no en grandes cantidades. Además, cuanto más alimentamos nuestras mentes con información en fragmentos, más probable es que podamos retener cosas en la memoria inmediata. Nuestra memoria a corto plazo está limitada a siete elementos de información, y a medida que agrupamos todo en diferentes categorías, nuestro cerebro tendrá un recuerdo más rápido y efectivo de los datos ("Memory and Mnemonic Devices," 2018).

Otra forma de recordar es usar el método de organización para clasificar toda la información en categorías individuales, lo que nos permite recordar todos los detalles. Esta es una forma particularmente útil de hacerlo. Cuando puedes categorizar los datos, entonces puedes colocarlos en diferentes lugares para que puedas hacer todas las cosas que deseas hacer con los datos. Luego, puedes dividirlo en listas que harán que te sea más fácil recordar todo.

Estudio de Caso: Jason

Jason amaba usar su imaginación. Tenía una habilidad única para hacer las cosas creativas, incluida la memorización de historias. De niño, le encantaba memorizar historias de libros como la Biblia y el Corán. Tenía una orientación espiritual y quería hacer su mejor esfuerzo para descubrir diferentes religiones. La técnica que utilizaba para ayudarle a memorizar era agrupar varios textos juntos y luego memorizar cada parte de la historia. En lugar de mirar directamente un texto durante un cierto periodo de tiempo, elegía memorizarlo en partes. Lo que hacía era tomar una historia y dividirla en secciones que podía memorizar rápidamente. Escribía una de las historias religiosas y luego cortaba el papel en pedazos y más tarde intentaba poner todo junto en orden. A medida que hacía esto usando repetición, eventualmente pudo recordar toda la historia. Fue una hazaña asombrosa de la imaginación, y todo se debió a su esfuerzo y talento.

I'm sorry, but there is no text provided for translation. Please provide the text you would like to have translated to Spanish.

Haz una canción o una danza para recordar las cosas bien.

¿Por qué no intentar hacer un jingle o una danza para recordar cosas? Podrías intentar hacer la "Danza de los

Huesos" de Hannah Montana para recordar la anatomía de tus huesos (Robinson, 2008). Es una experiencia de cuerpo completo, en la que memorizas las diferentes partes de la anatomía y luego cantas las palabras. Es bastante asombroso recordar. Mientras veía este video, pude recordar vívidamente haberlo visto cuando era más joven, y me hizo saltar el corazón de alegría porque conocía la "Danza de los Huesos." El jingle está grabado en mi memoria, aunque quizás enterrado en las cavernas del tiempo.

Hacer un jingle o una danza te brinda una experiencia cinestésica y audiovisual de la memoria que tuviste de algo. Se vuelve mucho más real porque recuerdas exactamente cómo sonaba, cómo se veía, etc. Y cuando aplicas esto a memorizar, digamos, la Tabla Periódica de los Elementos, entonces puedes recordar bien todas las cosas que necesitas. Muchas personas han estado haciendo esto durante siglos. Esta sigue siendo una forma útil de recordar cosas. Es increíble cuánto puedes recordar porque tu memoria muscular y audiovisual puede darte un recuerdo fantástico. Te hace sentir como si fueras sobrehumano.

Estudio de Caso

Henry siempre quiso mejorar en la memorización de cosas, y trató de memorizar las fórmulas de matemáticas. No era muy bueno en matemáticas, porque tenía problemas con los cálculos. Como resultado, intentó con todas sus fuerzas encontrar maneras de recordar sus tablas de multiplicar. Su madre le ayudó un poco en el camino, pero aún así luchaba por recordar cómo multiplicar y dividir números. Pero entonces, se le ocurrió una idea. Pensó: "¿por qué no invento una canción publicitaria que pueda ayudarme a recordar todas las tablas de multiplicar?" Henry tenía talento para la música y sabía mucho sobre composición, incluso a una edad muy temprana (tenía unos nueve años en ese momento). Como un pequeño Mozart, se fue a su teclado y comenzó a componer una canción publicitaria, y pudo producir una pequeña obra sorprendente que luego combinó con sus tablas de multiplicar. Después, comenzó a cantar la canción publicitaria y sintió que podía disfrutar más de su vida. Para cuando tuvo otra prueba de multiplicación en la escuela, pudo obtener un 100%. Fue una hazaña asombrosa de imaginación y su memoria fotográfica y musical.

Paso 6: Técnicas diarias: Usa los sentidos

En este capítulo, vamos a hablar sobre cómo puedes usar técnicas comunes para tener éxito en crear una imagen mental de casi cualquier cosa bajo el sol. Comencemos utilizando los cinco sentidos y vejamos cómo eso puede ayudarnos.

Cómo Hacer las Cosas Reales: Crea Imágenes Absurdas para Recordar

Uno de los aspectos críticos de aprender algo es hacer asociaciones que son extrañas y extravagantes para recordar los detalles al respecto. Piensa en algo así: bebés llorando y gritando, chapoteando por la nieve, charcos de lluvia, cubos de mantequilla. Estas son asociaciones que utilizan aliteración y los cinco sentidos para despertar tu imaginación. Cuanto más puedas usar tu imaginación, mejor estarás para recordar. Así que, necesitas pensar en formas de recordar y usar tu imaginación para comenzar.

La imaginación humana es una de las mayores maravillas del planeta, y nos proporciona la profundidad de percepción, conocimiento y comprensión de todas las cosas que nos rodean. Mientras podamos formar imágenes mentales en nuestras cabezas, no hay límites cuando se trata de producir modelos mentales que pueden ayudarnos a tener imaginaciones creativas. Hemos sido dotados con una visión que pinta el mundo con posibilidades y nos ilumina con las mejores ideas del futuro. Al mismo tiempo, nuestras imaginaciones pueden llevarnos a lugares muy lejanos, donde no queremos ir, y a áreas que son poco saludables y no necesarias. Pero la imaginación humana puede producir más ideas de las que podemos concebir, y es porque hemos creado un concepto que nos mantiene en marcha y nos permite encontrar soluciones a los problemas del mundo.

Tener una buena imaginación te ayudará con tu memoria, especialmente si quieres desarrollar una memoria fotográfica. Leer buenos libros, ver películas y otros medios te permitirán cultivar tu imaginación y convertirla en una herramienta útil que producirá buenos resultados. Ahí es donde necesitas entrenar tu imaginación para desarrollar pensamientos que puedan ser beneficiosos y productivos.

Estudio de Caso

Emily quería leer de manera más amplia. Miró a los clásicos como su fuente de inspiración. Todo el tiempo, quería dar lo mejor de sí en sus estudios. Durante un tiempo, pintó y usó su imaginación. Se dio cuenta de que necesitaba pintar las imágenes de las historias en su mente porque no podía recordar todos los pequeños detalles de las cosas que leía en las historias. Así que, usó su imaginación cada vez más, y así creó más. También recurrió a anotar sus pensamientos mientras pintaba. Como resultado, concluyó que podía recordar más detalles de las historias que estaba leyendo porque escribía todo y también pintaba imágenes de pasajes de las lecturas. Le ayudó a recordar las cosas más claramente. Fue a través de estas experiencias que pudo recordar las cosas que le venían a la mente de los diversos libros que estaba leyendo. Emily pudo entonces mejorar su memoria en general. Las cosas fueron bien a partir de ese momento.

Convierte los sonidos de los nombres que aprendemos en imágenes.

Quizás, estés aprendiendo nombres en un grupo, y te presentas a un hombre llamado Jacob, y piensas para ti mismo: "He olvidado completamente el nombre. ¿Cómo hice eso?" Luego, quizás podrías vincular a Jacob con un personaje bíblico o con una persona que ya has conocido con ese nombre. Una vez que haces estas conexiones, es más fácil recordar cosas, como en este caso, el nombre de alguien. O, tal vez te presentes a una mujer llamada Melanie. Podrías pensar en su nombre y también pensar en las palabras "melón" y "rodilla". A veces, también es útil pensar en imágenes visuales que se conecten con los nombres de las personas que intentas recordar. Por ejemplo, si conoces a un hombre llamado Charlie, puedes recordar su nombre refiriéndote a Charlie Chaplin, Charlie y la fábrica de chocolate, o Charlie Brown. Pronto, serás un profesional en asociación de memoria.

Estudio de Caso

El Sr. Park era maestro de escuela primaria. Trabajó en una escuela privada en Seúl, Corea del Sur, donde enseñaba inglés a niños de primaria durante dos horas a la semana. El Sr. Park luchaba por recordar la mayoría de los nombres de sus estudiantes. Tenía mala memoria. Pero pudo inventar algunos dispositivos, que le permitieron recordar la mayoría de los nombres que tenía en sus listas de clase. Primero, desarrolló nombres en inglés para todos sus niños para poder recordar una lista de veinte estudiantes en una clase. Luego, retuvo los nombres de algunos de ellos en coreano. Pudo recordar mucho más rápido con este método. Memorizó los nombres de diferentes estudiantes. Por ejemplo, podía recordar a los estudiantes llamados David basándose en los Davids que había enseñado antes. Pero también pensaba en algunas personas famosas que se llamaban David. También aprendió los nombres de los estudiantes con los meses del año. Pudo aprender esos nombres y aplicarlos a su memoria rápidamente. El nombre de otra niña era Ellie, así que cuando la miraba, pensaba para sí mismo: "Ellie Goulding." Fue haciendo estas asociaciones que el Sr. Park pudo aprender los nombres de todos los estudiantes en sus clases. Le ayudó mucho.

Utiliza tantos de tus sentidos como sea posible

En tus esfuerzos por memorizar, deberías utilizar tantos sentidos como sea posible, porque esto te permitirá lograr casi cualquier hazaña. Por ejemplo, si quieres memorizar el nombre de un hombre llamado Mike, puedes visualizar a Mike con un micrófono cantando una canción de karaoke por la noche. O mejor aún, podrías imaginarte a Michael Jordan haciendo una volcada en un partido de los Chicago Bulls en 1998. Esto puede crear una memoria histórica que podrás consagrar en tu banco de memoria. Si quieres recordar el nombre de una chica llamada Melanie, puedes recordar a Melanie Hamilton, esa "chiquilla buena" de "Lo que el viento se llevó," que era rival de Scarlett O'Hara y una mujer de puro corazón.

Otro ejemplo: piensa en el nombre, Harry. ¿Cómo recuerdas a un hombre llamado Harry? Piensa en Harry Potter, un mago volando a través del espacio con una varita mágica.

En cuanto a una mujer, piensa en el nombre, Eva. ¿A quién piensas cuando escuchas el nombre, Eva? ¿Quizás a Eva en el Jardín del Edén, que fue tentada por la serpiente y pecó junto a Adán? ¿O, tal vez piensas en Eva con el homónimo Yves Saint Laurent? Entonces, inmediatamente piensas en moda y pasarelas, y modelos bellos y guapos, que desfilan con la última tendencia de la moda.

Cuando se trata de números, utiliza el mismo método

Los números a menudo nos desaniman, porque pensamos: "No puedo memorizar tantos números. Mi memoria es tan mala." Pero podemos aplicar los mismos principios a los números que hacemos con los nombres. Por ejemplo, podrías pensar en 0 como un agujero de dona. O, podrías recordar 007 para James Bond o 00 para Ozzy Osbourne. Muchas personas recuerdan fechas esenciales como el 11 de septiembre para el 9/11 o el 4 de mayo, May the Fourth be With You, Día de Star Wars. Puedes usar mucha creatividad para recordarte diferentes números. No es tan complicado, así que inténtalo.

Estudio de Caso

Jericho no era bueno en matemáticas ni en números, para ese asunto. Olvidaba su número de teléfono y su código de acceso para entrar en su casa todos los días. A pesar de que almacenaba la información en su teléfono, aún así lograba olvidar toda la información. Mientras estudiaba para sus exámenes, inmediatamente olvidaba todo lo que había estudiado después porque se basaba en sus limitadas y defectuosas habilidades de memorización mecánica. Pero luego, comenzó a pensar en los patrones que podía formar con los números y las diferentes formas en que podía recordar diferentes cifras. Al principio fue difícil, pero pronto comenzó a darse cuenta de que podía asignar valores a los varios números. Por ejemplo, podía pensar en 7 como el número ideal en diferentes contextos. Jericho también podía recordar diferentes cifras con 6 porque representa el ideal griego de perfección.

Otro ejemplo es 747. Si alguna vez vio esta cifra, podría recordarla al instante, porque podría evocar la imagen de un avión 747 en su mente que volaba hacia Nueva Zelanda.

Usa tu memoria sensorial para recrear experiencias

La memoria sensorial es algo que muchos actores utilizan para recrear experiencias que han tenido en el escenario y en la pantalla. Este método se conoce como el uso de la memoria afectiva, que es cómo manipulas tu experiencia para recrear una experiencia emocional en un personaje (Timoney, 2016). Cuando los actores recuerdan sus experiencias, pueden luego demostrarlo en el personaje que crean en la pantalla. Aquí hay un ejemplo de una situación que podrías usar con la memoria afectiva:

En esta escena, se te ha pedido que recuerdes un momento en que rompiste con tu novia o novio. Dado que la experiencia está fresca en tu mente, tienes un buen desencadenante emocional que te ayudará a recordar y luego recrear la experiencia.

Tan pronto como piensas en un recuerdo específico, puedes pasar por la experiencia en tu cabeza y pensar en las vistas, sonidos y olores que experimentaste en ese momento. Por ejemplo, puedes recordar el olor del pan de ajo en el restaurante que visitaste hace unos meses, donde de repente experimentaste dolor en el estómago. El recuerdo doloroso te permite recordar esa experiencia. Más tarde, cuando te pidan que interpretes una escena, simplemente puedes volver a pensar en el olor del pan de ajo, y entonces todas las sensaciones harán que el recuerdo regrese a ti.

Aunque podamos no ser conscientes de ello, cada recuerdo que tenemos utiliza uno de los cinco sentidos. Cuando recordamos un evento, a menudo solo recordamos la vista y el sonido. Pero, si involucramos todos los sentidos, entonces podemos recordar vívidamente cada aspecto de la experiencia.

Estudio de Caso

Estás invitada a recordar un momento en el que estabas en una relación a distancia con alguien. Habías estado saliendo durante mucho tiempo. De vez en cuando te encontrabas con tu pareja en la ciudad natal del otro. Digamos que tu nombre es Kelsey y el nombre de tu novio es Taylor. Te encuentras con Taylor en su casa en Tulsa, Oklahoma. Vuelas desde California para reunirte con él. Taylor está preparado para cenar contigo y se está preparando para sacar un anillo de compromiso que no esperabas. No sentías tan fuerte por Taylor y no querías herir sus sentimientos, así que simplemente te quedaste con el anillo, así que tampoco le dijiste "sí". En cambio, le dijiste: "Déjame pensarlo primero".

El momento se ha capturado perfectamente en tu mente. Recuerdas el restaurante, el vino tinto, el pan, la ensalada con vinagreta balsámica y el pollo parmesano, que sabía exquisito. Luego, abordaste un avión con destino a San Francisco, y pensaste para ti misma: "Dios, no tengo idea de qué decir. Siento que soy una persona terrible. ¿Por qué me hice esto a mí misma? Pensé que amaba a Taylor, pero siento este lugar frío en mi corazón que no puedo explicar. Simplemente no puedo casarme con él. No es posible". Te pusiste muy emocional en el vuelo de regreso, recordando cada momento de esa cena con él y la imagen de tu novio dándote el anillo se repetía continuamente en tu mente. Cuando llegaste a California, lo llamaste y le dijiste: "Terminamos. Lo siento, Taylor. No te lo dije antes, pero no podemos seguir así. No quiero herirte, pero no puedo casarme contigo. No eres la persona adecuada para mí." Lloraste durante aproximadamente una semana después de eso, recordando constantemente ese momento con tu ahora exnovio.

Esta memoria fue gráfica, porque recordabas todos los paisajes, olores y sabores de la experiencia. Te resultaba fácil volver continuamente a la memoria, porque fue un momento auténtico. Te sentías un poco traumatizada por ello, porque no podías creer lo que estaba sucediendo. La propuesta de tu exnovio fue tan abrumadora que se incrustó permanentemente en tu memoria. No volverás a ser la misma persona. A través de tus cinco sentidos, puedes recordar exactamente lo que había sucedido ese día y puedes regresar a esta memoria en cualquier momento.

Por qué funciona la memoria sensorial

Podemos recrear una emoción utilizando nuestra experiencia pasada y luego expresarla de una manera auténtica. Cuando utilizamos los cinco sentidos, podemos darnos la imagen completa de la experiencia. También puede ayudarnos a acceder a un objeto de liberación emocional. Este podría ser el sonido de un reloj, el olor de los cigarrillos en una casa, o la vista de un atardecer. Para cada recuerdo, hay un objeto sensorial subconsciente que desbloquea todas las otras partes del recuerdo. Una vez que has accedido al objeto sensorial, todos los detalles de ese momento fluyen de nuevo a tu mente.

La memoria sensorial nos permite recordar experiencias pasadas, pero también puede ser traumática, porque si nos perdemos demasiado en el recuerdo, entonces nos perdemos en él. Si el recuerdo toma el control en nuestras mentes, podría ser mejor confiar en un recurso menos potente, nuestra imaginación.

Tan pronto como hayas pasado por los cinco sentidos y encontrado algo con lo que conectar emocionalmente en tu memoria, entonces tu recuerdo del momento particular volverá a ti fácilmente y sin mucha vacilación.

Cómo usar tu memoria sensorial

A medida que entrenas tu memoria para recordar experiencias, piénsalo como un ejercicio que te permite liberar una emoción siempre que lo desees. Puede ayudarte a pensar como un actor y expresar los sentimientos, porque sabes cómo acceder a tu objeto de liberación emocional. Ahora hagamos algunos ejercicios para ayudarte a hacer eso.

Siéntate en una silla sin brazos e intenta tensar tu cuerpo y luego relajarla, para que parezcas un cadáver tendido en la silla. Si sientes algún estrés, entonces intenta gritar en voz alta.

En el momento en que te sientas relajado, piensa en el recuerdo que elegiste. Pasa por cada sentido, uno a la vez. Continúa revisando el recuerdo y trata de encontrar la emoción que sentiste. Tómate tu tiempo, porque puede ser un proceso largo. Una vez que hayas descubierto la emoción, permítele que te invada para que puedas recordar cada parte de la reacción emocional.

Para entrenarte, es importante que integres la práctica regular a lo largo de tu día. Intenta hacerlo todos los días. Cuando hayas dominado tu memoria sensorial, podrás evocar cualquier emoción en cualquier momento. Entonces, podrás deshacerte de la incomodidad de crear drama en la vida cotidiana, o si eres un actor, para una audición. Si puedes empatizar con los demás, entonces probablemente serás un buen candidato para obtener roles de alto perfil y hacer crecer tu red.

Por qué esta técnica es para actores y para todos

Esta técnica es útil para los actores, porque les permite producir respuestas emocionales a voluntad, siempre que estén en una grabación o proyección. Sin embargo, puede que te estés preguntando: "¿cómo es útil esta información para mí si no soy un actor?" Utilizar la memoria sensorial y afectiva te ayudará a relacionarte con las emociones de los demás. Siempre que puedas recordar los recuerdos del pasado, te conviertes en un mejor empático, que puede identificarse con las luchas de las personas que están pasando por tiempos difíciles. Por ejemplo, cuando ves que un amigo está atravesando la pérdida de un abuelo, puedes recordar el momento en que perdiste a tu abuelo y cómo se sintió tener a tu madre llorando sobre tu hombro durante ese tiempo. Es un recuerdo vívido que no se olvida, pero te permite ponerte en el lugar de otra persona, que está pasando por una experiencia similar.

En una nota más positiva, utilizar la memoria sensorial y afectiva te ayuda a sentir las emociones de alguien que está experimentando una victoria en su vida. Siempre que escuches sobre uno de tus amigos que se ha graduado summa cum laude de su universidad, puedes recordar el día en que recibiste un premio de calificaciones perfectas en la escuela, y eso te hizo sentir increíble. Cuando has visto la victoria en tu vida, entonces también puedes celebrar los éxitos de los demás. Te ayuda a relacionarte con los demás.

Paso 7: Usa técnicas que aumenten la actividad cognitiva y refuercen tu memoria

En este capítulo, vamos a explorar las técnicas que puedes utilizar para desarrollar el poder de tu cerebro para retener información esencial. Explicaremos los métodos que se utilizan para aumentar la actividad cognitiva. Permite que tu mente absorba esta información vital que te ayudará en tu vida.

1. Actividad Física: Hacer Ejercicio

En diciembre de 2013, investigadores de la Escuela de Medicina de la Universidad de Boston descubrieron que la actividad física proporciona beneficios para la salud del cerebro y la cognición. El estudio de 2013 encontró que las hormonas que se liberan durante el ejercicio pueden ayudar a mejorar la memoria de una persona. Los investigadores encontraron similitudes entre los niveles de hormonas y el nivel de acondicionamiento aeróbico de una persona, lo cual estaba relacionado con el nivel de condición física general de una persona. En octubre de 2013, investigadores de la Escuela de Medicina de Harvard llevaron a cabo un estudio que vinculaba el ejercicio con la actividad cerebral general. El ejercicio te permitirá hacer cosas asombrosas y obtener los resultados deseados para tu mente. El ejercicio puede aumentar tu cognición general, lo que ayuda en la memoria general y la retención de información. Esto también ha sido demostrado en los niños en sus habilidades en la escuela. El ejercicio aumentará significativamente la capacidad de una persona para pensar de manera clara y razonable (Bergland, 2014).

Puede que estés pensando: "¿por qué debería ir al gimnasio? ¿Qué va a hacer eso por mi memoria?" Bueno, escúchame en esto: el ejercicio va a mejorar tu memoria de diferentes maneras. Por un lado, es una actividad cinética que activa la memoria muscular y otras cosas que te permiten recordar varios aspectos de tu vida. Cuantas más actividades realices, más debe involucrarse tu cerebro en el ejercicio. Además, el ejercicio es útil tanto para la mente como para el cuerpo, porque estás realizando un entrenamiento de cuerpo completo. Y cuanto más ejercites, mejores resultados verás en esta área.

Pero la cuestión es que no deberías limitarte a ir al gimnasio como la única opción que puedes hacer. La verdad es que hay tantas opciones disponibles para ti, en cuanto a qué tipo de ejercicio puedes hacer. Puedes caminar por la calle y obtener tu entrenamiento del día. Mejor aún, usa tu teléfono como podómetro y ve cuánto puedes caminar cada día. Un día promedio puede ser de alrededor de 10,000 pasos, y una vez que hayas alcanzado ese umbral, lo estás haciendo bien. Pero cómo uses esos pasos depende de ti. Sin embargo, si puedes hacer un esfuerzo para dar al menos 10,000 pasos al día, entonces estás listo. Verás resultados, independientemente de si eliges correr, caminar o hacer algún otro ejercicio aeróbico. De cualquier manera que lo hagas, puedes beneficiarte de la actividad extra. Nuestros cuerpos pueden transportarnos a numerosos lugares, así que deberíamos usarlos para llegar a esos lugares. No corras solo para llegar a tu coche y hagas de ese tu transportador habitual. Usa tus piernas y pies; fuiste hecho para moverte, ¡así que hazlo!

Estudio de Caso

La mayoría de los días, Tim era un teleadicto. Prefería pasar su tiempo jugando World of Warcraft en su computadora, y no podía dormir por la noche porque se quedaba despierto hasta las 4 am en su dispositivo. Era un poco adicto para decir lo menos. Además, estaba convirtiéndose en el Joe irresponsable en su casa, porque vivía con sus padres. Ya se había graduado de la universidad y tenía que pagar sus préstamos estudiantiles. Pero estaba desempleado. No podía conseguir un trabajo en su campo de comunicaciones masivas, aunque había estudiado duro por ello. Tenía $30,000 en deudas de préstamos estudiantiles que estaba reembolsando lentamente en el plan mínimo, pero sentía que su vida estaba estancada. El peso de Tim también estaba aumentando cada día. Se había vuelto obeso, y visitaba frecuentemente al médico. El médico le dijo: "Tim, necesitas controlar tu dieta. Tienes 28 años. También quiero que hagas algo de ejercicio. ¡Entrena! Eso es lo que necesitas hacer." Sintiéndose golpeado por estas palabras, Tim se dio cuenta de que tenía que mejorar tan pronto como pudiera. Necesitaba hacer algunos cambios en su vida rápidamente porque se estaba volviendo obeso, y se sentía realmente mal consigo mismo. Su autoestima había tocado fondo. Pensó para sí mismo: "¿Qué estoy haciendo con mi vida? Ojalá pudiera salir de esto."

Un día, Tim fue al gimnasio. Era su primera vez en más de seis años en un gimnasio. Conoció a algunos otros hombres, que estaban luchando con su peso, que estaban entrenando duro y lo estaban animando. Tim dijo: "Estoy buscando perder algunos kilos porque estoy sobrepeso. ¿Conocen alguna manera de hacerlo?" Jason, que trabajaba en el gimnasio, le dijo: "Claro, hermano. Puedes hacerlo aquí. Te podemos dar un plan para que puedas estar en el camino correcto. ¿Quieres inscribirte hoy?" Aceptó hacerlo, y en seis meses, pudo alcanzar un peso saludable. Tim perdió 20 libras, y se sintió genial con su cuerpo. Al final, pudo bajar de peso y se sintió mejor.

Claro, por favor proporcióname el texto que deseas traducir al español.

2. Sé abierto a nuevas experiencias

Un estudio de octubre de 2013 descubrió que aprender habilidades nuevas y exigentes es una forma esencial de aumentar la memoria (Bergland, 2014). Actividades menos exigentes mentalmente, como escuchar música clásica o hacer búsquedas de palabras y crucigramas, no proporcionarán los beneficios importantes que necesitas. Lo que necesitas para mejorar tu memoria y función cognitiva en general es estar abierto a nuevas experiencias. Cuando haces cosas que están fuera de tu zona de confort, puedes hacer todas las cosas que te propongas, y es increíble. Salir de tu pequeña caja, donde podrías sentirte muy cómodo, es un paso esencial para el crecimiento y la madurez, no solo en términos de tu vida personal, sino también para tu vida mental. Necesitamos experimentar desafíos; es la única manera en que podemos avanzar.

Desafiar a tu cerebro es una de las cosas más importantes que puedes hacer por ti mismo. Necesitas darle a tu cerebro maneras de pensar más profundamente sobre ciertas cosas.

Cambiar tu rutina y tomar una ruta diferente a casa es una forma en la que puedes desafiar a tu mente a pensar de manera diferente. El cambio es algo que tu cerebro necesita para rehacer cómo puedes hacer ciertas cosas. Como criaturas de hábito, a menudo queremos hacer las cosas de la misma manera a la que estamos acostumbrados. Ya sea que nos demos cuenta o no, siempre estamos haciendo esto. Podríamos estar haciéndolo sin pensar en la carrera de ratas de la vida, solo notando un pequeño detalle cuando levantamos la vista de nuestro teléfono en el metro o en el auto.

El cambio ayudará a desarrollar más tu cerebro. ¿Has estado sentado en el mismo trabajo durante años? ¿No quieres cambiar un poco las cosas? ¿Te sientes demasiado cómodo con lo que haces? Entonces, deberías abrir tu mente para recibir nuevas experiencias. Esto ayudará mucho a impulsar tu cognición general y tu capacidad para pensar y razonar bien. Cambiar de trabajo o de ciudad será útil para llevarte a donde quieres estar, no solo porque quieras estar en una posición diferente, sino también porque deseas tener una mentalidad diferente, y esto solo se puede lograr a través de cambios en tu vida que marquen una diferencia en cómo haces las cosas. Tu cerebro pensará más claramente, y podrás encontrar soluciones a nuevos problemas que podrías tener que enfrentar en el camino. Al usar tus habilidades de creatividad, realmente puedes encontrar maneras que abrirán tu mente a nuevas posibilidades.

Estudio de Caso

Victoria estaba viviendo una vida normal como millennial. Se graduó de la universidad en 2011 con un título en enfermería. Después, pasó tres años en la industria de la salud, pero encontró que era agotadora, consumidora de vida y súper estresante, así que sintió que necesitaba salir de eso. Descubrió que su vida estaba estancada y era difícil funcionar. Déjame añadir, Victoria había vivido en la misma ciudad toda su vida, así que no tenía experiencias de otros lugares porque no se había mudado a otras ubicaciones ni había viajado mucho. Por lo tanto, se sentía estancada. Victoria tenía todos sus amigos; su vida social estaba prosperando. Y tenía una gran comunidad con su trabajo de enseñanza de ESL que hacía por su cuenta. Aparte de eso, las cosas eran bastante cómodas. Un día, Victoria se dijo a sí misma: "Sabes qué, necesito hacer algo audaz y aventurero. No sé qué estoy haciendo con mi vida. ¡Necesito salir y experimentar el mundo!" Así que, Victoria buscó en línea diferentes programas donde pudiera enseñar inglés en China. Nunca había estado en China y no hablaba el idioma, pero sabía en su corazón: "¡Tengo que ir!" Además, se inscribió en el tablón de empleos de ESL y realizó una docena de entrevistas para el puesto adecuado. Consiguió un puesto en una universidad en Shanghái para iniciar en el semestre de otoño.

En agosto, ella subió a un avión y voló a China. Era un nuevo mundo de experiencias para ella. Sentía que estaba saliendo de su zona de confort. Estaba haciendo una gran diferencia en su vida en general. Su memoria y cognición se habían mejorado, porque estaba asimilando todos los paisajes, sonidos, olores y sabores de un nuevo lugar. Era abrumadoramente hermoso y aterrador al mismo tiempo. Pero Victoria sabía que valía la pena tomar este riesgo y aventurarse a enseñar inglés donde no conocía el idioma. Victoria luchó un poco al principio. Se sentía nostálgica y no podía hablar el idioma con nadie. Ella era la única que podía hablar inglés en su comunidad. Pero se sentía revitalizada por la abundancia de nuevas experiencias, que estaban creando un recuerdo visual que llevaría con ella por el resto de su vida.

3. Utiliza Tus Habilidades Artísticas y Creativas

A continuación, necesitas utilizar tus habilidades artísticas y creativas que ayudarán a tu cognición y memoria en general. A menudo, recordamos una canción o pieza musical y podemos evocar instantáneamente cómo era. Bueno, nuestra habilidad musical puede mejorar nuestra memoria, así como porque podemos hacer las cosas que nos permitirán tener una cognición mejor y más eficiente. Piénsalo. Muchas personas están tocando instrumentos musicales en estos días, y ayuda mucho a pensar con claridad sobre otras cosas en la vida. La formación musical mejora nuestra cognición general de maneras profundas porque permitirá que nuestras mentes se expandan y crezcan.

Tocar un instrumento musical influye en cómo el cerebro puede interpretar y recibir diversas informaciones sensoriales, especialmente en los niños que tienen menos de siete años. En un estudio de 2013, los neurocientíficos demostraron cómo el entrenamiento musical promueve el desarrollo y el crecimiento del cerebro en los jóvenes (Bergland, 2014).

Estudio de Caso

A Jamie le encantaba la música clásica. La había estudiado desde que era un niño pequeño. Jamie conocía a todos los compositores famosos y podía citar la música clásica que escuchaba en un café determinado. Era un joven increíblemente talentoso, pero durante su infancia, tuvo dificultades con el desarrollo de la memoria. Había desarrollado epilepsia desde una edad temprana y tenía crisis que lo hacían temblar incontrolablemente. Se sometió a una resonancia magnética cuando tenía alrededor de nueve años, y fue en ese momento que los médicos determinaron que sufría de epilepsia y rápidamente encontraron una cura para ello: el tratamiento musical.

Además, Jamie comenzó a tomar lecciones de violín a la edad de 9 años, lo que él pensaba que mejoraría su memoria. Tomó clases de violín con su profesora, la Dra. Emily Carter, quien le ayudó a desarrollar coraje y resistencia para ser un mejor violinista. Con el tiempo, Jamie aprendió el método Suzuki, que te permite estudiar piezas musicales y memorizar cada movimiento de los libros 1-6.

Debido a que Jamie tocaba el violín, su memoria muscular se mejoró. El violín es una actividad kinestésica agradable que implica movimiento, cognición y emoción al mismo tiempo. Es una forma fantástica de ejercicio. Practicó una y otra vez hasta que pudo tocar los pasajes en los que había trabajado. Eventualmente, Jamie estaba tocando piezas musicales en recitales de memoria, porque había trabajado tan duro, pero también, el violín le estaba permitiendo recordar todas las cosas que había aprendido. Tocar el violín creó recuerdos que lo seguirán por el resto de su vida. Y hasta el día de hoy, todavía puede visualizar y recordar las piezas que aprendió, porque todas estaban almacenadas en su banco de memoria a largo plazo permanente.

4. Conexiones Sociales

Un estudio de febrero de 2014 encontró que hay consecuencias en sentirse solo por un tiempo (Bergland, 2014). La soledad puede llevar al declive psicológico y cognitivo, lo que puede causar muchos problemas de salud diferentes. Por lo tanto, es crucial que encuentres formas de conectarte con otras personas. Esto mejorará tu salud mental general y tu salud cognitiva. Sentirse aislado de los demás puede llevar a una serie de problemas, incluyendo interrupción del sueño, presión arterial alta, estrés y depresión. En general, si te sientes solo, entonces es probable que no estés disfrutando de tu vida y es mejor que salgas de ese estado tan pronto como puedas. Estar solo puede tener algunos de los efectos adversos que fumar o beber pueden tener en tu cuerpo. No estamos destinados a vivir en aislamiento unos de otros. En cambio, estamos destinados a formar conexiones duraderas con los demás. Por lo tanto, es crucial que encontremos formas de relacionarnos con otros y construir relaciones duraderas que pueden ser un antídoto para nuestra soledad.

Las conexiones sociales son buenas para nuestro cerebro porque pensamos mucho cuando hablamos con otras personas. Formamos relaciones duraderas con las personas porque hay un aspecto visual en ello, lo que influye en cómo nos sentimos, pensamos y reaccionamos en diferentes situaciones. A medida que seguimos hablando con las personas y pasamos tiempo con ellas, mejoramos nuestras memorias en general, porque podemos disfrutar de los momentos que tenemos con ellas, y podemos recordar los buenos momentos y olvidar los malos momentos.

Estudio de caso: Frank

Frank era un introvertido empedernido. De adolescente, nunca hablaba con otros chicos. Prefería pasar tiempo solo en lugar de entablar relaciones significativas con sus compañeros. Era dolorosamente tímido. No quería admitir su debilidad, porque tenía un orgullo secreto en sus habilidades. Pero lo que Frank no se daba cuenta era cuán profundamente deprimido estaba. No tenía amigos y se sentía muy solo. La gente notaba que no estaba comiendo y solo bebía agua día tras día. También estaba evitando cualquier interacción social. Entonces, un día, Peter se acercó a Frank y le preguntó: "¡Hey, Frank! ¿Cómo estás? ¿Quieres juntarte y cenar y luego ir a ver una película?" Frank estaba muy nervioso cuando respondió: "Siii... hmm... claro, no hay problema. Me encantaría." A partir de ese momento, Frank comenzó una amistad con Peter. Pasaban tiempo juntos cada fin de semana. Frank aún luchaba con la soledad a veces, porque pensaba que no podía relacionarse con sus compañeros. Pero a medida que crecía en su amistad con Peter, se volvía más confiado. Muy pronto, podía hablar con sus compañeros e invitarlos a su casa, donde les cocinaba la cena. Su primera cena fue el proceso de madurez para Frank, ya que finalmente entró en la esfera de la vida social, y también se benefició enormemente de ese tiempo.

A lo largo de este tiempo, Frank vio una mejora notable en sus calificaciones. Comenzó a estudiar con sus compañeros. Formaron un grupo de estudio y iban a la biblioteca los miércoles por la noche a estudiar. Debido a esto, Frank pasaba mucho tiempo con sus amigos. Juntos, memorizaron todas las fórmulas de química para su examen de química. ¡Fue un gran trabajo en equipo! Se divirtieron tanto juntos; fue increíble. Y luego, llegó el momento de los exámenes finales. Juntos, todos se prepararon y estudiaron muy duro. Frank logró un 95 en el examen (lo que significa una A). Estaba tan feliz, porque había memorizado todas las fórmulas de química, y lo había hecho con la ayuda de sus amigos.

5. Mindfulness y Meditación

En un estudio de 2013 en el hospital Beth Israel de Harvard, los investigadores pudieron descubrir que los cambios cerebrales que acompañan a la meditación y la reducción del estrés juegan un papel esencial en la prevención de trastornos como la enfermedad de Alzheimer y la demencia más adelante en la vida (Bergland, 2014). La atención plena puede ayudarte a combatir todas estas cosas porque ayuda a que tu memoria se desarrolle más con el tiempo.

La atención plena es una práctica en la que puedes concentrarte en la meditación y permitirte mantenerte sereno en el momento presente durante un tiempo determinado. Con la meditación, descansas en la circunstancia actual, sabiendo que eres consciente de tu entorno. Es una forma de relajarte y salir del ajetreo de la vida cotidiana. Practicar la atención plena es una de las maneras más importantes en las que puedes mejorar tu memoria, ya que puedes recordar mucho más cuando no estás estresado o lleno de ansiedad.

A medida que te liberas de tu estrés, puedes experimentar una mayor libertad y autonomía para hacer lo que te gusta. Entonces, no tienes que pensar tanto en tu futuro. Estás tan enfocado en el aquí y ahora que puedes concentrarte mucho mejor, y no te sientes agobiado por el peso de las cosas en tu vida. Es vital que encuentres maneras de practicar la atención plena todos los días para que puedas alcanzar tus metas de vida y decir que no al estrés.

Ha habido una conexión entre el estrés y los trastornos mentales crónicos y el deterioro, así que si podemos evitar más de eso, mejor nos sentiremos y estaremos. Es crucial que encontremos formas de reducir nuestro estrés. Aunque es una realidad siempre presente que debemos enfrentar, tenemos que mantener la guardia o de lo contrario caeremos en la ansiedad y la desesperación, lo que puede causar un deterioro mental crónico que puede afectarnos durante el resto de nuestra vida. Por lo tanto, si deseas mejorar tu memoria y prevenir el deterioro mental más adelante en la vida, es mejor que combatas el estrés ahora, en este momento de tu vida.

Estudio de Caso

Kelly estaba crónicamente estresada. Siempre olvidaba sus llaves y a veces sus citas. Su agenda era tan ocupada que se volvía cada vez más olvidadiza. Kelly estaba muriendo bajo la ola de estrés que infectaba todo su ser. No sabía qué hacer consigo misma. Cuando llegaba al trabajo, a menudo experimentaba sudoración y jadeo (con falta de aliento). También estaba fuera de forma y tenía sobrepeso. Además, estaba lidiando con sentimientos de baja autoestima. Debido a que Kelly estaba luchando con su peso, también estaba experimentando episodios depresivos. No sabía qué hacer con su problema de memoria debido a sus frecuentes lapsos. Además, fue a ver a su médico para ver qué podía hacer para ayudarla. Él le recomendó que fuera a ver a un terapeuta que pudiera ocuparse de su situación. Entonces, fue a ver al Dr. Fitzgerald, quien era un consejero. El consejero recomendó de inmediato que hiciera meditación guiada todos los días para aumentar su memoria y para hacerla menos estresada. Kelly comenzó a meditar una hora todos los días. Fue asombroso. Podía sentir los resultados en su mente de inmediato. Practicaba en su habitación todos los días, y podía ver que las cosas mejoraban. Cada día, se volvía más y más optimista, viendo la luz del día elevarse de la oscuridad. Fue increíble. Luego, bastante pronto, Kelly comenzó a practicar ejercicios mentales que fueron recomendados por su médico para aumentar su memoria fotográfica. Poco después, nunca olvidaba sus citas. Siempre recordaba dónde había puesto sus llaves. Muy pronto, ya no era la olvidadiza Kelly y se convirtió en la Kelly consciente, que estaba continuamente alerta a sus circunstancias presentes. En el trabajo, empezó a sentirse menos estresada y más tranquila. A veces se sentía presionada, pero aún pensaba que era capaz de manejar cualquier cosa que se le presentara porque creció en confianza y fortaleza. Fue un gran testimonio de su sanación.

6. Disminuir la Ansiedad y el Estrés

Finalmente, una de las cosas más importantes que puedes hacer por ti mismo para aumentar tu memoria es reducir el estrés que hay en tu vida. Nuestro estrés afecta nuestra capacidad de funcionar y hacer las cosas de manera efectiva. Cuanto más estresados estamos, más propensos somos a enfermarnos y a sentirnos generalmente mal. Ahora bien, está claro que no puedes deshacerte de la mayoría del estrés en tu vida. Continuamente tenemos que luchar contra él en nuestras vidas. Pero lo que podemos hacer es decir "no" a las situaciones estresantes que nos están perjudicando y que nos hacen sentir miserables. Necesitamos encontrar maneras de deshacernos de la ansiedad general que permea nuestra sociedad moderna actual. Demasiado de nuestro mundo está gobernado por el caos y el desorden. El miedo al otro, que se usa en la filosofía moderna, nos hace pensar como Sartre en que "el infierno son los otros", por lo tanto, queremos volvernos reclusos y esconder nuestras cuevas.

Sin embargo, lo que debemos hacer es liberarnos del estrés innecesario que pesa sobre nuestras vidas. Nuestras vidas están dominadas por la ocupación de tal manera que no podemos hacer todas las cosas que queremos hacer. Llenamos nuestros horarios hasta el borde con actividades, eventos, trabajo, entre muchas otras cosas. Es una pena que siempre estemos experimentando el dolor y la ansiedad de nuestra vida; sin embargo, no es suficiente seguir pasándolo. Así que sufrimos y sufrimos un poco más.

Lo que me gustaría recomendar a todos los que quieren mejorar su memoria fotográfica es que se detengan. ¡Deténganse! ¡Espera un momento! No vayas más lejos. Nuestra sociedad nos exige "¡ve! ¡ve! ¡ve!" Pero quiero que te detengas y mantengas ese pensamiento y tomes una respiración profunda. Mantén el aire y luego exhala. Permítete desestresarte y desintoxicarte. Es vital para tu bienestar general. Tienes que ser amable contigo mismo y tratar de hacer cosas que te traigan mayor felicidad. Sé amable contigo mismo y permítete llenarte de alegría.

A medida que reduzcas el estrés, te darás cuenta de que estás tomando control de la situación actual y podrás respirar más fácilmente. No estarás agobiado por las dificultades y desafíos de tu vida. En cambio, estarás motivado y empoderado para hacer grandes cosas. Y tu memoria se volverá más precisa que nunca porque no tendrás todo ese estrés nublando tu juicio. Finalmente, descubrirás que reducir el estrés será el mejor paso para ti en tu lucha por salvar tu memoria del declive y la disfunción cognitiva.

Estudio de Caso

María tenía ataques de pánico con frecuencia. Se sentaba en el borde todos los días. Como resultado, estaba esperando que algo malo le sucediera. Vivía con miedo a cometer errores la mayoría de los días. Y, efectivamente, comenzó a cometer un montón de errores en su trabajo, porque estaba consumiendo mucha cafeína y no dormía lo suficiente por la noche. Su trabajo le estaba causando una gran cantidad de ansiedad. En consecuencia, no podía recordar la mayoría de las cosas en su agenda. Su memoria a corto plazo experimentaba lapsos, por lo que no podía usar nada excepto su memoria de trabajo, que expiraba todos los días. Afortunadamente, María estaba trabajando en proyectos paralelos que pensaba podrían hacer que todo funcionara para ella. Pero pronto se dio cuenta de que su trabajo la estaba matando. Le estaba causando tanto estrés y ansiedad. También no le gustaban sus compañeros de trabajo. Eran negativos y le causaban mucho dolor.

Un día, Maria tuvo una epifanía. Se dio cuenta de algo y se dijo a sí misma: "¿Qué estoy haciendo con mi vida? Parece que todo se está desmoronando. No puedo seguir haciendo esto en mi trabajo. Necesito seguir mi sueño, abrir mi propio negocio. Eso es lo que quería hacer antes. Ya he ahorrado suficiente dinero. ¿Por qué no dejo mi trabajo y empiezo mi negocio? Me ayudará muchísimo. Me sentiré mucho mejor y quitaré ese estrés de mi espalda." Eso fue exactamente lo que hizo Maria. Dejó su trabajo y abrió su propio negocio. Fue una de las experiencias más aterradoras e inolvidables de su vida, pero Maria sabía que iba a disminuir su nivel de estrés, así que no tendría que preocuparse por los demás y sus opiniones sobre ella.

Abrir su propio negocio fue una gran decisión para Maria, porque podía pensar con más claridad sobre sus metas y estaba menos ansiosa por el futuro. Además, tenía una mejor memoria en general de las cosas, lo cual fue una gran ventaja. Como ya no luchaba con la ansiedad, podía hacer todas las cosas que planeaba hacer sin preocuparse. Muy pronto, sus habilidades cognitivas generales se vieron impactadas de manera positiva, de modo que podía completar sus tareas y trabajar en su negocio en la comodidad de su propio hogar. Trabajar desde la oficina en casa le permitió concentrarse y hacer más cosas, y podía tener un tiempo más flexible para dedicarlo a sí misma. Al final, estaba feliz y sentía que su memoria era más clara que antes.

7. Escucha música clásica o toca un instrumento

Una de las maneras de aumentar la capacidad de nuestro mente para recordar es escuchando música. El género que parece aumentar la actividad cognitiva de nuestro cerebro es la música clásica. Así que, si estás buscando algo para escuchar, presta atención a Beethoven, Mozart o Schumann. Permítete sumergirte en los sonidos de los instrumentos, incluyendo las cuerdas, metales y percusión. Concéntrate en las diferentes secciones de la pieza musical, y podrás recordar diferentes partes. La música clásica aumenta la concentración de nuestra mente para que podamos completar las tareas que tenemos frente a nosotros. Cuanto más llenamos nuestra mente con pensamientos positivos y mayor actividad cerebral, más podemos pensar claramente sobre las cosas. Y eso nos permite tener una mejor memoria que puede recordar detalles.

Si pensamos en "Los Planetas" de Gustav Holst, podemos imaginarnos transportados a otro tiempo, a una era pasada. Al escuchar "Júpiter", experimentamos una teletransportación a una zona donde somos conscientes de las cosas que nos rodean y pensamos en los anillos de Júpiter y la emoción del espacio exterior. Además, oímos un himno famoso en el medio, que nos recuerda la Vieja Inglaterra. Hay muchas imágenes que podemos tener mientras escuchamos "Los Planetas" de Holst, lo que nos brinda un recuerdo aún más brillante de las cosas.

Cada vez que escuches música clásica, permítete pintar imágenes de una escena o un concierto en la mente, y piensa en ello. Luego, cuando lo escuches de nuevo, podrás imaginarte en esa situación. El efecto de la música clásica mejorará significativamente tu imaginación y memoria, de modo que podrás recordar cosas.

Estudio de caso

Durante años, Whitney tocó el violín. Pasó años mejorando en la interpretación. Además, asistió a la Escuela de Violín Suzuki, lo que le permitió aprender de manera más efectiva y memorizar todos los pasajes que tenía que tocar. A través de la memorización de los pasajes, su memoria aumentó significativamente, y pudo imaginar diferentes cosas que ocurrian dentro de eso.

En su propio tiempo, Whitney escuchó las "Cuatro Estaciones" y memorizó diferentes pasajes del concierto de "Primavera". Continuamente escuchaba la música y la tenía grabada en su mente. Después de un tiempo, pudo tocar la pieza de memoria. La memorizó para una audición en la Escuela de Música Juilliard. Whitney audicionó con el concierto de "Primavera" y fue aceptada en la escuela de música con una beca completa, para que pudiera asistir sin pagar matrícula. Fue una experiencia fantástica.

Paso 8: Toma medidas para aumentar la alerta mental

En este octavo paso, hablaremos sobre cómo puedes tomar medidas adicionales para aumentar tu alerta mental y tener más poder de memoria para apoyar tu memoria fotográfica (Alban, 2019).

Para tener una mente activa y positiva, necesitamos aumentar nuestra alerta mental, lo que nos permite estar despiertos todo el tiempo. A menudo, estamos somnolientos porque no dormimos lo suficiente, o nos sentimos aturdidos después de haber dormido demasiado. Algunas personas no pueden abrir los ojos por la mañana, porque han bebido demasiado la noche anterior. En cualquier caso, es esencial que encontremos maneras de aumentar nuestra alerta mental, que disminuye a medida que envejecemos. Cuando nos hacemos mayores, perdemos la energía vital que teníamos en nuestra juventud y necesitamos más sueño para restaurar nuestros sistemas. Ahora veamos algunas maneras en que podemos aumentar nuestra fuerza mental y resistencia para poder soportar cualquier situación que enfrentemos.

1. Hidratación

Debido a que nuestros cuerpos están compuestos en su mayoría de agua, necesitamos alimentarlo continuamente con líquidos durante el día. Es crucial que le proporcionemos suficiente agua para mantener un estado de equilibrio y sentir que estamos en nuestro nivel óptimo. Si no bebemos suficiente agua, nos deshidratamos, y esto afecta no solo a nuestro cuerpo físico, sino también a nuestra capacidad cognitiva para funcionar. De hecho, podemos perder concentración cuando estamos deshidratados y experimentar síntomas que imitan la demencia. Puede ser muy peligroso para tu cuerpo cuando no bebes suficiente. Podemos pasar largos períodos sin comida, y no es un problema. Pero no podemos sobrevivir más de tres días sin agua. Por lo tanto, debemos mantenernos hidratados en todo momento si queremos estar en el lugar correcto. Esto es especialmente cierto si estamos haciendo ejercicio, cuando tenemos que usar aproximadamente el 10% de los fluidos de nuestro cuerpo durante los entrenamientos intensos. Haz tu mejor esfuerzo para beber tanto como sea posible.

Sé que a la mayoría de la gente no le gusta beber agua pura porque es aburrida y no proporciona un sabor refrescante que a la mayoría le gusta. En cambio, no tiene sabor pero se siente fresca. Si no quieres beber demasiada agua, entonces prueba un jugo de fruta, una bebida deportiva o té en su lugar. Hay muchos fluidos que calificarían para reponer tu cuerpo con el líquido necesario que puedes consumir cada día. No necesariamente tiene que ser agua. Aunque el café puede deshidratar, también se puede usar como un fluido en tu dieta para ayudarte, mientras te refrescas cada día.

Estudio de Caso

Leo era un corredor. Le encantaba salir y correr. Pero, desafortunadamente, no consumía suficiente agua, por lo que sufrió deshidratación. Un día, casi se desmayó. Tenía contusiones rojas que aparecieron en su piel en áreas que estaban deshidratadas. Casi tuvo que ir a la sala de emergencias para reponer los fluidos de su cuerpo. Era una visión aterradora. Leo reconoció, después de ese incidente, que tenía que reponer su cuerpo cada día y beber más, porque de lo contrario, no podría funcionar cognitivamente. Leo también tenía problemas para concentrarse en la escuela en ese momento, porque no había bebido suficiente agua. En consecuencia, no podía estudiar bien y tenía malas calificaciones. Después de que comenzó a beber más agua, Leo sintió que podía concentrarse mucho mejor y sus calificaciones mejoraron. Fue un buen resultado de la hidratación.

2. Observa la cafeína

Todos nosotros podemos consumir cafeína en un día determinado. Es una creación maravillosa de la que nos beneficiamos porque ayuda a mitigar los efectos de una noche sin dormir. A la mayoría de las personas en América les encanta tomar un par de tazas de café cada mañana. Se ha demostrado que el café puede mejorar nuestro rendimiento cognitivo, así que si bebemos más, veremos mejores resultados. Por el contrario, si bebemos demasiado, experimentaremos más deshidratación, nos sentiremos somnolientos y nos agotaremos a mitad del día. Además, es vital que tengamos cuidado con la cantidad de cafeína que introducimos en nuestros cuerpos cada día. Puede causar problemas con tu sueño y dificultar el hecho de quedarnos dormidos por la noche.

La cafeína también puede hacernos estar nerviosos y mantenernos de pie por la noche. Piensa en cuánto café puedes consumir antes de una presentación en conferencia. Puedes ponerte tan nervioso que empieces a temblar y sudar. La cafeína también puede causar falta de aliento, en cuyo caso no podemos mantener nuestra concentración en situaciones de alto rendimiento. Por lo tanto, deberías ceñirte a una botella de agua, para que no estés tembloroso y no corras al baño cada cinco minutos (Alban, 2019).

Además, los efectos cognitivos de la cafeína se desvanecen con el tiempo, lo que provoca que te caigas a media jornada. En consecuencia, no puedes concentrarte y sientes la necesidad de tomar una larga siesta para sentirte mejor. Dormir será una de las cosas más importantes que puedes hacer por tu memoria para sentirte en tu mejor momento.

Estudio de Caso

En un día cualquiera, Sharon tomaba de 5 a 8 tazas de café. Iba a Starbucks al menos tres veces al día y se servía más café durante el día en la oficina. Era una "adicta al café". Decía: "¡Despierten y huelan el café, gente! ¡Es un nuevo día! ¡Estoy lista para conquistar el mundo!" Sharon podía hacer muchas cosas en el trabajo, porque continuamente estaba tomando su taza de café, y estaba claro que estaba haciendo mucho. Pero por dentro, siempre estaba temblando, porque no había dormido lo suficiente la noche anterior. Su adicción estaba dominándola, porque se colapsaba en casa después de cada día de trabajo. La cafeína estaba desapareciendo y le hacía caer en un sueño profundo. Y luego despertaba de su siesta y estaba completamente despierta hasta las 3 am. Esto continuó intermitentemente durante mucho tiempo. Al principio, no causaba ningún problema, pero muy pronto comenzó a llegar tarde al trabajo, porque posponía la alarma y se despertaba tarde, y se estaba enfermando, porque su sistema estaba en sobrecarga, sin embargo, no podía detenerse. Eventualmente, su cuerpo no pudo soportarlo más.

Después de enfermarse, Sharon fue a ver a su médico, quien le dijo que necesitaba dejar de consumir cafeína durante dos meses. Quería ayudar a que su cuerpo se deshiciera de toda esa cafeína que estaba controlando su mente y su cuerpo. Él le dijo a Sharon: "Creo que la cafeína ha estado tomando el control, y ya no eres tú hablando, sino la cafeína. Debes tener cuidado la próxima vez y no excederte. Esto también ayudará a que tu memoria esté en su mejor momento." Así que, Sharon lo intentó. El régimen fue agotador para ella. Cada día fue una lucha que tuvo que enfrentar, pero lo superó. Luego, después de dos meses, pudo volver a tomar café y limitarse a solo dos tazas al día. Al final, pudo recuperar su concentración y productividad en el trabajo.

3. Pierde el GPS y encuentra otras formas de regresar a casa

Porque tenemos un sistema GPS en nuestros dispositivos móviles, nos hemos vuelto más perezosos porque todo lo que tenemos que hacer es buscar nuestro destino en nuestros dispositivos y nos guiará a nuestro destino. Es cierto que esto ha facilitado que podamos ir a cualquier lugar del mundo. Nos volvemos menos propensos a perdernos porque usamos el sistema de navegación en nuestro teléfono para ayudarnos a ir a lugares. Al mismo tiempo, hemos perdido nuestro sentido de una brújula humana personal, que puede determinar en qué dirección ir. Han pasado los días en los que dependíamos de un mapa para llegar a cualquier lugar. No hay necesidad de memorizar nada porque toda la información está disponible gratuitamente para nosotros a través de Internet. Sin embargo, con esta constante dependencia de la tecnología GPS, nuestras mentes se están volviendo más torpes y menos propensas a recordar cosas. Nuestra memoria espacial-visual se ve afectada, y puede llevar a una reducción de nuestro cerebro, como resultado de no utilizar los poderes de la imaginación que son responsables de ayudarnos a recordar dónde están las cosas (Alban, 2019).

Si deseas mejorar tu memoria, apaga el GPS y trata de mirar un mapa o señales en la carretera para determinar cómo llegar a tu destino. Intenta encontrar una forma alternativa de regresar a casa desde un lugar desconocido. Si haces esto, harás cosas increíbles por tu cerebro, porque estarás utilizando poderes cognitivos de concentración que se enfocan intensamente en los diferentes marcadores que tu mente ha creado para navegar hacia donde está tu destino. Es muy saludable para ti. Así que, ayuda a tu cerebro y apágalo.

Estudio de Caso

Mark amaba los viajes por carretera con sus amigos. Muchas veces, viajaba por todo el país para conocer diferentes lugares y destinos. Un verano, él y sus amigos condujeron de Cleveland, Ohio a Seattle, Washington. Tomó aproximadamente 36 horas hacer todo el viaje con paradas en el camino y algunas noches en hoteles. Pero Mark tenía una debilidad. Se le dificultaba la navegación. Como resultado, no podía leer mapas y tenía que depender mucho de su GPS para llegar a donde necesitaba estar. En lugar de disfrutar del paisaje de a dónde iba en estos viajes por carretera, se concentraba en su GPS todo el tiempo.

Los amigos de Mark le dijeron: "¡Amigo! Necesitas deshacerte del GPS. No te está ayudando a conducir de manera más efectiva. Solo estás mirando el GPS. ¿Por qué no usas un mapa o miras las señales?" Mark decidió escuchar su consejo de manera obstinada, y se deshizo de su GPS. Al principio, luchó por encontrar su camino a los lugares, porque se había vuelto dependiente de la tecnología para llegar a todas partes. Pero muy pronto, Mark estaba usando su cerebro en lugar de la tecnología. Reconoció que podía idear soluciones creativas a sus problemas en lugar de confiar en que el GPS podía hacer todo por él. Al final, llegó a los lugares donde necesitaba estar.

Hasta el día de hoy, Mark no utiliza un GPS. En su lugar, memoriza un mapa y crea un palacio de la memoria en su mente, lo que le permite recordar detalles mientras conduce. Usa elementos visuales como señales en la carretera para ayudarle a llegar a su destino. Ha marcado una enorme diferencia en su vida.

Además de perder el GPS, deberías buscar algo que te dé alegría y pasión. Encuentra algo que te impulse. ¿Qué es lo que te levanta por la mañana y te mantiene en la vida? Encuentra algo que puedas seguir haciendo durante un período prolongado. Socializar puede incluirse en eso. Tal vez te guste pintar. Únete a una clase de pintura. O, quizás, desees cantar. Únete a un coro. Quizás, disfrutes leer y escribir, así que podrías intentar unirte a un club de lectura o a un club de escritores. Haz cosas que te ayuden a mejorar en lo que quieres hacer con tu vida (Alban, 2019).

Encontrar tu pasión te ayudará también con tu memoria, porque cuando amas lo que haces, recordarás las cosas mucho más fácilmente. Si estás haciendo cosas que no te interesan o que no te dan alegría, pensarás para ti mismo: "Bueno, olvídate de eso. Es un total desperdicio." Hacer el mismo trabajo de siempre que no aporta beneficios, excepto un sueldo, puede drenar tu energía y agotarte. Por lo tanto, es vital que encuentres formas de sacar tus jugos creativos y hacer cosas que te hagan más feliz.

Estudio de Caso

Annelies trabajaba en una organización de turismo en París. Le encantaba ir en bicicleta al trabajo, algo que muchos holandeses hacían en los Países Bajos. Annelies era muy aficionada a viajar y disfrutaba visitar nuevos lugares y conocer gente nueva. Annelies ama las nuevas experiencias y correr riesgos. Ha viajado a casi todos los países de Europa. Su objetivo era visitar todos ellos para 2020, así que actualmente está trabajando en este objetivo. Aún no ha visitado los estados bálticos, que a menudo son poco visitados por muchas personas. Aunque está soltera y no tiene novio, le encanta socializar con otros y a veces va a los bares de expatriados.

Lo que le ha dado una memoria colectiva de su experiencia es el viaje que ha realizado a lo largo de los años. Vivir en el extranjero como expatriada le ha brindado un lugar para vivir lleno de aventuras. No hay dos días iguales. Annelies siempre está aprendiendo y creciendo. Ser residente en otro país es difícil, especialmente para una persona que lo hace sola, así que eso la convierte en una mujer valiente. Ha soportado muchas dificultades en los últimos años, habiendo perdido a su novio por cáncer y el divorcio de sus padres. Pero Annelies se mantiene fuerte y centrada. No tambaleará con el viento cuando las cosas se pongan difíciles. Sabe que ha pasado por momentos difíciles, pero puede superar todo lo que la vida le arroje porque es resistente y trabajadora.

Annelies es muy perspicaz y recuerda detalles vívidos. Habiendo viajado y hablado idiomas extranjeros, piensa mucho y su cerebro está constantemente en funcionamiento, lo que le permite agudizar sus habilidades. También ayuda con sus habilidades motoras finas. Esto le ayuda a montar su bicicleta de manera efectiva y a estar atenta a los vehículos en la carretera.

Annelies ha desarrollado su pasión por los viajes. Su hobby la ha llevado a muchos lugares. Ella está encantada con su vida porque ha descubierto nuevos lugares y personas, y le ha ayudado a recordar todas las experiencias que ha tenido. Aunque su memoria no es perfecta, todavía puede recordar muchas cosas, y eso le ayuda a vivir una vida significativa, llena de relaciones duraderas. Su vida está llena de un hermoso edificio de conocimientos y educación que durará toda la vida.

Paso 9: Habilidades de Estudio: Lo que Puedes Trabajar Ahora para Aumentar tu Memoria Fotográfica

En este capítulo, vamos a discutir varias habilidades de estudio diferentes que puedes aplicar a tu vida para que puedas aumentar tu memoria fotográfica (Leyden, 2019). Estas técnicas te ayudarán mientras estudias para un examen, haces trabajos escolares o completas varias tareas que requieren el uso de tu cerebro. Vamos a profundizar.

1. Repetición espaciada

La mayoría de las personas saben que la memorización mecánica no es la forma de estudiar para su próximo examen. Muchas personas intentan memorizar palabras en una página simplemente mirando hacia abajo en el papel y luego, cinco minutos después, no pueden recordar lo que ya han aprendido. En lugar de confiar únicamente en la memorización mecánica para llevarnos a donde necesitamos estar, hay otras formas que permiten a los estudiantes recordar las cosas que necesitan saber. Una de estas formas es la repetición espaciada.

La repetición espaciada requiere que el estudiante estudie continuamente vocabulario y otro contenido durante un período prolongado utilizando tarjetas de memoria, aplicaciones y otras herramientas para ayudar con el estudio. La repetición espaciada ayuda al estudiante a repasar el material que aprendió en clase y a dar seguimiento a cada lección. La gente usa este método todo el tiempo mientras repasa palabras al memorizar. Es un método útil porque puedes actualizar tu conocimiento y seguir estudiando hasta que recuerdes lo que has aprendido en clase. La repetición espaciada se realiza para que puedas reconocer el vocabulario paso a paso y no todo de una vez, como es común con el aprendizaje intensivo.

¿Por qué es dañino el atracón de estudio para tu cerebro? Los adolescentes coreanos son notorios por estudiar y memorizar material que se les presenta. Estudian, estudian, estudian, y luego realizan el examen, y inmediatamente después de haberlo terminado, olvidan todo lo que aprendieron. Es casi como si no hubieran aprendido nada en el proceso. Es triste que muchas personas olviden todas las cosas que habían aprendido después del examen, como si nunca hubieran aprendido el material en primer lugar. Piensa en las personas que estudian para el GRE, TOEFL, SAT u otras pruebas estandarizadas y después del examen olvidan cientos o incluso miles de palabras que "adquirieron" en sus sesiones de atracón. Lamentablemente, ese es el caso para muchas personas en los Estados Unidos, también.

En lugar de meter toda esa información en tu cabeza de una sola vez, es útil espaciar un poco las cosas, para que puedas gestionar cómo estudiar y hacer un poco cada noche. Nuestras mentes solo pueden consolidar cierta cantidad de información a la vez antes de que se saturen de información. Como resultado, no pueden acumular información en un tiempo tan corto. Nuestra memoria a corto plazo solo puede retener una cierta cantidad de datos antes de que no sea posible mantenerlos más. Por lo tanto, es vital que a veces te des un descanso, para compensar la sobrecarga de información que siempre experimentamos cuando estamos estresados.

Estudio de Caso

Adam estaba estudiando para el GRE y compró un libro de repaso que le permitió revisar todo el material que necesitaba. Se dio cuenta de que su comprensión de los conceptos matemáticos era deficiente y que necesitaba compensarlo memorizando diferentes fórmulas y problemas. Adam había oído hablar de la repetición espaciada en un taller en su escuela, donde pudo obtener algunas ideas para mejorar sus habilidades de estudio. Estudió durante tres meses para el GRE y todos los días practicaba problemas de matemáticas que aparecerían en el GRE. Estudió problemas de geometría durante una semana y practicaba resolverlos todos los días. Luego, se conectaba en línea y hacía exámenes, que eran calificados al instante, para que pudiera recibir retroalimentación inmediatamente. Usó tarjetas de memoria y aplicaciones para ayudarle a recordar conceptos clave que estaba utilizando para resolver los problemas. Aunque fue difícil para él, aún pudo resolver todos los problemas cada día. Además, contrató a un tutor para ayudarle a llenar los vacíos en su conocimiento. Su tutor le ayudó a practicar con frecuencia para que pudiera obtener más retroalimentación y asistencia adicional en su preparación para el examen. Después de tres meses, Adam se sentía más seguro, porque podía recordar los temas matemáticos que había estudiado con facilidad. Estaban arraigados, no solo en su memoria de trabajo, sino también en su memoria permanente, por lo que era una manera efectiva de prepararse para el examen. Adam utilizó una variedad de métodos para recordar palabras y fórmulas. Cuando llegó al examen, pudo resolver los problemas sin esfuerzo dentro del tiempo dado y aprobó el examen con excelencia.

2. Utiliza tus aplicaciones de smartphone, incluyendo Study Blue y Memrise

Lo segundo que deberías hacer es usar aplicaciones en tus teléfonos inteligentes, como Study Blue y Memrise. Estas aplicaciones permiten que una persona use tecnología de repetición espaciada para estudiar en cualquier momento y en cualquier lugar, donde haya Internet. Puedes descargar las aplicaciones en tu teléfono inteligente o computadora. Las aplicaciones son particularmente útiles si eres un docente y deseas usar tecnología en tu clase. Para muchos cursos, los profesores y maestros pueden utilizar la tecnología de repetición espaciada para crear juegos de memorización, en los que los estudiantes individuales y los grupos pueden practicar la memorización de vocabulario. Al usar aplicaciones como Study Blue, los estudiantes pueden divertirse conociendo las diferentes palabras que adquieren con el tiempo.

Study Blue y Memrise también se pueden compartir con toda una clase. El maestro o profesor puede hacer una lista de palabras y luego compartirla con toda la clase a través de sus teléfonos inteligentes, para que los estudiantes puedan estudiar en casa y hacer toda la memorización en la comodidad de sus dormitorios. Esto ayudará a los estudiantes a cimentar la información en sus mentes, mientras practican la repetición espaciada en sus dispositivos.

Estudio de caso

William tenía dificultades para memorizar información. No era bueno en la memorización mecánica porque cuando hacía pruebas de vocabulario durante su clase de inglés, siempre fallaba. Quería estudiar justo antes, pero en cuanto miraba un papel, olvidaba la información presentada, como si nunca hubiera visto las palabras. William habló con su profesor de inglés sobre la forma de aumentar su vocabulario y tener un buen desempeño en las pruebas. Su profesor, el Sr. Kyle, le dijo que necesitaba usar ejercicios de repetición espaciada para mejorar en la memorización de vocabulario. Así que, Kyle lo invitó a Studyblue al conjunto de tarjetas que se estaban utilizando en clase. El Sr. Kyle se dio cuenta de que estudiantes como William necesitaban herramientas de autoestudio en casa, así que las puso a disposición de todos los estudiantes y las entregó gratuitamente. Ayudó mucho con la confianza de los estudiantes. Se lanzaron a ello y se divirtieron mucho estudiando. Toda la clase estaba sacando más del 90% en los cuestionarios de vocabulario porque estaban practicando lo suficiente mientras estudiaban en casa.

3. Para clases de idiomas, realiza pruebas de vocabulario en línea para el autoestudio

Por lo general, encontrarás que muchas personas estudian vocabulario en clases de idiomas extranjeros, donde es necesario memorizar muchas palabras. El vocabulario necesita ser evaluado continuamente en el aula para asegurarse de que los estudiantes están aprendiendo correctamente los textos que están estudiando. Hacerlo en línea es una excelente manera de motivar a los estudiantes a estudiar intensamente porque pueden verificar su progreso y ver sus resultados de inmediato. Encontrar los recursos en línea adecuados permitirá que tu clase rinda bien en poco tiempo.

Además de las pruebas en línea, deberías intentar usar las palabras o conceptos de tus listas en una oración o en un contexto específico para consolidar todo en tu mente. No es suficiente con depender únicamente de tu memorización de la palabra sin algún contexto. Rápidamente lo olvidarás si no lo usas en una oración. Por lo tanto, es crucial que encuentres maneras de integrar el estudio del vocabulario de manera práctica para que puedas verlo en acción todo el tiempo.

Estudio de caso

Joyce tuvo dificultades para recordar todo el contenido de vocabulario que había adquirido en su clase de francés, así que quería encontrar una manera de recordarlo mejor. Sabía que el estudio de última hora no era el camino correcto, pero le costaba encontrar algo que pudiera funcionar para ella. Le pidió a su maestro que le ayudara a encontrar una manera de mejorar su vocabulario. El maestro le dijo que fuera a internet y buscara cuestionarios de vocabulario que pudiera diseñar y resolver ella misma. Joyce se conectó a internet y descubrió una forma en la que podía preparar un examen de vocabulario y luego hacerlo. Esto le ayudó mucho. También mejoró en su desempeño general en clase; así que fue un éxito.

4. Dibuja imágenes de las historias y los conceptos que estás estudiando

Una cosa que podrías pensar que es infantil es dibujar una imagen de las diversas historias y conceptos que estudiamos en la escuela. En la escuela primaria, probablemente hacíamos esto a menudo. Sin embargo, cuando dibujamos una imagen, podemos tener un vistazo hacia nuestras imaginaciones. Cuando imaginamos lo que aprendemos, entonces podemos recordar las cosas mucho mejor. ¡No te sientas avergonzado si disfrutas dibujar imágenes! ¡Hazlo por tu memoria! Puedes recordar las historias que aprendes en la clase de literatura si compones un guion gráfico. Te ayudará a visualizar todo. Y luego, tal vez un mes, un año o tres años después, tendrás el recuerdo de esa imagen por el resto de tu vida. Eso no sucede de la misma manera cada vez, pero podría resultar útil para tu memoria en general.

Estudio de caso

Una artista de profesión, Colleen amaba dibujar. En la escuela, se aburría fácilmente, así que a menudo dibujaba en su cuaderno. A veces, hacía garabatos de su profesora. Otras veces, dibujaba las diferentes experiencias de su vida. Era hábil en esto, y siempre le encantaba crear imágenes únicas de las diversas cosas que estaba estudiando. Cuando llegaba el momento de trabajar en grupo, Colleen siempre quería sentarse sola y dibujar por su cuenta. Era bastante introvertida, así que el trabajo individual nunca fue un problema para ella. Un día, su profesora le dijo: "Colleen, quiero que compartas tus dibujos con tus amigos. Ellos pueden interpretar tu dibujo y ver si corresponde con lo que estamos leyendo. ¿Qué te parece?" Colleen respondió: "Está bien, haré lo que dice la profesora." Colleen nunca se arrepintió de ese momento después de que comenzó a hablar con sus amigos. De inmediato se sintió emocionada por ello. Sus amigos empezaron a escuchar lo que decía sobre las historias en clase. Describía cada detalle de la historia, tal como lo había dibujado, que coincidía con lo que los estudiantes habían estado leyendo. Era asombroso. Colleen estaba orgullosa de sí misma. Sabía que tenía grandes ideas para compartir sobre los textos que la clase estaba analizando, y quería compartirlas con los demás. Esto la hizo crecer como estudiante, y también ayudó a otros estudiantes.

Por favor, proporcione el texto que desea que traduzca al español.

5. Recitar un texto para slams de poesía y otras competiciones

Para entrenar tu memoria como un profesional, convierte la memorización en algo que puedas disfrutar con competencias, como slams de poesía y concursos de memorización. La recitación puede ser una manera divertida de memorizar con tu clase, grupo de amigos u otro círculo. Mejor aún, puedes proporcionar algún premio o incentivo para hacerlo más motivador y menos temido como experiencia para todos.

Cuando lees algo en voz alta, involucra tu corazón y mente en el texto que estás leyendo. Puedes navegar la memorización incluso mejor cuando conoces el libro de memoria. Recordar tanto la versión escrita como la hablada del texto te ayudará mucho con tu memoria para que puedas compartir tus ideas con otros. Te dará mucha más confianza para alcanzar tus objetivos. Además, te instamos a que pruebes esta técnica mientras memorizas un guion o poema. Te ayudará a ser más asertivo y dispuesto a enfrentar cualquier desafío que se te presente.

6. Usa un gancho de memoria para recordar cosas por lo que riman

Si deseas mejorar en la memorización de cosas para un examen, intenta hacer que cada palabra rime con un número. Puedes asignar estos números como una especie de código secreto con el que puedes trabajar a diario. Veamos algunos ejemplos.

1 = son

2 = a través de

3 = ver

4 = más

5 = prosperar

6 = palos

7 = Kevin

8 = estado

9 = multa

10 = cuando

Pero, ¿cómo harías conexiones al hacer una lista de compras, por ejemplo? Si estuvieras creando una lista para ir a la tienda pero la olvidaste, ¿cómo podrías recordarla? Piensa en formas de vincular tu lista usando imágenes como estas:

Huevos: Imagina el amanecer sobre un lugar nevado o huevos que se están cocinando fritos por un lado.

Cebollas: Piensa en animales teniendo una guerra entre ellos y usando granadas de cebolla.

Zanahoria: Imagina un rifle disparando balas de zanahoria.

Bacon: Piensa en frutas de tocino en un árbol.

Al visualizar las imágenes en tu lista, podrás recordar lo que pensabas que habías olvidado. Utiliza estos enlaces para retener la mayor cantidad de información posible.

7. Reduce la velocidad del estudio

Cuando estás estudiando para diferentes exámenes, lo mejor es desacelerar lo más posible y aprender menos cosas. Puede que te sientas tentado a intentar memorizar tantas palabras como sea posible en un momento dado, pero estudios han demostrado que menos es más cuando se trata de estudiar.

Cuando puedes repasar y aprender más en ese corto período, te ayudará en tu retención general. ¿Quién quiere estudiar tanto cuando puede estudiar solo un poco a la vez? Entonces, pueden recordar todo. Veamos un estudio de caso sobre esta técnica.

Estudio de Caso

Kane siempre pensó que tenía que estudiar duro para ingresar a la universidad. Solía estudiar de forma intensiva para cada examen. Fracasó cinco veces de 10 porque no podía repasar el material y retenerlo. Su cerebro no podía manejar la memorización del contenido. No se dio cuenta de que tenía que hacer un poco cada día para que se quedara. Kane contrató a un tutor para ayudarlo a memorizar información. El tutor le dio todo lo que necesitaba saber al respecto. Kane entonces comenzó a aprender 10 palabras cada día y a utilizar varias técnicas de estudio para ayudarlo a memorizar para sus exámenes. Luego, agregó algunas palabras más cada día. Poco a poco, aprendió el contenido. Para cuando tuvo que hacer el examen, sabía todo y comenzó a obtener 100% en todas las tareas. Fue fantástico, todo gracias a su tutor, quien lo había ayudado fielmente.

8. Mira un documental sobre el tema que estás estudiando.

Una excelente manera de aprender sobre algo es ver un documental sobre el tema. Los documentales te permitirán ver toda la historia si la pregunta es sobre historia. Entonces, puedes recordar los detalles clave de la historia, y podrás ver la recreación real de ella. Esta técnica es especialmente útil para los estudiantes que no pueden visualizar situaciones por sí mismos. Cuando puedes confiar en la imaginación de otra persona, entonces puedes obtener una mejor imagen de las cosas que estudias. Cuando tengas dudas, o cuando te cueste formar una imagen mental de lo que estás estudiando, entra a Youtube y mira un documental al respecto. Puede darte más motivación para estudiar más duro y de manera más efectiva. Entonces, puedes sobresalir en ese examen. Puedes mejorar tu memoria de esta manera.

9. Toma descansos para estudiar

Cuando estés estudiando, recuerda que necesitas tomarte descansos, porque no podrás retener la información que estás leyendo después de estudiarla durante 1 hora y 30 minutos. Por lo tanto, es crucial que te des un descanso después de 45-50 minutos. Hazte un favor, tómate un descanso para un café y aléjate del trabajo por un tiempo. Te despejará la mente y te hará sentir más renovado y listo para conquistar más que nunca. Hazlo por el bien de tu memoria.

Estudio de Caso: Tracy

Tracy era una estudiante intensa. Estudiaba mucho en la biblioteca. A veces, no podía dejar de repasar para diferentes clases. De alguna manera, era adicta a sus estudios, y era porque le apasionaba el tema. Pero a menudo, estudiaba durante 10 horas seguidas sin ningún descanso entre medio. Poco después, comenzó a experimentar fatiga, lo que le hacía quedarse dormida durante la clase. Su alerta mental no estaba presente; tenía que cambiar. Su mentora le recomendó que tomara más descansos y saliera a jugar con sus amigas. Tracy se dio cuenta de que estaba estudiando demasiado, así que intentó segmentar su tiempo para poder encontrar períodos de descanso con momentos de estudio intensivo. Sabiendo que solo se puede concentrar en algo durante aproximadamente 30 minutos a la vez, Tracy comenzó a tomar descansos después de cada hora. Iba al baño, se servía un vaso de agua o caminaba por el pasillo de su biblioteca, para que la sangre fluyera.

Después de tomar descansos, Tracy notó que no solo podía estudiar mejor, sino que también podía recordar mucho mejor lo que estaba revisando. Las pausas programadas le daban tiempo para relajarse y experimentar más libertad. Tracy pudo recuperar su concentración, por lo que pudo estudiar más. Gradualmente, Tracy también desarrolló un equilibrio entre el trabajo y la vida personal, lo que le permitió llevar un estilo de vida más saludable.

10. Encuentra nuevos espacios de estudio

A menudo, cuando estudiamos o hacemos trabajo, pensamos que quedarnos en el mismo lugar cómodo es donde más podemos hacer. Sin embargo, la retención de información puede mejorar cuando cambias de lugar donde estudias de vez en cuando. La mayoría de las veces, a los estudiantes les gusta estudiar en casa o en la biblioteca, pero encontrar nuevos espacios de estudio puede ayudar a tu cerebro a adaptarse a nuevas situaciones y aprender nuevo material de manera más rápida y fácil. Esto te ayuda a experimentar nuevos desarrollos en tus estudios. Puede que pienses que encontrar ese lugar perfecto para estudiar es lo principal que buscas. Sin embargo, lo que deberías darte cuenta es que tu cerebro necesita un descanso de los lugares familiares, y deberías seguir con eso. Darle a tu mente una pausa de cada día puede mejorar tu memoria general y tu capacidad para retener el material que estás estudiando.

Estudio de Caso

Dexter estaba continuamente buscando el mejor lugar para estudiar, pero quería quedarse en la misma área cada vez. Desafortunadamente, se dio cuenta de que se estaba estancando cada vez que encontraba un buen lugar para estudiar. Entonces, sentía que no podía estudiar allí más. Como resultado, tenía dificultades para concentrarse en su trabajo. Dexter no era un estudiante brillante. Tenía calificaciones decentes, pero nunca recibía A's en sus tareas. Pronto, sintió que su vida académica se estaba volviendo más monótona y menos interesante. Después de hablar con sus amigos, Dexter se dio cuenta de que tenía que cambiar las cosas. No podía simplemente quedarse en el mismo espacio de estudio cada vez. Tenía que levantarse y moverse a un nuevo lugar. A veces, podía estudiar en una cafetería o biblioteca, y en ocasiones, podía quedarse en su habitación del dormitorio y relajarse con la música de Maroon 5 sonando de fondo. Dexter notó que estudiar se volvía más intrigante cada vez que hacía esto, porque podía adaptar su mente a un nuevo lugar de estudio, y afectaba su retención general de memoria de los conceptos que estaba estudiando. Así que, Dexter dedicó su tiempo a cambiar su ambiente de estudio cada semana. Visitaba al menos tres lugares diferentes. Después de completar este experimento, Dexter notó que recordaba mucho más los detalles de sus tareas y cosas que tenía que memorizar. Sus calificaciones mejoraron, y fue un éxito, gracias a su dedicación y trabajo duro.

11. Nunca te desveles. Nunca.

Se ha demostrado que trasnochar es una de las peores cosas que puedes hacer para tu cuerpo y mente ("How Bad is Pulling an All-Nighter," n.d.). En la universidad, es común trasnochar antes de los exámenes finales, con un repaso de última hora. Sin embargo, la cuestión es que si haces esto, es probable que pongas todo en tu mentalidad temporal y luego olvides todo el día del examen. Pero también, como hemos demostrado, el sueño es esencial para tu memoria, y si pierdes sueño la noche anterior a un gran examen, entonces es probable que no recuerdes nada y potencialmente fracases a lo grande. Sin embargo, hay excepciones a esta regla. Algunos estudiantes son maestros en trasnochar y pueden mantenerse despiertos toda la noche durante una semana entera y luego dormir la semana siguiente. Esta es una práctica abominable. Por lo tanto, deberías intentar alejarte de esta opción, porque no te ayudará a aprender nada. Te hará olvidar tantas cosas. Y tu cuerpo no te lo agradecerá. Te implorará que le des sueño. Consejo del experto: nunca trasnoches. Nunca es una buena idea. Dormir siempre es la mejor política. La diversión desenfrenada es para los estudiantes de primer año en su primer semestre de universidad. Para un estudiante de posgrado o un profesional en activo, eso nunca es una opción. Además, mi mejor consejo es madurar y dejar de hacer cosas que son juveniles y que no te ayudarán a largo plazo.

Estudio de Caso

Daniel K. era un estudiante de ingeniería en una escuela sin nombre en Tennessee. Vivía con un estudiante de humanidades. Daniel era muy desordenado y descuidado, y su compañero de cuarto era ordenado y mantenía sus cosas organizadas. Daniel tendía a ser un estudiante muy desorganizado, sin embargo, era capaz de obtener calificaciones decentes en sus clases de ingeniería. Durante la temporada de exámenes finales, pasaba la noche en vela todo el tiempo. Esto molestaba a su compañero de cuarto, quien estaba tratando de dormir. Daniel no se dio cuenta hasta más tarde que esta práctica era inútil y no le estaba llevando a ningún lado. Siguió consumiendo cafeína en exceso y a veces bebía café hasta las 5 de la mañana. Además, no se duchaba y olía bastante rancio a veces, debido a su falta de higiene. Su compañero de cuarto, Jason, dijo: "Daniel, ¿por qué no te vas a dormir? Yo me voy a dormir. Así que, te sugiero que tú también lo hagas. Estoy seguro de que no necesitas quedarte despierto toda la noche estudiando para este examen. Entonces, ¿por qué no descansas un poco ahora y ves qué pasa?" Daniel respondió a Jason: "Es una idea. Lo intentaré y veré qué pasa." Daniel dejó de estudiar y se dio cuenta de la importancia del sueño. Mejoró gradualmente en su capacidad para estudiar, y sus calificaciones aumentaron. Fue una historia de éxito, probada por los métodos probados de Jason. Al final, Daniel pudo terminar con fuerza en la universidad.

Y eso es todo

Imagina que tu vida es una película y está capturando cada momento vivo. Piensa en una cámara de CCTV que está encendida todo el tiempo y te observa mientras te mueves cada día. Eso podría asustarte, pero también puede hacerte darte cuenta de que tu vida está llena de momentos interminables. Tenemos momentos Kodak a diario, y queremos recordarlos siempre. Pero a menudo, nos consume el uso de aplicaciones como Instagram, donde nos encanta compartir fotos de esos momentos en nuestras vidas. Te pierdes en el proceso de intentar recordar algo. Lo que tenemos que hacer es aprender a disfrutar de nuestras vidas y crear los recuerdos con nuestra imaginación, usando nuestros cerebros y no los dispositivos que contribuyen a nuestras funciones diarias.

Este libro ha demostrado nueve maneras diferentes de mejorar tu memoria fotográfica. En primer lugar, hablamos de cómo mejorar tu memoria general. Concentrarte en tu memoria general te permite pensar en todas las maneras en que creas un recuerdo fotográfico de las cosas en tu vida. Esto incluye cosas como el Palacio de la Memoria, que es una forma probada de recordar casi cualquier cosa. Usar el Palacio de la Memoria te ayudará a ubicar espacialmente las cosas en el ojo de tu mente. El segundo paso que demostramos fue cómo usar el Método Militar para entrenarte a recordar mejor. Este fue un método probado por un Navy SEAL que permitió a un hombre lograr lo imposible en una competencia de memoria. Definitivamente, esta no es la única manera de hacerlo, pero es algo que puedes hacer para ejercitar tu mente y realizar tareas increíbles. En el tercer capítulo, hablamos sobre la dieta y cómo impacta tus habilidades de pensamiento. La dieta es uno de los factores más importantes que contribuyen al desarrollo o declive de nuestra memoria. Al alimentar tu mente con buena comida, puedes aumentar la actividad de tu cerebro y la retención de memoria. Por otro lado, los alimentos poco saludables causarán un declive en la memoria, llevando a trastornos como el Alzheimer y la demencia. Estamos seguros de que te gustaría evitar tales casos en la medida de lo posible. El capítulo 4 trató sobre el tema del sueño y cómo muchas personas no obtienen el descanso que merecen. Dormir es el momento de consolidación de la memoria en el que el cerebro reunirá los recuerdos que ha ensamblado a lo largo del día y coloca algunos de los recuerdos en un centro de almacenamiento permanente. Este acto permite al cerebro retener mucha información y hacer todas las cosas grandiosas para mejorar tu vida.

En el quinto capítulo, hablamos sobre dispositivos mnemotécnicos y cómo pueden ayudarte a recordar muchas cosas basadas en los diferentes patrones que formas en tu mente. Por ejemplo, podrías utilizar acrónimos u otras pistas útiles que te entrenan para recordar varios conceptos. Los dispositivos mnemotécnicos son especialmente útiles cuando quieres recordar fechas y otros hechos históricos. A continuación, en el sexto capítulo, analizamos la memoria sensorial y cómo eso permite a una persona recordar utilizando todos los sentidos. Este tipo de memoria es utilizado por los actores, quienes se preparan emocionalmente para los roles, donde deben empatizar y sentir las emociones del personaje para interpretar el papel en el escenario o en la pantalla. Aunque este método es útil para los actores, también es una herramienta útil para ayudarte a apoyar a otros que están lidiando con sus emociones y que están de luto o celebrando su éxito. En el séptimo capítulo, hablamos sobre todas las formas de aumentar cognitivamente tus habilidades. Analizamos diferentes ejercicios que podrían aumentar la actividad cognitiva y ayudarte a llegar a donde necesitas estar con tu memoria. El octavo capítulo trató sobre cómo hacerte más mentalmente alerta para manejar diferentes desafíos, incluida la hidratación. Debes tomar estos pasos para sentirte en tu mejor estado cada día. Finalmente, el último capítulo abordó diversas estrategias de estudio que te ayudarán a recordar todas las cosas que necesitas para exámenes, presentaciones y otras tareas que podrías encontrar en una escuela secundaria, universidad u otro programa académico.

Juntándolo todo, podemos concluir que crear una memoria fotográfica no es una tarea fácil. Requiere una gran inversión de tu tiempo y recursos. Tienes que darlo todo, porque no va a ser algo que simplemente te resulte fácil. Hay una razón por la cual se llama entrenamiento de memoria, porque, al igual que hacer ejercicio en un gimnasio, tu mente necesita tener actividades que le ayuden a recordar las cosas que ocurren continuamente. Nuestros cuerpos y mentes están continuamente en un estado de sobrecarga informativa. Experimentamos muchas sensaciones y emociones cada día, lo que nos hace vulnerables a olvidar. Dado que somos seres finitos, no hay manera de que toda esa información se almacene en nuestros cerebros. Afortunadamente, para nuestro rescate, podemos olvidar muchas cosas, especialmente los recuerdos dañinos y difíciles que tenemos. Hay una bendición en olvidar, pero también hace que sea más difícil para nosotros recordar los buenos momentos. Por eso dependemos de cámaras, tomar notas y grabaciones de audio para ayudarnos a retener la información en un lugar seguro.

Si quieres tener una memoria fotográfica, necesitarás dedicar tiempo a seguir los pasos que hemos delineado en este libro. Paso a paso, puedes llegar a donde necesitas estar. El entrenamiento de la memoria es un proceso, no un destino. Requiere tu paciencia, pero también requiere repetición espaciada. Como ahora eres consciente, el aprendizaje acelerado no te lleva a ninguna parte cuando se trata de desarrollar una memoria permanente. Si quieres retener todas esas palabras de vocabulario para ese examen, requiere memorizar un poco a la vez. Además, para todo lo que estudies, debes memorizar usando imágenes. Porque nuestras mentes están diseñadas para la memoria espacial y visual, debemos hacer todo lo necesario para poner la imagen en nuestras cabezas. De lo contrario, olvidaremos. Permite que todas las sensaciones de la experiencia vengan a tu mente. Y entonces, recordarás mejor. No te permitan depender de la memorización mecánica. Nunca funciona. En su lugar, intenta memorizar información utilizando una variedad de técnicas que te ayuden a asimilar los datos en tu cabeza, para que puedas aprobar el examen o simplemente recordar las experiencias cotidianas que encuentres.

Gracias por acompañarnos en este viaje. Tu aventura personal continúa por el resto de tu vida, pero esperamos haber podido guiarte a través de los caminos que llevarán a tu desarrollo y realización personal. Tómate un tiempo hoy para apreciar las cosas en la mente. Apaga tu teléfono o computadora, admira la vista y permite que tu cerebro procese cada experiencia que has tenido. No confíes demasiado en la tecnología que forma parte de tu vida. En su lugar, vive tu vida de manera de baja tecnología, ralentizada y espaciada, para que puedas vivir momento a momento con más vigor y emoción que nunca.

ESTOICISMO

LA GUÍA PARA PRINCIPIANTES

SOBRE RESILIENCIA EMOCIONAL Y POSITIVIDAD. PIENSA COMO UN EMPERADOR ROMANO

Bajo ninguna circunstancia se responsabilizará al editor o al autor por cualquier daño, reparación o pérdida económica debido a la información contenida en este libro, ya sea de manera directa o indirecta.

Aviso Legal:

Este libro está protegido por derechos de autor. Es solo para uso personal. No puedes modificar, distribuir, vender, utilizar, citar o parafrasear ninguna parte, ni el contenido de este libro, sin el consentimiento del autor o del editor.

Aviso de exención de responsabilidad:

Por favor, tenga en cuenta que la información contenida en este documento es solo para fines educativos y de entretenimiento. Se ha hecho todo lo posible para presentar información precisa, actualizada, confiable y completa. No se declaran ni se implican garantías de ningún tipo. Los lectores reconocen que el autor no está ofreciendo asesoría legal, financiera, médica o profesional. El contenido de este libro se ha derivado de diversas fuentes. Por favor, consulte a un profesional autorizado antes de intentar cualquier técnica descrita en este libro.

Al leer este documento, el lector acepta que en ninguna circunstancia el autor es responsable de ninguna pérdida, directa o indirecta, que se incurra como resultado del uso de la información contenida en este documento, incluyendo, pero no limitándose a, errores, omisiones o inexactitudes.

Lo siento, pero parece que no has proporcionado un texto para traducir. Por favor, envíame el texto que deseas que traduzca al español.

Introducción: Tomando el Control en un Mundo por Ti

Deberíamos estar en control.

Estamos viviendo en una era en la que los humanos han aprendido a aprovechar y dominar las fuerzas de la naturaleza de maneras que nos harían parecer divinos ante los hombres antiguos. Podemos volar por el cielo como Apolo, podemos enviar mensajes más rápido de lo que Hermes jamás podría haber soñado, y nuestras centrales nucleares pueden poner a Zeus y sus rayos en vergüenza.

Entonces, ¿por qué es que la persona promedio siente que está perdiendo el control en lugar de ganarlo?

La humanidad ha podido transformar tantas cosas desde los antiguos griegos, pero una de las pocas cosas que no ha cambiado es la propia naturaleza humana. La tecnología ha crecido a pasos agigantados mientras que la evolución humana continúa avanzando a paso de tortuga.

Nosotros, como especie, hemos estado tan absorbidos tratando de controlar el mundo exterior que muchos de nosotros nunca encontramos el tiempo para mirar hacia adentro. Es tan fácil pensar que si ganamos un poco más de dinero, convencemos a más personas de que les gustemos, o perdemos un poco de grasa abdominal, entonces finalmente lograremos la felicidad y el control.

Tómate un momento para pensar en todos los grandes y poderosos hombres y mujeres que parecían tenerlo todo, pero terminaron perdiéndolo todo debido a malas decisiones o problemas emocionales.

Probablemente no necesitas pensar mucho para crear una lista impresionante. La historia está llena de tales relatos trágicos. Pero lo que es aún peor son todas las historias no contadas de tragedias personales sufridas por individuos que no hicieron los libros de historia. Todos tenemos nuestros demonios personales, pero demasiadas personas caen víctimas de ellos sin nunca enfrentarlos.

Si quieres lograr una verdadera confianza, serenidad y control en tu vida, entonces debes dejar de intentar controlar el mundo que te rodea y comenzar a tener control sobre ti mismo.

De eso se trata el estoicismo. Puede que sea una filosofía antigua, pero las necesidades que aborda siguen siendo tan reales como lo fueron siempre. Un soldado romano con un gladius en sus manos puede parecer completamente diferente de un soldado moderno con un rifle en sus manos, pero los pensamientos y emociones que pasan por sus mentes serían similares.

Es fácil pensar que, debido a que el mundo de hoy está cambiando tan rápidamente, necesitamos ideas que sean tan modernas como nuestros dispositivos. Pero hasta ahora, no se ha inventado ninguna tecnología que haya cambiado fundamentalmente la naturaleza humana o la mente humana. Puede que tengas un smartphone, un coche y un robot que aspira tu casa, pero tu cerebro se vería igual que el cerebro de un antiguo emperador romano.

Por eso tantas personas modernas están mirando hacia la

sabiduría de los antiguos. Quieren descubrir las soluciones a estos problemas eternos que fueron ideados por personas que no estaban distraídas por la tecnología moderna. Los estoicos antiguos no podían contar con una aplicación para resolver sus problemas, no podían buscar un químico para reprogramar su cerebro, y definitivamente no podían esperar lograr la vida eterna utilizando la estasis criogénica. Tenían que usar sus habilidades y capacidades humanas innatas para tomar el control de sí mismos.

Esto no significa que los estoicos modernos tengan que ser luditas que renuncian a toda la tecnología. La ciencia y la medicina modernas son cosas maravillosas. No pienses ni por un segundo que alguna filosofía puede reemplazar un viaje al médico. Pero cualquier científico o médico te dirá que también hay límites en sus oficios. La ciencia puede explicar cómo funciona la vida y los médicos pueden ayudarte a llevar una vida saludable, pero ni la ciencia ni la medicina pueden explicar el significado de la vida. Esa es una cuestión filosófica.

Si bien la ciencia nos ha ayudado a lograr muchas cosas maravillosas, aún tiene sus limitaciones. La verdad es que, incluso con todos los avances en la tecnología moderna, todavía estamos a años luz de lograr algo que se acerque al control total del mundo que nos rodea. Y, aunque pudiéramos controlar la materia y la energía, no cambiaría nuestras emociones y patrones de pensamiento básicos.

Tantas cosas en esta vida nunca estarán bajo tu control. La única cosa que realmente puedes dominar en este mundo eres tú mismo. En este libro te mostraremos cómo tomar el control de tu mente, y una vez que tengas ese control, podrás comenzar a tomar el control de tu vida.

El estoicismo no puede prometerte una vida perfecta. No puede prometerte una vida saludable. Pero si te tomas el tiempo para estudiarlo cuidadosamente y poner sus conceptos en práctica, entonces podrás afrontar los altibajos de la vida con sabiduría y perspectiva. En lugar de ser llevado por la vida como un tronco en un río que fluye rápidamente, puedes tomar el mando y trazar tu propio camino hacia adelante.

El poder de cambiar está dentro de ti. El camino hacia la iluminación ha sido escrito para ti durante miles de años. Solo se trata de absorber esa sabiduría antigua y ponerla en práctica. Si puedes dar esos pasos, entonces podrás ver cómo tu vida se transforma de adentro hacia afuera.

Capítulo 1: Estoicismo

El hombre conquista el mundo al conquistar a sí mismo.

—Zenón de Citio

Antes de sumergirnos en los detalles del estoicismo, será útil echar un vistazo a la imagen general. Piénsalo como mirar un mapa de una ciudad antes de decidir comenzar a conducir por las calles individuales.

En este capítulo, veremos qué es y qué no es el estoicismo en los términos más amplios. Una vez que hayamos terminado con este paso, estarás listo para sumergirte en los detalles más específicos de este sistema filosófico y las formas prácticas en que puedes aplicarlo en tu vida.

Comencemos tu viaje estoico.

Una forma de vida

El estoicismo es una filosofía. Esto puede sonar dolorosamente obvio, pero la verdad es que la mayoría de las personas modernas tienen una comprensión muy vaga de lo que es una filosofía. La mayoría de las personas diría que es un sistema para pensar sobre el mundo que les rodea, cuando la realidad es que es mucho más que eso.

Los filósofos siempre se han definido por la forma en que piensan sobre el mundo. Están obsesionados con considerar cuidadosamente y sistemáticamente sus creencias. Pero este proceso no es solo pensar por pensar. Sócrates, el padre de la filosofía occidental, dejó claro que el objetivo final de la filosofía era vivir una buena vida. La idea era que reflexionaras sobre preguntas de ética, lógica y significado de manera cuidadosa para que pudieras vivir la mejor vida posible.

Los antiguos estoicos creían que no era suficiente con simplemente tener las creencias correctas, necesitabas poner esas creencias en práctica.

Entonces, teniendo eso en mente, podemos examinar exactamente en qué creen los estoicos explorando las diferentes maneras en que abordan la vida.

Viviendo de acuerdo con la realidad

El estoicismo es una filosofía que está llena de ideas que parecen lo suficientemente simples, pero pueden ser bastante complejas en la práctica. Esto comienza con la idea de que un estoico debe aceptar la realidad tal como es.

Pocas personas creen que están viviendo en rebelión contra la realidad. Caminamos con los ojos y oídos abiertos y absorbemos lo que nos rodea. ¿Qué podría ser más simple que eso?

Pero el estoico enfatiza la importancia de las creencias. La mayoría de nosotros filtramos lo que absorbemos a través de una lente distorsionadora de la realidad basada en creencias. Somos rápidos para aplicar etiquetas como "bueno" y "malo," "correcto" y "incorrecto." La naturaleza humana impulsa a las personas a aplicar etiquetas rápidas y claras a todo lo que tocan, pero el estoicismo señala que esto puede dificultar la convivencia con el mundo tal como es realmente cuando nos distraemos tanto con lo que debería ser.

Esto no significa que los estoicos sean relativistas morales que creen que las preguntas morales son irrelevantes. Como veremos más adelante, las preguntas sobre la virtud son clave en la filosofía del estoicismo. Más bien, los estoicos creen que nuestro impulso de etiquetar las cosas tan pronto como sea posible crea en realidad muchos problemas y dificulta que abordemos de manera significativa otros temas.

Pregúntate esto, ¿cuántas veces has dejado que un problema se saliera de control porque te convenciste de que en realidad no era un problema y simplemente lo ignoraste? ¿O cuántas veces te has angustiado por un asunto que etiquetaste como insuperable, solo para descubrir que no era un gran problema después de que realmente te pusiste a trabajar en ello?

La persona promedio sufre una vida llena de heridas autoinfligidas debido a su incapacidad para lidiar con la realidad tal como es. Nuestras emociones convierten montañas en muñecas y muñecas en montañas. La solución estoica es examinar el mundo con ojos desapasionados.

Viviendo en Aceptación del Destino

Otro punto central del estoicismo es la supremacía del destino. Es fácil ver esto como la creencia de que la vida está más allá de tu control, pero en realidad se trata de reconocer los límites de tu control. Los estoicos creían que cada ser humano solo controla una cosa en este mundo gigante y increíblemente complejo: su propia mente.

Algunas personas escuchan esto y lo ven como deprimente.

Los humanos naturalmente sobreestiman lo que controlan. Considera el hecho de que muchos aficionados a los deportes piensan que la ropa que usan podría ser el factor decisivo en cómo se desempeña su equipo favorito en el gran juego. Recordarles que esto es falso podría ser frustrante para un aficionado que se siente impotente sin tal agencia, pero también puede permitirles reclamar agencia en otras áreas.

Tantas personas pasan toda su vida tratando de controlar cosas sobre las que no tienen poder, mientras ignoran las cosas que sí pueden controlar. Piensa en todas las personas atrapadas en relaciones poco saludables donde luchan por cambiar a su pareja, mientras no hacen ningún esfuerzo por cambiarse a sí mismos o terminar la relación y buscar a alguien que sea más compatible.

No puedes controlar a otras personas. Puede haber cosas que puedas hacer para influir en ellas, pero nunca podrás tener un nivel de control similar al que tienes sobre ti mismo. Aún así, si intentas tomar el control de tus propios pensamientos y acciones, es probable que te des cuenta de que no estás en completo control.

El estoicismo se trata de dejar ir lo que no puedes controlar y enfocarte en lo que puedes. Esto es lo que significa la aceptación del destino. La gran ironía es que solo cuando aceptes tus limitaciones podrás alcanzar tu máximo potencial.

Viviendo en la búsqueda de la virtud

Una cosa que a menudo se pierde cuando las personas presentan versiones más orientadas a la "autoayuda" del estoicismo es el énfasis que los estoicos antiguos colocaban en la virtud. Creían que ser un estoico significaba más que simplemente mantenerse firme y mantener un semblante impasible. Muchos señalarían que este tipo de comportamiento no fue inventado por sus filósofos y podía verse en el comportamiento de todo tipo de personas. Lo que separaba a un estoico con mayúscula S de alguien con estoicismo en minúscula s era este énfasis.

La palabra "virtud" es uno de esos términos que suena lo suficientemente simple hasta que intentas definir cuidadosamente lo que significa. La mayoría de las personas está de acuerdo en que deberíamos ser virtuosos, pero hay grandes desacuerdos sobre lo que eso significa. Para los fines de esta introducción, definiremos la virtud como vivir una vida que ejemplifica ciertas cualidades.

Las Cuatro Cualidades Virtuosas

1. Sabiduría
2. Valentía
3. Autocontrol
4. Justicia

Una lectura superficial de la literatura estoica podría llevarte a creer que el estoicismo es una filosofía negativa, centrada en lo que deberías evitar. Pero esto no podría estar más lejos de la verdad. El estoicismo no se trata solo de evitar pasiones destructivas, también se trata de cultivar virtudes positivas. Cualquier comprensión que se enfoque solo en un lado de esta ecuación es incompleta y engañosa.

Desarrollo Constante

Lo último que debes entender sobre el estoicismo es una de las cosas más importantes, la respuesta del estoico a la pregunta más grande del universo: ¿cuál es el significado de la vida?

El estoicismo dice que estamos en esta tierra para poder desarrollar nuestras virtudes con cada oportunidad que se nos brinda. Dice que cada circunstancia, sin importar cuán positiva o negativa pueda parecer a primera vista, nos ofrece una oportunidad para crecer y mejorar como seres humanos. Hacemos esto dejando de lado las pasiones negativas, construyendo virtudes personales y viviendo en armonía con la naturaleza.

Así que, como ves, cada parte individual del estoicismo se une al final para formar un todo mayor. Claro, se trata de perseverar a través de tiempos difíciles, pero también se trata de mucho más. Se trata de vivir una vida activa y productiva que produce felicidad y buena salud. Se trata de aprovechar al máximo la vida cuando las circunstancias parecen malas y sacar lo mejor de la vida cuando las cosas parecen ir bien.

El estoicismo es una forma de ver el mundo, una forma de vivir la vida y una forma de asegurarte de que, una vez que llegues al final, no tengas arrepentimientos de los que hablar.

Definiendo los términos

En este libro te encontrarás con una serie de términos que son tanto muy importantes como utilizados de maneras muy particulares. El estoicismo tiene un rico léxico de terminología que necesitas comprender si quieres entender la filosofía. Aunque algunos estoicos usan una gran cantidad de jerga griega y latina, en este libro nos ceñiremos generalmente a las traducciones en inglés más comunes para que el mensaje sea lo más fácil de entender posible.

Pasión

Una cosa que tienes que entender es que el estoicismo a menudo implica palabras que se usan de una manera determinada en la vida normal, pero que adquieren un significado especial cuando se utilizan en el contexto de la filosofía estoica. La pasión es una de estas palabras.

Cuando se utiliza en la vida normal, la pasión suele tener connotaciones positivas, pero en el estoicismo la pasión es generalmente negativa. Los estoicos usan la palabra pasión para referirse a las emociones negativas. Estas son emociones que desvían a las personas de la virtud y las conducen hacia el vicio. Las pasiones son emociones que deben ser evitadas y minimizadas, ya que los estoicos intentan enfatizar emociones más virtuosas.

Destino

Los antiguos estoicos creían en un sentido más literal del destino como un gran plan para el universo en el que todos tenían un papel que desempeñar. Pero en el estoicismo moderno, el destino se entiende generalmente como todo lo que está más allá de nuestro control como individuos. Puedes controlar las acciones que tomas, pero el destino está al mando de lo que aquellos a tu alrededor pueden elegir hacer. La aceptación del destino es una parte importante del estoicismo, siendo la idea que te ayuda a concentrarte en lo que puedes controlar en lugar de todas las cosas que están fuera de tu mando.

Virtud

Este término ya fue mencionado en el último segmento, pero vale la pena revisarlo nuevamente. Los estoicos enseñaron que la virtud es el punto de la vida y el bien supremo. La virtud es una gran idea que se compone de ideas más pequeñas. Estas son la sabiduría para saber cómo actuar, el coraje para tomar la acción adecuada, el autocontrol necesario para contenerse de actuar de manera inapropiada, y la justicia necesaria para tratar a los demás de manera justa y constructiva. Puedes entender vivir virtuosamente como actuar y pensar de la manera correcta.

Por supuesto, lo que es bueno es una pregunta que está más allá del alcance de este libro. Debido a que este es un libro diseñado para ser utilizado por personas de todas las creencias y trayectorias de vida, mantendremos el uso de este término algo vago. Esperamos que tengas tus propias creencias morales y éticas que puedas considerar cuando se presente el tema de la virtud. Si no las tienes, entonces ahora sería un buen momento para hacer una reflexión interna para determinar lo que realmente crees sobre lo correcto y lo incorrecto, lo bueno y lo malo.

Sálvia

Un sabio es un estoico que ha alcanzado la iluminación. Han sido capaces de deshacerse de las cadenas de la pasión y vivir en perfecta armonía con la naturaleza. Han conquistado la ilógica y han llegado a poseer la razón y la felicidad perfectas. Este es el estado al que cada estoico se esforzó por alcanzar, pero casi ninguno lo logró.

Hay una pregunta sobre si es realista o no esperar lograr realmente el estatus de Sabio, pero incluso si no lo es, sigue siendo valioso como un ideal por el que las personas pueden esforzarse mientras practican el estoicismo. El sabio estoico puede, por lo tanto, ser visto como un ideal conceptual de cómo deberían ser las personas, establecido para que todos podamos saber hacia qué deberíamos trabajar (Pigliucci, 2017).

Lo que el estoicismo no es

Dicen que un poco de sabiduría puede ser más peligroso que la ignorancia. Eso aplica para muchas cosas en la vida, y es especialmente cierto con el estoicismo. La filosofía no es demasiado difícil de entender, pero muchas personas aún llegan a conclusiones erróneas basadas en su comprensión limitada. A veces, entender requiere más que saber qué es algo, también debes entender qué no es. Por eso esta sección está aquí.

Desmitifiquemos algunos de los mitos más comunes que rodean al estoicismo.

El estoicismo no se trata de aceptar todo como es.

Demasiadas personas piensan que los estoicos son felpudos sobre los que la gente puede pisotear. La palabra puede evocar la imagen de los guardias en el Palacio de Buckingham que tienen la tarea de mantenerse completamente quietos. Incluso cuando los turistas actúan como idiotas y maníacos, el trabajo del guardia es no mostrar emociones. Pero cualquiera que haya intentado tocar a uno de esos guardias te dirá que cuando se cruza una línea, actúan con fuerza. Lo mismo ocurre con los estoicos.

El estoicismo se trata de aceptar las cosas tal como son, pero eso no significa que no puedas trabajar para cambiar las cosas. La aceptación estoica trata de ver el mundo tal como es realmente para que puedas actuar correctamente. Si tu casa está en llamas, lo primero que necesitas hacer es aceptar que tu casa está en llamas. Fingir que todo está bien no salvará tu propiedad, solo te impedirá tomar las acciones necesarias para limitar el daño.

El filósofo estoico más famoso, Marco Aurelio, fue el emperador de la superpotencia más grande del mundo. Los modernos defensores de la filosofía incluyen artistas, atletas profesionales y directores ejecutivos. Aunque no tienes que ser increíblemente ambicioso para ser estoico, no deberías sentir que el estoicismo podría impedirte alcanzar tus metas. En realidad, es todo lo contrario, el estoicismo puede ayudarte a cambiar el mundo ayudándote a cambiar a ti mismo.

El estoicismo no se trata de no tener emociones.

Es fácil imaginar a los estoicos como robots.

El estoicismo no se trata de eliminar las emociones, se trata de aprender a controlarlas. El estoico es como un jardinero emocional, alimentando las emociones que desea ver crecer mientras trabaja contra las emociones no deseadas. Así como las plantas siempre necesitarán agua y las malas hierbas siempre volverán a aparecer, las emociones nunca desaparecen por completo. Pero un estoico es como una persona con un jardín que ha sido cuidadosamente cultivado para satisfacer sus necesidades, mientras que tantas personas han dejado que sus jardines mentales crezcan desordenados con todo tipo de malas hierbas.

Entonces, si te preocupa convertirte en un robot, puedes dejar de lado tus preocupaciones. Si esperabas convertirte en un robot, lamento decepcionarte. Pero si aprendes y sigues el camino del estoicismo, aprenderás que tus emociones no necesitan ser tus enemigas. También pueden ser utilizadas para impulsarte a alturas desconocidas.

El estoicismo no es solo para un tipo de persona.

Mientras que las otras ideas erróneas que hemos examinado

anteriormente tienden a provenir de personas que no han estudiado el estoicismo, esta es una idea que a menudo es difundida por personas que estudian el estoicismo. Les gusta tanto que se convierte en parte de su identidad. Esto les lleva a volverse demasiado protectores, constantemente atentos a cualquier persona que pueda violar su preciado sistema de creencias.

Algunos de estos individuos son académicos que no están contentos con la popularización moderna del estoicismo. Lo ven como una forma "diluir" del Estoicismo. También dirán que se aleja demasiado de los pensadores originales.

Esta opinión es más difícil de refutar porque hay algo de verdad en ello. El estoicismo popular puede ser bastante diferente del estoicismo que practicaba Zenón de Citio. Pero el hecho es que diferentes ramas dentro del estoicismo empezaron a surgir poco después de la muerte de su fundador. A lo largo de la historia de la escuela, es fácil reconocer el estoicismo como una filosofía práctica en lugar de un dogma. Si bien algunas verdades fundamentales deberían permanecer, tiene sentido que las personas adapten sus creencias a su tiempo y propósitos, así como lo hicieron los romanos cuando adoptaron el estoicismo de los griegos.

Avanzando

Una de las lecciones del estoicismo es que debemos dejar de lado nuestras nociones preconcebidas si queremos ver el mundo tal como es en realidad. Eso también se aplica al estudio del estoicismo. Intenta dejar de lado cualquier suposición que puedas tener basada en referencias pasajeras. Si entras con una mente abierta, entonces es más probable que veas los cambios que estás buscando una vez que todo esté dicho y hecho.

Conclusión Práctica

En este libro se te proporcionará mucha información sobre qué es el estoicismo, pero ¿eliges este libro para aprender sobre la historia de la filosofía? ¿O quieres cambiar tu vida? Si quieres ver un cambio real, entonces necesitarás actuar.

Por esta razón, cada capítulo terminará con consejos prácticos que puedes poner en práctica mientras lees el libro. La mayoría de ellos solo requerirán un poco de papel, un utensilio de escritura y unos minutos de tu tiempo. También puedes escribir en una computadora, pero los estudios han demostrado que las personas tienen más probabilidades de retener la información que han escrito a mano.

Comenzaremos con algo especialmente simple. Toma tu papel y utensilio de escritura. Ahora, pon el libro a un lado y escribe todos los puntos más importantes que aprendiste de este capítulo. Solo los aspectos destacados, esto no debería tomar más de uno o dos minutos.

¡Y a la carga!

Está bien, felicitaciones. Has tomado más acción hacia la auto-mejora que el 90% de las personas que leen este tipo de libros. Para obtener un crédito extra, puedes hojear el capítulo y compararlo con tus notas, buscando cualquier cosa importante que puedas haber pasado por alto.

El mundo está lleno de individuos que leen innumerables libros sobre superación personal y nunca parecen lograr lo que quieren. Propondría que esto sucede porque las personas permiten que la información fluya sobre ellos en lugar de interiorizarla. Y si se toman el tiempo para interiorizarla, nunca actúan en función de la información.

Propongo que hay tres elementos fundamentales del crecimiento:

1. Información

2. Internalización

3. Implementación

Los libros pueden proporcionarte información, pero tienes que manejar los otros dos elementos. Lo que obtienes de este libro depende por completo de lo que estés dispuesto a hacer con las cosas que aprendes.

Capítulo 2: Historia del Estoicismo

Un estoico es alguien que transforma el miedo en prudencia, el dolor en transformación, los errores en iniciación y el deseo en emprendimiento.

—Taleb Nassim Nicholas

Es importante dejar claro que este libro no es un manual sobre la historia del estoicismo y los muchos grandes pensadores que contribuyeron a él. Muchos de estos libros ya existen y, si deseas un examen en profundidad de los detalles de la historia de la filosofía occidental, entonces vale la pena leerlos.

Este libro trata sobre el estoicismo práctico. El objetivo es proporcionarte la información que necesitas para comenzar a mejorar tu vida lo antes posible. Esto significa que no podemos pasar demasiado tiempo en los detalles históricos, pero no significa que podamos ignorarlos.

En este capítulo, haremos un breve recorrido por la historia del estoicismo. Examinaremos su creación en la antigua Grecia, su culminación en la Roma imperial y el renacimiento moderno que ha traído esta antigua filosofía de vuelta al primer plano del discurso intelectual.

Un solo capítulo no puede proporcionarte todo lo que hay

que aprender, pero puede ser un buen punto de partida desde el cual puedes profundizar en este tema rico y fascinante.

Orígenes Antiguos

El estoicismo fue fundado en la cuna de la filosofía occidental, la antigua Grecia. En el siglo IV a.C., había un comerciante adinerado llamado Zenón de Citio. Mientras comerciaba, sufrió un naufragio cerca de la ciudad-estado de Atenas. Este tipo de desgracia ha quebrantado a muchos hombres, pero Zenón encontró oportunidad en su sufrimiento. Viajó a Atenas y comenzó a estudiar a los pies de los filósofos locales. Estaba buscando algo que lo satisficiera de una manera que su riqueza material no lo había hecho. En última instancia, encontraría su propio sentido de significado, y compartió lo que había aprendido con aquellos que quisieran escuchar.

El estoicismo fue fundado para encontrar un equilibrio entre los extremos de la filosofía ateniense. Los aristotélicos predicaban que la riqueza material era necesaria para la iluminación, mientras que los cínicos se jactaban de su pobreza autoimpuesta. Zenón logró ese equilibrio al desviar el enfoque de las cosas materiales que las personas tienen hacia sus creencias, valores y acciones. Él difundiría su filosofía mientras estaba de pie en un área elevada conocida como la Stoa Poikile. Esta área se conocería como la primera escuela del estoicismo y también le daría al filosofía su nombre.

También es importante entender el estoicismo como un producto de la historia. Esta filosofía altamente práctica surgió durante un período de gran agitación, dificultad e incertidumbre en Grecia. Aunque el estoicismo fue fundado en el siglo IV a.C., ganó prominencia durante el siglo III, tras las secuelas de la muerte de Alejandro Magno y el drama que esto creó en la región. Muchos griegos habían depositado sus esperanzas en Alejandro, y su rápida y gloriosa ascensión al poder parecía que podría traer paz y prosperidad al Mediterráneo y a las regiones circundantes durante años. Luego, Alejandro murió repentinamente y a una edad joven, creando un vacío de poder que llevaría a la división y el conflicto.

Con el tiempo, el poder de Grecia en el Mediterráneo disminuyó, mientras que una pequeña ciudad-estado conocida como Roma vio crecer su poder. Es importante notar que los griegos y los romanos eran muy diferentes en muchos aspectos, pero los romanos aún encontraron mucha inspiración en sus predecesores griegos. Los romanos buscaron a los griegos como fuente de inspiración en los ámbitos del arte, la religión y la filosofía. Así es como el estoicismo dio el salto de Grecia a Roma.

Como puedes ver, el estoicismo antiguo no apareció de la nada. Se desarrolló a lo largo de siglos por una cadena de grandes pensadores. Sin embargo, hay un hombre cuyo nombre se ha convertido en sinónimo de esta escuela filosófica. Todos los nombres listados hasta ahora son dignos de conocer, pero a continuación analizaremos un nombre que absolutamente debes recordar.

Mientras pensamos en los filósofos modernos como académicos que están lejos del centro de poder, en la antigua Grecia se involucraron profundamente con la política y el gobierno. Esto ayudó a elevar su estatus y difundir su mensaje durante un tiempo, pero la política es un negocio volátil. Entre los años 88 y 86 a.C. estalló la guerra y Atenas fue derrotada. Muchos filósofos se marcharon y huyeron a Roma, señalando un cambio hacia el este para la filosofía occidental (Pigliucci, n.d.).

En Roma, la filosofía estoica se desarrollaría aún más. Muchos de los fundamentos permanecerían, pero se puso un mayor énfasis en cómo el estoicismo podría aplicarse a la resolución de problemas de la vida real. Estoicos como Séneca y Marco Aurelio no eran solo pensadores o maestros, estaban activos en el comercio y la política romana. Necesitaban una filosofía que pudiera ayudarlos con decisiones difíciles y momentos difíciles.

Marcus Aurelius

Todo el trabajo realizado por los estoicos originales conduce a lo que muchos considerarían una conclusión poco probable. El estoicismo fue una filosofía desarrollada para que las personas pudieran soportar las tormentas de la desdicha, por lo que pocas personas adivinarían que el hombre que lo entendería con mayor agudeza y lo pondría en práctica con la mayor precisión sería un hombre que debería haber estado más allá del sufrimiento.

En el mundo antiguo del Imperio Romano y sus territorios vecinos, probablemente no había nadie más envidiado que el Emperador. Desde la caída de la República Romana, el Emperador se había convertido en un hombre con poder y prestigio que muchos gobernantes modernos envidiarían. Entonces, ¿cómo es que un hombre que disfrutaba de un poder, riqueza y respeto sin igual llegó a producir lo que muchos consideran el manual para soportar el dolor y la adversidad?

La historia de Marcus Aurelius, así como la escritura que produjo, es un recordatorio de que la forma en que vemos el mundo a menudo está distorsionada. Miramos las grandes estatuas de mármol dejadas por los romanos e imaginamos que las personas eran tan grandiosas y sobrehumanas. Pero la verdad es que cada persona sufre muchas de las mismas luchas. La riqueza, el poder y la fama ciertamente pueden equiparte para manejar ciertos desafíos mejor de lo que podrías hacerlo sin estos privilegios, pero no pueden borrar completamente la lucha de tu vida.

Biografía de Marco Aurelio

El niño que se convertiría en emperador, Marco Aurelio, no tuvo un nacimiento particularmente auspicioso. Nació en una familia rica y poderosa, pero había muchas familias así en Roma y los padres de Marco nunca habrían predicho que él podría convertirse en emperador. Solo obtuvo ese título debido a una serie de eventos improbables.

Marco nació bajo el reinado del emperador Adriano. Dado que Adriano no tenía herederos biológicos, tuvo que elegir quién se convertiría en emperador después de él. El primer hombre que eligió fue Lucio Ceionio, pero el destino quiso que Lucio falleciera antes que el moribundo emperador. Así que Adriano tuvo que elegir de nuevo, y esta vez eligió a un compañero sin hijos, un senador llamado Antonio Pío.

Pío buscó evitar los problemas por los que había pasado Adriano, así que se propuso adoptar a hombres que pudieran ser entrenados para sucederle. Uno de los chicos que eligió fue Marco y el otro se llamaba Lucio (Enciclopedia de Biografía Mundial).

Era como si los cielos se hubieran abierto y enviado sus bendiciones sobre el joven Marcus. De repente, su educación fue llevada a un nivel completamente nuevo. No solo estaba en formación para ser un noble, estaba entrenando para ser el hombre más poderoso de Roma. Para ejercer este papel, estudió bajo algunos de los oradores y filósofos más destacados de Roma, todos buscando transmitir su sabiduría a Marcus antes del día en que tomaría el trono. Era una situación de alto riesgo, nadie podía saber cuándo podría fallecer el emperador.

Marcus y su hermano adoptivo asumieron el trono como co-emperadores cuando Pío murió en el 161 a.C. Su gobierno comenzó de manera difícil, ya que Roma se sumergió rápidamente en la guerra parta. Roma saldría victoriosa, pero a un costo desastrozo. A medida que las legiones victoriosas regresaban a Roma, llevaban la peste. Alrededor de cinco millones de romanos serían asesinados por la enfermedad mientras Roma se convertía en un invernadero de enfermedades mortales.

Poco después de que la plaga disminuyó, el hermano de Marco murió, colocando a Marco en el trono como el único emperador de Roma. Gobernaría desde 169 hasta 180. Estos 11 años estuvieron marcados por la guerra, la inestabilidad social y otros problemas. Pero Marco reinó con mano firme y fue declarado más tarde como el último miembro de los Cinco Buenos Emperadores (Farnum Street).

Así que, ves que a pesar de todo el poder que poseía el emperador romano, también había mucha responsabilidad. El destino de uno de los mayores poderes del mundo recaía sobre los hombros de Marcus. Muchos de los hombres que ocuparon esta posición se quebraron bajo la presión. Muchos tragaron su propia propaganda y se creyeron por encima de los simples mortales. Pero Marcus fue capaz de mantenerse firme y guiar a Roma a través de la oscuridad con la ayuda de sus virtudes estoicas.

Sabemos esto porque registró sus pensamientos. Nos da una oportunidad rara de asomarnos a la mente de uno de los grandes gobernantes de la historia.

Meditaciones

Mientras Marco Aurelio logró muchas cosas durante su tiempo como emperador, al final es su escritura lo que ha sido su logro más duradero. Cuando Marco estaba en el campo de batalla liderando a sus soldados en defensa de Roma, comenzó a escribir notas. Lo sorprendente del libro es que no lo escribió para ser publicado. Para él, era un diario, pero después de su muerte fue reconocido como una de las grandes obras de la filosofía estoica jamás creadas.

El libro es una serie de citas que fueron anotadas por Marcus como un recordatorio para sí mismo. El propio emperador nunca dio un título al libro, así que debes entender que Meditations es un título descriptivo que ha sido otorgado a la obra por aquellos que descubrieron sus escritos más tarde.

Meditaciones se divide en doce secciones diferentes, pero estas partes no están ordenadas cronológicamente ni temáticamente. Esto hace que leer Meditaciones sea una experiencia única. Es más como un libro de citas o el libro bíblico de Salmos que como una narrativa tradicional o un libro de texto. Esto podría verse como una de las razones de la popularidad de Meditaciones, es un libro que siempre tiene alguna sabiduría que ofrecer sin importar qué página abras.

Aunque el libro no está estructurado como la mayoría de los libros, surgen algunos patrones interesantes. Por una parte, al principio del libro comienza agradeciendo a las personas que le han ayudado a lo largo de su vida y lo han formado como pensador. Este es un recordatorio notable del hecho de que incluso las personas más poderosas en la tierra no podrían disfrutar de sus posiciones sin la sabiduría y la guía de otros. Lo que vemos en Meditaciones es el monólogo interno de un verdadero aprendiz de toda la vida.

Otro tema que rápidamente surge son las limitaciones del

poder y la riqueza. Está claro que, aunque Marco disfrutaba de más poder que casi cualquier otra persona en el imperio, también sentía su responsabilidad como un gran peso. Leer las Meditaciones es un recordatorio humillante de las luchas con las que cualquier buen líder debe lidiar mientras intenta aprovechar al máximo cada situación.

Si terminas este libro y decides que estás interesado en aprender más sobre el Estoicismo a partir de fuentes primarias, entonces definitivamente deberías considerar leer Meditaciones de Marco Aurelio. Si consigues una traducción moderna, descubrirás que este libro es fácil de leer pero difícil de comprender completamente. Podrías pasar décadas estudiando este libro y aún encontrar nuevas ideas en cada lectura.

Estoicismo moderno

Las Meditaciones de Marco Aurelio a menudo se consideran la última gran obra del estoicismo antiguo. Después de su reinado, la rígida escuela de pensamiento se desvaneció. Sin embargo, esto no significa que el pensamiento estoico desapareciera. Por el contrario, las creencias estoicas se difundieron y se transmitieron. Cuando el Imperio se convirtió al cristianismo, muchos pensadores cristianos se sintieron atraídos por obras como Meditaciones y tomaron de sus páginas. Generaciones y generaciones de grandes pensadores fueron influenciadas por el estoicismo, incluso si no conocían el nombre de la filosofía que había producido algunas de sus ideas más queridas.

Una de las cosas que han hecho los estoicos modernos es investigar a través de la filosofía antigua para tratar de encontrar las ideas que son más aplicables a las audiencias modernas. Los estoicos antiguos eran algunas de las personas más educadas del mundo romano, pero aún operaban con el conocimiento limitado de la época. Podían acceder a sus emociones tal como podemos nosotros, pero no podían conocer la conexión entre las corrientes eléctricas en nuestros cerebros y la forma en que nos sentimos.

Los estoicos modernos han podido utilizar las herramientas de la ciencia y la tecnología para obtener una mayor comprensión de los avances fundamentales realizados por aquellos pensadores antiguos. El pasado y el presente chocan de nuevas y fascinantes maneras con cada nueva ola de pensamiento estoico.

Una de las razones por las cuales el estoicismo se siente tan vivo y poderoso hoy como lo fue hace siglos es el hecho de que nuestras circunstancias modernas reflejan la situación en la antigua Roma y Grecia en ciertos aspectos. Así como el estoicismo originalmente llegó a ser popular durante un tiempo de gran incertidumbre en Grecia, ha disfrutado de su resurgimiento moderno mientras el mundo experimenta sus propias luchas. En muchos aspectos, estamos viviendo en una era que es más próspera que nunca, pero también estamos viviendo en un tiempo en el que las personas están enfrentando muchas luchas prácticas y existenciales.

A pesar de la riqueza que muchas naciones muestran en papel, las personas todavía luchan con cuestiones como la deuda personal, los costos de atención médica, las divisiones políticas, las preguntas sobre el cambio climático y la búsqueda de un significado personal. Muchas personas simplemente no sienten que la vida moderna sea todo lo que se les ha prometido y, incluso aquellos que disfrutan de la riqueza sienten que es insignificante o transitoria.

Los motores económicos del mundo occidental pueden habernos traído muchas cosas maravillosas, pero está claro que no nos han satisfecho de la manera en que muchos pensaron que lo harían. Resulta que los humanos tienen necesidades profundas que no siempre pueden ser satisfechas con más dinero y los últimos dispositivos. Cuanto más cambian las cosas, más nos encontramos lidiando con los mismos problemas que los antiguos griegos pudieron diagnosticar hace miles de años. Una vez que reconocemos sus habilidades perceptivas, tiene sentido que consideremos las soluciones que ofrecieron.

Mientras que muchos cambios superficiales han tenido lugar, la naturaleza humana sigue siendo prácticamente la misma que hace dos mil años. Los antiguos estoicos pueden estar muertos, pero sus ideas están tan vivas y vitales como siempre. Demasiadas personas se quedan atrapadas en la barrera del idioma que tiende a interponerse entre los lectores modernos y los textos antiguos. Por eso existen libros como este. Las verdades fundamentales en este libro no son nuevas, pero están siendo escritas para que un público moderno pueda entenderlas claramente y aplicarlas a la resolución de problemas contemporáneos. Este libro no trata de reinventar la rueda, se trata de empujar una rueda hacia adelante que ha estado girando durante miles de años.

La filosofía no se trata de adorar los pensamientos de filósofos antiguos y tratar sus ideas como intocables. Se trata del legado vivo de estas ideas. Regresamos a la sabiduría de los antiguos porque son ellos quienes crearon la base sobre la cual se han construido las filosofías posteriores. Sin embargo, aunque ninguna torre puede mantenerse sin una base firme, eso no significa que los muchos pisos que se han construido sobre ellas y que se podrían añadir en el futuro sean menos importantes o valiosos.

Conclusión Práctica

Al leer sobre la génesis antigua de las ideas, es fácil sentirse distante de ellas. Dado que solo hemos aprendido sobre ellas a través de la historia, es natural pensar en ellas como una especie diferente, con piel hecha de puro mármol blanco. Pero los antiguos eran humanos, al igual que nosotros, y las lecciones que enseñaron aún están siendo aplicadas por personas hoy en día.

Saca tu papel y utensilio de escritura. Ahora, piensa en personas que exhiben virtudes estoicas. Pueden ser personas que conoces en la vida real o personas que conoces de los medios.

Las ideas estoicas han permeado la cultura occidental. Esto significa que incluso las personas que nunca han oído la palabra estoicismo han sido influenciadas de alguna manera por sus ideas. También está el hecho de que el estoicismo se basa en las realidades de la vida y la naturaleza. Personas de todo el mundo han llegado a una comprensión estoica sin ninguna conexión con los antiguos griegos.

Puede ser difícil leer sobre virtudes en abstracto y luego traducirlo al mundo real. Por eso es útil buscar personas que personifiquen las virtudes. No deberías verlas como seres divinos, pero puedes usarlas para ayudarte a guiarte en la dirección correcta.

La historia del estoicismo no ha terminado, es un proceso en curso.

Capítulo 3: Percepción

Tienes poder sobre tu mente, no sobre los eventos externos. Date cuenta de esto y encontrarás fuerza.

—Marco Aurelio

Mientras que el estoicismo es famoso por el enfoque que toma respecto a las emociones, o la falta de ellas, la verdad es que el verdadero poder del estoicismo radica en su enfoque lógico y pragmático para enfrentar la realidad.

Los estoicos creían en tratar con el mundo tal como realmente existe. Esto puede parecer una afirmación simplista, pero una vez que llegues a entender lo que esto significa, comprenderás las profundas implicaciones.

Si quieres encontrar una solución, primero debes evaluar el problema con ojos claros y objetivos. Hacer algo menos que eso solo te llevará al fracaso.

La distancia entre el mundo y nuestra percepción

Los estoicos creían que había tres disciplinas necesarias para vivir un estilo de vida estoico. La primera era la percepción, la segunda la acción y la tercera la voluntad. Este orden no es un accidente, hay una razón por la que se considera que la percepción es la disciplina primaria del estoicismo.

La percepción se trata de ver el mundo tal como es. Se trata de observar la realidad de la manera más objetiva posible, eliminando los juicios de valor de la ecuación.

Si le preguntas a la mayoría de las personas sobre cuán exactamente perciben el mundo, te dirán que ven las cosas con total claridad. Después de todo, si tienen dos ojos sanos, ¿cómo más podrían ver las cosas? Pero la percepción no se trata solo de tu vista física, se trata de la forma en que tu mente procesa la información que absorbes cuando miras el mundo.

La mente procesa la información visual en dos pasos. El primero es cuando la luz que rebota en el objeto entra en el ojo y percibes la realidad frente a ti de manera visual. El segundo paso es cuando tu cerebro toma la imagen y le aplica una etiqueta. Este segundo paso es donde surgen los problemas.

El problema no es mirar a un pato y llamarlo pato. El problema es que miramos las tareas que tenemos delante y rápidamente sacamos conclusiones sobre si son posibles o no. Miramos a las personas el tiempo suficiente para captar su apariencia y luego decidimos si podemos confiar en ellas o no. Nos miramos a nosotros mismos y juzgamos de lo que somos capaces sin ninguna razón sólida que respalde nuestras conclusiones.

Los humanos tienen la necesidad de hacer juicios y nuestros juicios a menudo están lejos de ser precisos. Esto es lo que los estoicos entendían, y por eso enfatizaban tanto en corregir nuestra percepción para que veamos el mundo tal como es realmente antes de intentar actuar en él.

Primer día en el trabajo

Para ayudar a entender la naturaleza destructiva de la percepción inexacta, te guiaré a través de un escenario. Imagina que llegas a tu primer día en un nuevo trabajo y te reencuentras con tus compañeros de trabajo. En este escenario, eres una persona bastante crítica que tiende a sacar conclusiones rápidamente sobre todos los que conoces.

Entras a la oficina y la primera persona que conoces es tu nuevo jefe. Te da la mano, pero su agarre es un poco flojo. Inmediatamente lo etiquetas como débil antes de pasar a la siguiente persona. El primer compañero de trabajo que conoces tiene una sonrisa en su rostro pero una mancha en su camisa. La palabra "marginal" te viene a la mente antes de dejar a esa persona para conocer a otra. La última persona que conoces te saluda amablemente pero tiene una voz monótona, así que no puedes evitar pensar en ellos como aburridos.

Ahora, piensa en cómo esas etiquetas generadas al instante podrían impactar tus futuras relaciones laborales con esas personas. Las conclusiones a las que llegaste en este escenario basadas en casi ninguna información podrían influir en tus interacciones con tus compañeros de trabajo durante años.

Con suerte, ahora estás comenzando a ver cuán fácilmente nuestra percepción puede verse empañada por un deseo excesivo de juzgar el mundo que nos rodea. La mente no entrenada salta a conclusiones casi instantáneamente, pero los juicios que emite pueden perdurar durante días, semanas o incluso años.

Lento en Juzgar y Lento en Confiar

Mientras que algunas personas ya pueden estar de acuerdo con un enfoque más objetivo de la realidad, sé que habrá otros que serán reacios. Puede que hayas leído la sección "Primer día en el trabajo" y sentido que el personaje en el escenario tenía razón al hacer esos juicios. A menudo, las personas defienden este tipo de juicios por razones prácticas. Hay muchas personas por ahí, algunas de ellas tienen malas intenciones, y si esperas a que tales individuos revelen sus malas intenciones antes de tomar precauciones, entonces estarás a su merced.

Este es un punto justo, pero se pierde el sentido de retrasar el juicio. Mucha gente asume que si no etiquetas a alguien como deshonesto, entonces estás declarando que es honesto. Pero esto simplemente no es así. Puedes retener tanto juicios positivos como negativos al mismo tiempo. Si no conoces bien a alguien, puedes retener tanto la confianza como la desconfianza hasta que hayas tenido la oportunidad de tener una mejor idea de quién es como persona.

Recuerda que el estoicismo se trata de relacionarse con el mundo de manera racional y lógica. Si sabes que estás ingresando a un área donde el crimen es común, no tienes que pretender que esta información no está disponible para ti. Si la razón dice que se deben tomar precauciones de seguridad, entonces, por todos los medios, toma precauciones de seguridad.

Aún así, considera de dónde estás obteniendo tu información. ¿Estás juzgando el nivel de riesgo basado en información objetiva o en juicios rápidos basados en sesgos personales? Las personas tienden a sobrestimar su propia objetividad.

El hecho es que se necesita tiempo y energía para cultivar la habilidad de ver el mundo tal como es en realidad. Para la mayoría de las personas, no es como un interruptor que se puede encender o apagar; incluso si puedes contener el juicio durante un tiempo, es posible que te encuentres deslizándote de nuevo hacia viejos hábitos antes de que pase mucho tiempo. Pero no hay razón para desesperarse. El estoicismo no se trata de soluciones rápidas y fáciles; se trata de tomarse el tiempo para lograr un cambio verdadero y duradero.

Un Cambio en la Percepción

Nada es en sí mismo ni bueno ni malo, sino que el pensamiento lo hace así.

—William Shakespeare

Una vez que te tomes el tiempo para prestar atención a la forma en que percibes el mundo y lo moldeas con tus pensamientos, te darás cuenta de cuánta potencia tienes. Lo único desafortunado es que solo puedes darte cuenta de esto una vez que reconozcas que te has estado limitando a ti mismo de tu pleno potencial con pensamientos negativos injustificados.

La buena noticia es que nunca es demasiado tarde para hacer un cambio. Mientras sigas respirando, puedes tomar el control de tus pensamientos y usarlos para remodelar tu mundo.

Dando la vuelta al mundo

Hay un truco en el mundo del arte para cualquiera que quiera dibujar una imagen compleja pero se sienta abrumado al mirarla. El truco es tomar la imagen y darle la vuelta. De repente, la persona ya no siente que está dibujando una cabeza entera, en su lugar, la ve como si estuviera dibujando un campo de formas individuales. Cuando eliminas palabras como "difícil" o "imposible" de la imagen y te concentras en los pasos individuales, podrías sorprenderte de lo que puedes lograr.

Lo mismo se puede decir al examinar tu vida. La persona promedio observa los eventos que tienen por delante y se centra en todo lo que parece un desafío o un obstáculo. Una vez que los etiquetamos como problemas, tienden a crecer en nuestras mentes, convirtiéndose en amenazas desproporcionadas que se ciernen sobre nosotros y causan un estrés injustificado.

Pero, ¿qué pasaría si pudieras darle la vuelta a la imagen? ¿Qué pasaría si pudieras mirar lo que normalmente llamarías obstáculos y en su lugar los llamaras oportunidades?

Transformar una jaula en una herramienta

El triste hecho es que la mayoría de las personas están atrapadas por su propia percepción. Años de sesgo y programación mental les han dificultado ver el mundo tal como es. Peor aún, cuando miran el mundo, ven tantos obstáculos insuperables que se sienten desesperadamente restringidos.

Son como una persona que se pone un visor de realidad virtual y termina atrapada en un campo abierto. Aunque no hay paredes físicas que los rodeen, aún se sienten restringidos por las paredes que ven en su cabeza.

Aprender a ver el mundo objetivamente es como quitarse el visor. Te muestra toda la gama de movimientos disponibles para ti. Pero no tienes que quedarte ahí. Tomar control de tu percepción es como reprogramar ese visor de realidad virtual para ayudarte a encontrar hacia dónde te diriges. Este es el pleno poder de dominar tu percepción, puedes remodelar la forma en que ves el mundo de una manera que te impulse hacia adelante en lugar de retenerte.

Eliminando la Preocupación

Dominio de la percepción es una herramienta especialmente útil para cualquiera que lucha con la preocupación. Después de todo, ¿qué causa la preocupación? La mayoría de las personas experimentan este sentimiento después de identificar problemas potenciales en su vida y permiten que estos problemas potenciales atormenten su mente. Mientras el problema no sea abordado, permanecerá como una preocupación, flotando a través de su conciencia y causando estragos.

El problema con las preocupaciones es que no hay límite en cuántas puedes tener. Podrías pensar que podrías curarlas resolviendo tus problemas, pero una vez que la mente humana ha sido entrenada para buscar problemas potenciales, siempre encontrará más. Por eso es útil poder reentrenar tu cerebro. Una vez que lo hagas, casi no hay límite en lo que podrías lograr.

Separar la Aceptación del Acuerdo

Antes de pasar de la percepción, necesitamos discutir un tema relacionado, la aceptación. El estoicismo se basa en aceptar el mundo tal como es. Esto está vinculado con la percepción. La idea es que, para percibir el mundo tal como realmente es, debes estar preparado para aceptarlo tal como realmente es. Aquellos que sienten que el mundo debe ser de una cierta manera encontrarán formas de distorsionar su percepción para intentar alinear sus creencias con el mundo externo. Esto es algo que el estoicismo no puede aceptar.

El estoicismo dice que cualquier filosofía que no se base en una realidad actual es como una casa construida sobre arena. No importa cuán robusta pueda parecer, la falta de una base sólida la condenará al final.

Por eso los verdaderos estoicos deben aceptar el mundo tal como es. Hacer cualquier otra cosa pondría en peligro tu percepción y amenazaría todo lo demás que viene a continuación. Sin embargo, vale la pena señalar que la aceptación no significa acuerdo.

El caso por la acción estoica

Es fácil caer en la trampa de pensar que el estoicismo es una filosofía derrotista. La idea de un estoico que acepta el destino puede evocar una imagen de rendirse a los poderes establecidos, permitiendo que otras personas tomen el control y marchándose a las montañas a meditar mientras el mundo arde. Pero esto no podría estar más lejos de la verdad.

Una de las razones por las que es importante estudiar a Marco Aurelio es porque no solo fue un gran pensador, sino un hombre de acción. Encarnó la práctica estoica de la aceptación mientras actuaba como el emperador de la superpotencia preeminente del mundo antiguo. No se quedó de brazos cruzados aceptándolo cuando los galos atacaron Roma, sino que lideró a sus fuerzas y luchó.

Esto nos deja con una pregunta: ¿fue Marcus un hipócrita cuando moldeó el futuro para él y su pueblo? ¿Son los estoicos hipócritas cuando se quejan de algunos elementos de la naturaleza humana mientras promueven otros? ¡La respuesta es un rotundo "no"!

Entendiendo la razón detrás del mantra

Los estoicos señalan continuamente las cosas que los individuos no pueden cambiar para enfatizar las cosas que sí pueden. El "destino" que debe ser aceptado no es todo en realidad, es todo lo que está más allá de nuestra propia esfera de influencia.

El núcleo de esta esfera es nuestro propio comportamiento, la única cosa en la vida sobre la que tenemos un control casi total. Más allá de eso, tenemos a las personas y cosas que nos rodean con las que podemos interactuar. Esta es un área donde tenemos cierta influencia, pero no tenemos control en última instancia de la misma manera que tenemos control sobre nuestros propios pensamientos y acciones. Más allá de esta segunda capa está el resto del universo, que está completamente en manos del destino.

Tómate un momento para pensar en esto. Hay más de 6 mil millones de personas en este planeta. ¿Cuántas conoces o con cuántas interactúas de manera regular? Incluso si interactúas regularmente con miles de personas, eso sigue siendo menos del uno por ciento de uno por ciento de la población mundial. En el gran esquema de las cosas, la mayoría de la actividad humana está más allá de nuestra capacidad de controlar o incluso influir de manera real. Pero, ¿significa eso que no vale la pena intentarlo?

El estoicismo no se trata solo de autoayuda. Es una filosofía orientada hacia la virtud, y la virtud siempre ha sido entendida como un proyecto comunitario. La persona que vive sola en una isla desierta rara vez tiene la oportunidad de mostrar el tipo de virtudes que alguien en una comunidad puede practicar todos los días.

Así que, mientras que el estoicismo pide que aceptes el

mundo tal como existe en este momento, no significa que el mundo deba permanecer siempre como está. Por el contrario, los estoicos entienden que la única constante real es el cambio. El mundo está en constante cambio y tú, como individuo, estás obligado a actuar de manera virtuosa, por el bien de ti mismo, tu comunidad y tu mundo.

Los estoicos han provocado un cambio real a lo largo de la historia y no hay razón para que esta tendencia se detenga contigo. La belleza del estoicismo es que, una vez que dejas de lado el control de tu propia mente, puedes alcanzar niveles de eficacia que quizás nunca habías soñado antes. La acción impulsiva se reemplaza con acción cuidadosamente considerada. El emocionalismo se intercambia por un compromiso lógico con tu causa.

Y finalmente, los obstáculos que una vez te detuvieron pueden ser transformados. Los eventos que parecían problemas se convierten en oportunidades, ayudándote a trazar un camino hacia el futuro que nunca hubieras pensado posible sin el pensamiento estoico.

Un pensamiento cuidadoso puede permitirte dejar de preocuparte por las circunstancias que están fuera de tu control y concentrarte en aquellas que están dentro de tu capacidad de manejar. Puedes dejar de perder tiempo, energía y recursos en preocupaciones inútiles y comenzar a convertirte en un ser humano más eficaz y realizado. Este tipo de transformación no es rápida ni fácil, pero puede mejorar tu vida de manera inconmensurable si estás dispuesto a comprometerte con ello.

Así que, como ves, los estoicos pueden tener que aceptar la realidad actual, pero eso no significa que tengan que estar de acuerdo con ella. Son libres de trabajar para provocar un cambio, y las habilidades desarrolladas al practicar el estoicismo en realidad facilitan lograr resultados reales en este mundo.

Conclusión Práctica

Usar tus poderes de percepción para convertir obstáculos en oportunidades es una de las armas más poderosas en el arsenal de un estoico. Si deseas dominar esta habilidad, entonces deberías comenzar a practicar lo antes posible.

Saca tu papel y utensilio de escritura. Ahora, tómate un tiempo y escribe un obstáculo o problema del que has estado preocupándote últimamente.

Una vez que hayas terminado de escribir el problema, tómate otro momento para reevaluar la situación con la que estás tratando de manera más objetiva. Descríbela en términos fríos y técnicos, evitando emociones o cualquier otro lenguaje poderoso.

Ahora lleva las cosas un paso más allá y considera cómo la situación objetiva con la que estás lidiando podría ofrecer alguna oportunidad oculta.

Si has seguido estos pasos, entonces habrás tomado una fuente de preocupación en tu vida y la habrás convertido en una oportunidad para desarrollarte como ser humano. Este es un proceso que puedes utilizar una y otra vez a lo largo de tu día. No se puede prever cuántas oportunidades podrías descubrir si aprendes a dominar tu percepción.

Capítulo 4: Pasiones

El que reina dentro de sí mismo, y gobierna pasiones, deseos y miedos, es más que un rey.

—John Milton

Algunas personas que tropiezan con el estoicismo oyen que se trata de aceptar el mundo exterior y tomar control de su propia mente y asumen que es una tarea simple. Luego miran hacia adentro y descubren que el mundo dentro de ellos está en un estado que es tan caótico como el mundo exterior.

Los seres humanos son criaturas complejas. Solo pensamos que somos simples cuando no nos tomamos el tiempo para examinar verdaderamente nuestras propias vidas mentales. En cada momento somos un cúmulo de pensamientos conscientes e inconscientes, todos cargados de poderosas emociones. Para empeorar las cosas, todos estos pensamientos y emociones pueden ser altamente contradictorios, chocando y transformándose de momento a momento mientras avanzamos por la vida.

Aceptar el hecho de que no tenemos el control del mundo es difícil, pero no es ni la mitad de complicado que realmente ganar algún tipo de control sobre nuestra propia vida interior. Pero los estoicos no rehuían este desafío, trazaron un camino que cada uno de nosotros puede seguir hacia el dominio de nuestras propias pasiones y la recuperación del control de nuestras vidas.

Examinando las Pasiones

Como puedes ver hasta ahora, el estoicismo está muy interesado en la vida interior. La forma en que pensamos y sentimos es una de las primeras cosas que debemos abordar porque todo fluye de ellas. Si nunca aprendes a controlar tus emociones, entonces serás controlado por ellas.

Una cosa interesante sobre el enfoque de los estoicos es que idearon un plan para la iluminación que no requería deshacerse completamente de las emociones. Categorizaron lo que nosotros llamaríamos emociones en dos categorías, pathe, o pasiones no saludables, y eupatheiai, o pensamientos saludables. Estas categorías fueron establecidas por Zenón y continuadas por los estoicos futuros.

Comenzaremos con las pasiones poco saludables:

-   Dolor

    -   Esta pasión se define como el sentimiento que se experimenta al vivir algo incorrectamente etiquetado como malo. Es la emoción que sentimos cuando nos aferramos a heridas, insultos o cualquier otra desgracia percibida que experimentamos. Esta pasión nos causa sufrimiento innecesario debido a nuestras percepciones en lugar de la realidad.

• Miedo

○ Este es el impulso irracional de evitar problemas que podríamos esperar. Presta atención a la palabra “irracional.” Este es el impulso que nos muestra peligros al acecho en cada sombra, incluso cuando sabemos que casi con certeza no hay nada que temer. Esta pasión desperdicia nuestro tiempo y energía en amenazas imaginarias cuando deberíamos estar enfocándonos en problemas reales.

• Ansia

○ Este es el impulso irracional de buscar algo que se entiende erróneamente como bueno. Una vez más, las palabras clave aquí son “irracional” y “erróneamente.” El problema no es el deseo, el tema es que la cosa deseada no es realmente el bien que el buscador cree que es. Los estoicos están preocupados de que la vida se desperdicia anhelando cosas de ningún valor real cuando debería ser dedicada a buscar cosas que son correctas y virtuosas.

• Placer

○ Este es el sentimiento irracional de euforia que se experimenta cuando una persona elige algo que no es virtuoso ni valioso. Esta es la naturaleza seductora del pecado y el mal comportamiento manifestada emocionalmente. El placer es un sentimiento que lleva a las personas a desviarse del camino de la virtud, sintiéndose bien en el momento pero llevando a la culpa y el sufrimiento a largo plazo.

Si todo esto suena como una culpa, no te preocupes. El estoicismo no es una filosofía legalista que se trata de castigar a las personas que violan sus reglas estrictas. Estas descripciones pueden sonar duras, pero debes recordar que los estoicos creen que estas pasiones son poco saludables y destructivas.

El punto no es que algún sabio estoico te castigue si sientes estas pasiones, sino que estas pasiones te llevarán por un camino destructivo. En el estoicismo, terminas castigándote a ti mismo cuando no actúas de acuerdo con la virtud. Pero, por otro lado, puedes salvarte de tus impulsos más oscuros aprendiendo a practicar un pensamiento saludable.

Teniendo eso en cuenta, veamos los pensamientos saludables:

● Precaución

○ El impulso lógico de evitar acciones que violen la virtud. Este pensamiento saludable puede entenderse como el impulso de evitar hacer daño a otros, mantener distancia de influencias negativas y evitar cualquier curso de acción que viole tus valores personales.

● Deseando

○ Este es el deseo apropiado por la acción o los resultados virtuosos. El deseo de actuar correctamente hacia los demás, de proteger a los inocentes y de vivir de acuerdo con tus valores personales puede categorizarse como deseo. El estoicismo diría que cuando sientes tu conciencia guiándote hacia un cierto curso de acción virtuosa, estás experimentando el pensamiento saludable del deseo.

● Alegría

○ Esto se define como una felicidad racional provocada por acciones o eventos virtuosos. La vida de un estoico no es gris y desoladora, la idea es que el estoico se regocija en todo lo que es realmente bueno. Cuando un estoico elige seguir un curso de acción que está en línea con sus valores, entonces puede sentir alegría en su logro y en los buenos resultados que podría haber traído.

Este sistema de categorización puede ser un poco confuso al principio. Las etiquetas en inglés utilizadas a menudo pueden parecer muy difusas ya que no son tan distintas como las palabras del griego antiguo que usaban los estoicos originales. Pero lo que no debería ser demasiado difícil de entender es la idea de que todo gira en torno a la virtud.

Las pasiones poco saludables están casi todas orientadas a llevarte a violar la virtud o tus valores personales, mientras que los pensamientos saludables se centran en impulsarte en la dirección de una vida virtuosa. Entender esto es la enseñanza más importante; si puedes hacerlo, entonces las distinciones más sutiles se volverán claras con un estudio adicional.

Pasiones Opuestas

Una de las cosas brillantes sobre esta categorización es la manera en que las pasiones poco saludables se emparejan con pensamientos saludables. El miedo se empareja con la precaución, el anhelo se empareja con el deseo y el placer se empareja con la alegría. En lugar de ver cada una de las seis emociones como completamente distintas y separadas del resto, puedes verlas como tres continuos con un lado saludable y un lado poco saludable. Esto significa que no se trata de deshacerse de ciertas emociones, sino de avanzar a lo largo de un espectro hacia una forma de pensar más saludable.

Por ejemplo, el placer es el opuesto de la alegría. Esto significa que si quieres vivir una vida más saludable, necesitas tomar la parte de ti mismo que está constantemente buscando placer y redirigirla para buscar alegría.

Para aclarar aún más, imagina que estás a dieta. Perder peso y volverte más saludable son valores para ti, así que quieres tomar decisiones que estén alineadas con estos valores. Te despiertas por la mañana, te diriges a la oficina y encuentras que hay dos bocadillos para el desayuno sobre la mesa, una dona y una manzana. ¿Cuál eliges?

Tu impulso de placer es el lado que te empuja hacia la dona. Los estoicos ven el placer como un sentimiento agradable que, en última instancia, trabaja en contra de tus valores. En este caso, la dona te impedirá alcanzar tus metas. Así que, aunque se siente "bien" en el momento, en última instancia es un sentimiento autodestructivo. Por otro lado, comer la manzana te daría alegría porque está en línea con tu objetivo. Es un sentimiento completamente bueno, algo que te guía hacia la virtud en lugar de alejarlo de ella.

El estoicismo dice que no tienes que hundirte en la negación. Puedes pasar todo el día lamentándote por el hecho de que no conseguiste la dona que querías, o puedes alegrarte por el hecho de que tomaste una decisión saludable y ahora vives de acuerdo con tus valores. La idea es que no deberías permitir que pasiones poco saludables controlen o monopolizan tu mente. Al enfatizar y reflexionar sobre pensamientos saludables, puedes tener más control sobre tu vida y vivir con mayor tranquilidad y satisfacción.

El Único Problema del Dolor

Es posible que hayas notado que, cuando estábamos discutiendo los pares emocionales creados por los estoicos, no mencionamos el dolor. Eso se debe a que los estoicos creían que el dolor era una pasión única que no tenía un paralelo saludable. Así que, mientras los estoicos buscaban transformar la mayoría de las pasiones, estaban tratando de liberarse de la pasión del dolor.

Nota que estoy especificando que estamos hablando de una pasión aquí. Cuando los estoicos hablan sobre eliminar el dolor o el sufrimiento, no están hablando de removerlos como sensaciones físicas. Si le das un puñetazo a cualquier estoico, sentirán dolor, el estoicismo puede abrir muchas puertas, pero no te hará sobrehumano. La diferencia radica en cómo reacciona mentalmente el estoico al recibir un puñetazo.

Los estoicos definieron la pasión del dolor como un "fracaso en evitar algo erróneamente juzgado como malo" (Internet

Encyclopedia of Philosophy). Observe las palabras "juzgado como malo."

Para un estoico, evitar el dolor se trata de cambiar tu percepción. Las cosas que no quieres que sucedan van a suceder. No hay nada que puedas hacer para protegerte por completo. Lo que puedes hacer es cambiar la manera en que piensas sobre las cosas que suceden. Puedes saltar a etiquetarlas como malas y caer en un ciclo de sufrimiento o puedes entrenarte para aceptar las cosas que suceden y trascender el sufrimiento.

Una Lesión, Dos Dolores

El estoicismo dice que cuando somos heridos, en realidad sentimos dos tipos de dolor. El primer tipo de dolor es la sensación física del dolor que es el sistema de advertencia natural de nuestro cuerpo para alertarnos de que algo no está bien. Este tipo de dolor es parte de la naturaleza y una parte importante de la vida. Hay personas que no sienten dolor y estas personas tienen más probabilidades de sufrir lesiones permanentes porque no tienen dolor que actúe como una señal de advertencia para hacerles retroceder. Los estoicos están en contra de la segunda instancia del dolor, que es el dolor que sentimos mientras reflexionamos sobre la lesión inicial y nos regodeamos en nuestra reacción emocional.

Esto es cierto tanto para las lesiones físicas como para las lesiones emocionales. Piensa en las veces que has sido insultado. El primer sufrimiento que sentiste fue el dolor casi automático de ser atacado y luego sentiste el sufrimiento prolongado de lidiar con las secuelas del insulto. Tómate un momento para pensar en los insultos que aún puedes recordar, y podrías sorprenderte al darte cuenta de lo lejos que puede recordar tu mente incluso desaires menores.

Los seres humanos tienen una manera de aferrarse al dolor. Podríamos argumentar que necesitamos hacerlo, porque si dejáramos ir y olvidáramos rápidamente los eventos dolorosos, entonces podríamos no aprender de ellos. Pero el estoicismo argumenta que se puede aprender de los insultos y las heridas sin reflexionar sobre ellos. De hecho, argumenta que el verdadero aprendizaje requiere un nivel de desapego que no sentimos cuando nos aferramos a nuestro sufrimiento.

¿Cuántos argumentos se convierten en rencores porque ninguna de las partes está dispuesta a soltar su dolor? ¿Cuántas ofensas menores conducen a cismas destructivos porque a la gente le gusta obsesionarse con los problemas hasta que crecen desmesuradamente?

El estoicismo considera el dolor emocional como un corte físico. Si quieres que un corte sane, entonces necesitas dejarlo en paz. Si sigues hurgando en tu herida, no formará costra y no sanará. Esto se aplica tanto a las heridas físicas como a las emocionales. Reflexionar sobre insultos y lesiones puede parecer lo correcto, pero en realidad es un curso de acción altamente destructivo.

No lado opuesto

Si puedes recordar la primera sección de este capítulo, donde introdujimos por primera vez las diversas pasiones, entonces recordarás que la mayoría de las pasiones poco saludables estaban vinculadas a pensamientos saludables. La única pasión que no tenía tal vínculo era el dolor.

Esto se debe a que los estoicos creían que el dolor era una pasión única. La idea es que la pasión del dolor es completamente irracional y, por lo tanto, no hay una forma racional de procesar esta emoción. Este es un caso en el que el objetivo es la eliminación total.

Podrías decir que lo opuesto al dolor es la aceptación. El dolor o el sufrimiento es lo que sientes cuando luchas contra el mundo tal como es. Cuando la lluvia está cayendo sobre ti y te dices a ti mismo "esta es una situación horrible", entonces te estás sometiendo al dolor. La solución es dejar de aplicar la etiqueta. Simplemente di a ti mismo "la lluvia está cayendo sobre mí". No necesitas intentar engañarte a ti mismo haciéndote creer que algo bueno está sucediendo contigo, la idea es que simplemente dejes de pensar que estás sufriendo y entonces el sufrimiento cesará.

Transcender el Sufrimiento

Uno de los objetivos finales del estoicismo es trascender el sufrimiento. Podrías incluso decir que el estoicismo fue creado en respuesta al problema exclusivamente humano del sufrimiento.

Digo "únicamente humano" porque, hasta donde podemos decir en este momento, los humanos son las únicas criaturas en la Tierra que pueden sufrir en el sentido que el estoicismo considera. Una vez más, esto no significa que los muchos animales en esta tierra no sientan dolor físico o agonía cuando son dañados. De lo que estoy hablando es del sufrimiento que nos infligimos a nosotros mismos cuando reflexionamos sobre las circunstancias que creemos que son negativas.

No podemos evitar que otros nos hagan daño, pero podemos trabajar para asegurar que no nos infligamos un daño innecesario a nosotros mismos. Muchas personas son sus peores enemigos, tomando problemas momentáneos y estirándolos a lo largo de toda su vida. Un dolor que podría desaparecer en cuestión de momentos se convierte en un compañero permanente.

Es hora de rechazar el dolor. Siente lo que tienes que sentir y luego sigue adelante con tu vida. Puede sonar imposible, pero podrás descubrir las cosas que tu mente puede hacer si estás dispuesto a tomarte el tiempo para desarrollar tus habilidades y tomar el control de tus pensamientos. El dolor físico puede ser siempre un hecho de la vida, pero con práctica puedes reducir drásticamente el dolor mental que te infliges.

Logrando un Equilibrio

Lograr un equilibrio emocional puede parecer un proceso difícil. Después de todo, ¿cómo empieza uno? Afortunadamente, el Estoicismo tiene una solución. La respuesta es la virtud.

Una de las grandes luchas que vienen con abordar problemas relacionados con nuestras vidas interiores es el riesgo de perdernos dentro de nosotros mismos. La mente humana puede ser un laberinto de contradicciones y el corazón puede ser aún más desconcertante. La introspección es difícil para muchas personas, mientras que otras la encuentran tan adictiva que se pierden dentro de sí mismas. Lo crean o no, cuando buscamos dentro de nosotros mismos puede ser demasiado fácil perdernos. Por eso, es útil tener algo más allá de nosotros mismos que podamos usar como guía.

Aquí es donde entra la virtud. La virtud es aquello que orienta toda la búsqueda estoica. Los estoicos no creían que la superación personal fuera una búsqueda materialista que se tratara solo de ganar más dinero, obtener más prestigio o simplemente sentirse mejor consigo mismo. Los estoicos creían que la vida tenía un propósito y ese propósito era vivir una vida virtuosa.

Esto es especialmente importante cuando se trata de nuestras emociones o pasiones. Si tus emociones están orientadas hacia la virtud y tus valores personales, entonces tendrás una vida emocional saludable. Pero si tus emociones te llevan constantemente lejos de la virtud y hacia el vicio, entonces tus emociones te llevarán continuamente al dolor y la frustración.

Desarrollando una Vida Emocional Saludable

El estoicismo trata de tener tu mente bajo control, y eso significa tener un control sobre tus emociones. Si tus emociones te están dominando, entonces no tienes el verdadero control de tu vida, que es lo único que los estoicos creen que realmente puedes controlar. Por eso las emociones son tan importantes para los estoicos.

Puedes creer que tus emociones no están bajo tu control, pero este es un error colosal. Puede que nunca hayas pedido las emociones que sientes, pero eso no significa que seas impotente ante la influencia de tus emociones.

Puede ser cierto que no controlas las emociones que sientes, pero puedes elegir cómo reaccionar ante las diferentes emociones a medida que surgen. A través del trabajo duro y la dedicación, puedes potenciar tus emociones positivas y constructivas mientras minimizas tus emociones negativas y destructivas.

Existe la posibilidad de que puedas controlar tus emociones a pura fuerza de voluntad, pero no tengas miedo de buscar ayuda si sientes que la necesitas. Obtener ayuda de amigos, grupos de apoyo o profesionales capacitados puede ser muy beneficioso para este proceso. Recuerda, ser estoico no significa que no puedas pedir ayuda. A veces, lo más valiente que puedes hacer es contactar a otra persona.

Conclusiones Prácticas

El estoicismo se trata de dominar tus pasiones identificando áreas problemáticas y trabajando para revertirlas. Con eso en mente, es hora de profundizar para encontrar una pasión con la que estés luchando.

Saca tu utensilio de escritura y papel. Ahora, escribe una pasión con la que luchas, aparte del dolor.

Recuerda, estás buscando una emoción que es destructiva. Es algo que te está alejando de la vida virtuosa que deseas vivir.

Ahora que has anotado una pasión poco saludable, regresa al principio de este capítulo y encuentra un pensamiento saludable que corresponda a la pasión que elegiste. Escríbelo frente a la pasión poco saludable.

Ahora, considera cómo puedes ayudarte a alejarte de tu pasión poco saludable y hacia un patrón de pensamiento más saludable. La idea es que no necesitas renunciar a tus emociones, simplemente necesitas redirigirlas en una dirección más saludable y productiva.

Este proceso no transformará instantáneamente tus pensamientos, pero te ayudará a ser más consciente de tus problemas y te señalará una posible solución. Recuerda, no puedes abordar un problema hasta que lo identifiques. Ignorar tus problemas permite que se pudran y crezcan fuera de control. Abordarlos de frente es la única manera de recuperar el control de tu mente y el control de tu vida.

Capítulo 5: Tomar Acción

No expliques tu filosofía. Encarnala.

—Epictetus

El mundo está lleno de personas que no toman acción y luego se sientan a preguntarse por qué nada va de acuerdo con sus deseos. Lamentan lo que ha sucedido en el pasado, se inquietan por lo que sucederá en el futuro y permanecen pasivos en el presente.

Los estoicos rechazan este enfoque. Aunque practican la aceptación, no significa que sean pasivos. Aceptan el mundo a su alrededor que no pueden controlar. Esto permite un mayor enfoque en lo que se puede controlar, tus propias acciones.

No Más Filósofos de Sofá

¿Cómo se ve un filósofo para ti?

Para muchas personas, la palabra filósofo evoca la imagen de un anciano blanco con una chaqueta de tweed, sentado en un sillón sobrecargado pensando intensamente en algo muy serio.

Lo que necesitas entender es que la filosofía no es solo para las personas que pueden ganar dinero escribiendo o hablando sobre su estudio, la filosofía es para todos. Prácticamente cada persona pensante en esta tierra tiene una filosofía, el problema es que la mayoría de las personas llegan a sus filosofías sin pensar.

Muchas personas actúan sin realmente entender las ideas y creencias que impulsan sus acciones. Y muchos filósofos piensan muy profundamente sobre ideas y creencias, pero rara vez actúan basándose en sus conclusiones. El estoico considera que ambos caminos son trágicos. El estoicismo fue desarrollado para ser vivido, no solo estudiado.

Probablemente esta sea una de las razones por las que la historia del estoicismo está llena de tantos filósofos que lograron cosas asombrosas fuera del ámbito del pensamiento puro. Es una filosofía de personas que tomaron acción, para personas que quieren tomar acción.

A menudo se dice que uno de los grandes problemas de este mundo es que las personas que toman acción no piensan en lo que están haciendo mientras que las personas que piensan en lo que están haciendo nunca terminan tomando acción. Esta frase puede ser un poco exagerada, pero refleja una verdad valiosa. El mundo necesita más personas que sean capaces de unir pensamiento y acción para crear el tipo de cambio significativo que anhelamos como sociedad.

Lo que significa la acción

En este libro hablaremos mucho sobre la acción, pero esta es una palabra que es fácil de malinterpretar. Cuando la mayoría de las personas modernas piensan en una persona de acción, imaginan a alguien que está en constante movimiento. Alguien que tiene un horario lleno de actividades muy impresionantes. Pero este no es el tipo de acción del que estamos hablando.

Decidir detenerse por un momento y tomar una respiración profunda antes de continuar es una acción. Mantener una posición defensiva en lugar de atacar es una acción. Mantener los ojos cerrados y el cuerpo quieto puede ser una acción. Lo que importa es la intencionalidad. Necesitas pensar en lo que estás haciendo y luego tomar un curso de acción que esté alineado con tu pensamiento.

La acción es algo que eliges hacer de manera activa y consciente. La reacción es algo que haces de manera pasiva o subconsciente.

Acostarse en la cama porque quieres descansar toda la noche es tomar acción. Acostarse en la cama porque tienes tantas cosas que hacer que te sientes abrumado es una reacción. Decidir no hacer nada cuando alguien te insulta porque no quieres escalar la situación es tomar acción. Atacar a esa persona y empeorar la situación es una reacción.

Muchas personas en este mundo parecen tener mucho que hacer, pero en realidad están viviendo de forma reactiva. Se mueven sin pensar de una acción a la siguiente hasta que se acuestan a dormir y olvidan todo lo que hicieron ese día. Mientras tanto, algunas personas que parecen perezosas según los estándares convencionales pueden estar viviendo una vida de acción constante y deliberada que está alineada con sus metas y valores.

Si tu objetivo es aclarar tu mente, entonces tu mejor opción podría ser salir a la naturaleza y experimentar paz y tranquilidad. Si quieres entenderte a ti mismo, entonces podrías meditar en una habitación oscura y silenciosa. Si quieres acercarte más a tu familia, entonces podrías pasar un día simplemente pasando el rato y jugando con ellos.

En una sociedad consumista moderna, es fácil caer en la trampa de pensar que las únicas acciones que tienen valor son aquellas que producen resultados tangibles. Siempre queremos algo para "mostrar por nuestros esfuerzos". Incluso pasatiempos que se supone que son relajantes, como los videojuegos, rápidamente se convierten en competiciones para acumular puntos, ganar logros y compararnos con los demás.

Entonces, mientras un estoico debe tomar acción, toma acción basándose en los valores estoicos. No se mueven para impresionar a otros, se mueven como una expresión de sus valores fundamentales. No se preguntan "¿cómo se verá esto ante otras personas?" Se preguntan "¿cómo me ayudará esto a desarrollar mi virtud?"

Al mirar tu vida y la vida de quienes te rodean, asegúrate de no confundir movimiento con acción. Algunas de las almas más activas son las más humildes, mientras que algunas de las vidas más vacías están completamente ocupadas con actividades sin sentido. No permitas que distracciones frívolas te impidan llevar a cabo las acciones significativas que necesitas realizar.

El verdadero valor de la acción

Finalmente, vale la pena explicar por qué la acción es tan importante para los estoicos. No es solo porque el estoicismo fue desarrollado por individuos prácticos, aunque esto ciertamente es parte de la razón. La razón más profunda es que los estoicos creen que el sentido completo de la vida es el desarrollo de nuestras virtudes personales y la creación de un mundo más virtuoso. Este es un objetivo que no se puede lograr sin acción.

Si deseas convertirte en una persona más tranquila, más controlada y más virtuosa, entonces necesitarás tomar acción. No lograrás estos tipos de objetivos elevados leyendo sobre otras personas, necesitas trazar un plan de acción y seguirlo tú mismo.

Este es el camino que los estoicos han seguido durante miles de años y es el camino que está abierto para ti. La pregunta es si estás dispuesto o no a hacer lo que sea necesario para convertirte en la persona que quieres ser.

Superando la Parálisis por Análisis

Uno de los mayores problemas que impiden que las personas reflexivas tomen acción es un fenómeno conocido como parálisis por análisis. Esta etiqueta fue inventada para describir el escenario, demasiado común, donde alguien se estanca al considerar todas las opciones posibles disponibles o todos los ángulos concebibles, hasta el punto de que se vuelve incapaz de comprometerse con un curso de acción particular.

Este fenómeno es especialmente común entre el tipo de personas que están interesadas en temas como la filosofía. Las personas introspectivas y analíticas son muy buenas viendo los diferentes lados de las cuestiones, lo cual es algo fantástico hasta que se convierte en algo negativo. Siempre debes esforzarte por reflexionar sobre tus acciones, pero en cierto momento necesitas actuar.

Vivimos en un mundo que está desbordado de opciones. Puede parecer que cada momento de cada día está lleno de innumerables elecciones. ¿Cómo se supone que debemos actuar cuando parece que es imposible elegir cuál de los miles de caminos disponibles para nosotros es el mejor?

Afortunadamente, el Estoicismo tiene algunos consejos útiles para atravesar el caos y trazar un camino hacia adelante. No te proporcionará las respuestas a cada pregunta que enfrentas, pero te dará algunas herramientas que te ayudarán a tomar decisiones que impulsarán tu vida de manera positiva y productiva.

Moviéndose Virtuosamente

Una vez más debemos volver a ese concepto estoico clave: la virtud. Esta es una cuestión especialmente importante a considerar cuando hablamos de acción, ya que nuestras acciones suelen tener consecuencias que van más allá de nosotros mismos.

El estoicismo dice que cuando trazamos un curso de acción, la consideración más importante es si esa acción es virtuosa o no. La otra pregunta es si la acción te ayudará a desarrollar tu virtud.

Si deseas vivir una vida de acuerdo con los principios estoicos, entonces una de las cosas más importantes que hay que hacer es llegar a algún entendimiento de lo que la virtud significa para ti. Puedes leer libros sobre lo que es la virtud y escuchar debates entre los defensores de diferentes sistemas éticos, pero al final solo tú puedes decidir en qué crees realmente.

Puede llevar mucho tiempo y esfuerzo desarrollar un sistema de firmes creencias sobre cómo es una vida virtuosa. Pero una vez que tienes una idea clara en tu cabeza, siempre podrás comparar las acciones potenciales con tu vida ideal y preguntarte si están o no alineadas. Esta única prueba puede ayudarte a superar gran parte del desorden de la vida y pasar de una vida de indecisión y arrepentimiento a una vida de acción y realización.

Por supuesto, no cada curso de acción está cargado de peso ético. Cuando estás en la tienda y tratando de elegir una fruta para comprar, no tienes que sentir que tu virtud está en juego. Pero eso no significa que el estoicismo no tenga nada que ofrecer en estas situaciones. Cuando te enfrentas a una situación en la que la virtud no está en juego y no puedes decir qué opción es preferible, simplemente elige una opción y sigue adelante con tu vida.

Enfrentando Consecuencias Inesperadas

Sé que todavía hay algunos de ustedes que están preocupados por actuar. Pueden preocuparse de que, aunque actúen con la mejor de las intenciones, sus acciones puedan tener consecuencias no intencionadas que lastimen a otras personas. Entonces, podrían enojarse contigo o quizás tendrías que vivir con la culpa el resto de tu vida.

El estoicismo tiene una respuesta para esto. El sistema ético en el que se basa el estoicismo es la ética de la virtud. La idea de la ética de la virtud es que las acciones son correctas o incorrectas según la intención de la persona que actúa, en lugar del resultado de sus acciones. Compara esto con el consecuencialismo, que dice que las acciones son correctas o incorrectas según el resultado de las acciones en lugar de la intención de las personas que actúan.

El debate entre estas dos escuelas de pensamiento ha estado ardiendo durante miles de años. Las buenas personas se adhieren a ambos sistemas de creencias, pero los estoicos tienen una buena razón para posicionarse donde lo hacen. Uno de los principios más fundamentales del estoicismo es que solo controlamos nuestros propios pensamientos y acciones, no podemos controlar el resultado de nuestras acciones. Si crees esto, entonces no tiene sentido alterarse preocupándose por consecuencias inesperadas, ya que son, por definición, imposibles de predecir.

Tenga en cuenta que esto no significa que deba actuar sin pensar en las cosas. Los estoicos aún realizan su debida diligencia para asegurarse de que sus acciones no tengan consecuencias que no sean evidentes, pero que podrían preverse a partir de un examen de toda la evidencia. La idea es simplemente que en algún momento las cosas están más allá de nuestra capacidad de predecir. No se puede culpar a otros por las consecuencias impredecibles de sus acciones y no debería sentirse culpable por el mismo tipo de resultados.

Todo esto es más fácil de decir que de hacer. Incluso sabiendo estas cosas, aún puede ser doloroso ver cómo los planes salen mal y la gente sufre a causa de tus decisiones bien intencionadas. Pero un estoico busca trascender este sufrimiento, entendiendo que no tiene valor. Nada se mejora cuando te castigás por cosas que no puedes controlar, tu dolor nunca sanará a los demás. Por eso el estoico no se queda atrapado en circunstancias desafortunadas, solo busca aprender lo que puede y seguir adelante.

¿Cuál es el peor escenario posible?

Otra forma de animarte a actuar es detenerte a considerar qué es lo que realmente te impide avanzar. Una de las formas más comunes en que las personas se interponen en su propio camino es drenando en los peores escenarios que pueden resultar de sus elecciones. Aunque podría sugerir que simplemente deberías ignorar estos escenarios porque casi siempre son muy poco probables, en este caso voy a sugerir que los afrontes de frente.

Así que, tómate un segundo y considera cuál podría ser el peor resultado posible de la opción que estás considerando.

Ahora que tienes este escenario en mente, pregúntate si serías capaz de vivir con las consecuencias.

El hecho es que los humanos son más resistentes de lo que a menudo nos damos crédito. Podemos sobrevivir a grandes lesiones, tanto literales como metafóricas. Cada día, las personas sufren tragedias y cada día las personas continúan viviendo con las secuelas.

Ahora, tómate un segundo para considerar las verdaderas probabilidades de que termines enfrentándote a un verdadero peor escenario posible. A menos que seas un temerario o estés considerando algo que sea inusualmente peligroso, probablemente vas a salir ileso de las consecuencias de un intento fallido.

Por supuesto, hay algunas situaciones donde las consecuencias pueden ser mortales. Y en estos casos, vale la pena recordar que todos vamos a morir en algún momento. Esto no significa que debas tirar tu vida a la basura, pero sí significa que debes engañarte a ti mismo al pensar que al evitar riesgos potencialmente mortales puedes vivir para siempre. Puedes vivir dentro de una burbuja toda tu vida, haciendo nada más que hacer ejercicio y comer comida saludable, y al final, aun así morirás.

Por favor, entiende que no estoy sugiriendo que asumas riesgos por el simple hecho de tomarlos. Esa no es la manera estoica. La idea no es buscar problemas y desgracias, sino reconocer que realmente no necesitamos tener miedo de las cosas que nos mantienen despiertos por la noche. Nadie quiere enfrentar el fracaso, pero el fracaso no es el fin del mundo. La verdad es que el éxito puede llevar al fracaso y el fracaso puede llevar al éxito. Por eso un estoico toma la vida como viene, sacando lo mejor de cada situación.

Moviendo Rápidamente y Con Valentía

Recuerda el concepto más básico del estoicismo: la vida es lo que tú haces de ella. Lo que otras personas podrían ver como contratiempos o decepciones; un estoico puede ver como oportunidades. Cuando vives con una mentalidad estoica, no tienes que vivir con miedo. Puedes tomar decisiones con total confianza ya que sabes que, pase lo que pase, podrás manejar el resultado. Siempre que tomes tus decisiones con la vista puesta en la virtud, entonces puedes vivir sin remordimientos.

Cada resultado es una oportunidad

La otra cosa a considerar al mirar la acción a través de una lente estoica es que, sin importar si una acción conduce a un "fracaso" o a un "éxito," el resultado se ve más adecuadamente como una oportunidad. Un verdadero estoico rechaza etiquetas como "fracaso" y "éxito" por esta razón. Dirían que la vida es una serie de situaciones donde tenemos la oportunidad de desarrollar nuestras virtudes.

El éxito te brinda la oportunidad de desarrollar tu humildad y generosidad, manteniendo la cabeza en su lugar y compartiendo la riqueza con quienes te rodean. Mientras tanto, el fracaso te permite desarrollar las virtudes de la perseverancia y la creatividad. Es fácil seguir adelante cuando todo va según lo planeado, se necesita un verdadero carácter para seguir avanzando y idear nuevos planes a pesar de tus fracasos anteriores.

La historia americana no sería la misma si el General Ulysses S. Grant siempre hubiera conseguido su deseo. A diferencia de muchos de los grandes líderes de la historia, Grant era un hombre humilde. Cuando asistió a West Point, su sueño no era convertirse en general, solo esperaba poder ser profesor de matemáticas y ganarse la vida para él y su amada Julia.

Aún así, sintió una obligación hacia el ejército que había pagado por su educación y siguió sus órdenes mientras lo llevaba a México, a través de Panamá y hasta la lejana frontera de California. Cuando Grant vio San Francisco sintió un nuevo llamado en la vida y soñó con mudarse a la ciudad algún día. Pero la vida lejos de su familia le golpeó duro y comenzó a beber. Terminaría siendo dado de baja del ejército bajo una sombra de vergüenza que lo seguiría toda su vida (Largay, 2014).

Durante diez años lucharía por ganarse la vida en el Este, dejado para revolcarse en la vergüenza por el fracaso de su carrera militar. Pero lo que no sabía era que la inminente Guerra Civil Americana le permitiría escalar rápidamente las filas del Ejército de la Unión y convertirse en el general estadounidense más poderoso desde George Washington.

Grant no solo vería su propia fortuna cambiar; cambiaría la fortuna de una nación. Era la última esperanza de Abraham Lincoln, reemplazando a una larga serie de generales que habían fracasado en derrotar a Robert E. Lee. Para cuando Grant asumió el poder, la Unión disfrutaba de muchas ventajas sobre los confederados en papel, pero la población estaba enferma y cansada de la guerra. Lincoln estaba en campaña para la reelección y parecía que perdería ante un candidato que pediría la paz con el Sur, permitiendo que los estados rebeldes finalmente se separaran de la Unión y aseguraran el futuro de la esclavitud en América.

Si Grant hubiera conseguido su deseo y se hubiera convertido en profesor universitario, nunca habría obtenido la experiencia militar que lo prepararía para la Guerra Civil. Si hubiera logrado tener éxito en la Costa Oeste y establecerse en San Francisco, entonces casi con seguridad habría quedado allí para defender el territorio de un ataque extranjero durante la Guerra Civil.

Si Grant no hubiera fracasado miserablemente una y otra vez en su vida, nunca habría podido convertirse en la leyenda que es hoy. Yendo más lejos, es muy posible que los fracasos personales de Grant, en última instancia, salvaran a la Unión y liberaran a innumerables hombres y mujeres de la esclavitud.

El éxito crece del campo del fracaso

El caso de Ulysses S. Grant es bastante extremo, pero el patrón básico es algo que se puede ver en todos los ámbitos de la vida. Si lees la biografía de casi cualquier individuo exitoso, verás que no habrían logrado lo que lograron si no hubieran fracasado en algún momento de su vida. Fracasos que parecían insuperables en ese momento, en última instancia, abrirían el camino a éxitos previamente inimaginables.

Nadie nace con su vida perfecta trazada ante ellos. Créalo o no, tener éxito en lo primero que intentas no es necesariamente el camino hacia la felicidad. A veces, el fracaso es necesario para señalarte una dirección en la que serás más feliz y más realizado.

Cuando dejas de enfocarte en ver la vida a través de la lente binaria del éxito y el fracaso, podrás ver que todo es una oportunidad. Esto puede ayudarte a liberarte de tu parálisis. En lugar de esperar y esperar una oportunidad perfecta que podría nunca llegar, puedes permitirte avanzar con confianza, sabiendo que cuanto antes tomes acción, antes encontrarás nuevas oportunidades.

La fortuna favorece a los audaces. La oportunidad perfecta no va a caer en tu regazo, solo se revelará si te expones y sigues buscando oportunidades donde otros no las están buscando.

Conclusión Práctica

Para este capítulo se te pedirá que hagas algo un poco diferente.

Pon tu papel y utensilios de escritura a un lado. Ahora piensa en lo que necesitas hacer en este momento. Es probable que estés posponiendo algo que podrías hacer ahora mismo. Podría ser algo importante para tu trabajo o podría ser algo pequeño como sacar la basura o enviar un mensaje rápido a alguien con quien has estado queriendo hablar. O podría ser algo interno, como tomarte un tiempo para meditar en silencio.

¿Tienes algo en mente? Hazlo ahora mismo.

Está bien, ¿lograste hacerlo? Espero que sí, pero sé que hay algunas buenas excusas por las que podrías haber seguido leyendo. Podrías estar en un autobús lleno, o sentado en una playa, o en algunas otras situaciones donde no puedes hacer lo que necesitas hacer o donde no tienes obligaciones reales. Aún podrías haber tomado un minuto para meditación silenciosa, pero simplemente seguiremos con esto.

Si estás en una de estas situaciones y simplemente estás leyendo el libro sin hacer esto ni ninguno de los otros ejercicios, no te castigues por ello. Pero debes entender que los beneficios que obtendrás se verán disminuidos. Así que te recomendaría que intentes hacer estos ejercicios prácticos tan pronto como puedas.

Los humanos son criaturas naturalmente perezosas. Nos aferramos a cualquier excusa que nos permita eludir nuestras responsabilidades. La única manera de superar esta tendencia natural hacia la inacción es desarrollando intencionadamente un hábito de tomar acción. Puede ser difícil al principio, pero es necesario si quieres alcanzar tu máximo potencial.

Capítulo 6: Lente Estoica

Debemos adoptar una perspectiva más elevada de todas las cosas y soportarlas con más facilidad: es mejor que un hombre se burle de la vida que lamentarse por ella.

—Séneca

Mientras que el estoicismo comienza con la introspección, eventualmente el estoico necesita mirar hacia el mundo que lo rodea. El control comienza con la comprensión de tus propias emociones, pero eventualmente necesitas considerar cómo encajas en el mundo que te rodea.

Cada filosofía intenta dar sentido al mundo caótico y confuso, y el estoicismo no es diferente. Ofrece a las personas una verdadera visión del mundo, una forma de mirar el mundo que te rodea y entender lo que está ocurriendo. Cuando realmente entiendas los conceptos estoicos, podrás dar sentido a muchas de las cosas que te habían molestado anteriormente. Esto no significa que las acciones de los demás de repente se vuelvan lógicas, pero podrás entender el tipo de errores que conducen a los desastres que ves cada vez que enciendes la televisión o abres un periódico.

Ni pesimismo ni optimismo

"¿Eres un pesimista o un optimista?"

Este es el tipo de pregunta que a la gente le encanta hacer. Apela a nuestro deseo natural de dividir el mundo en extremos blancos y negros que podemos etiquetar rápida y fácilmente para nuestros propios propósitos.

El estoicismo se encuentra fuera de esta forma binaria de ver el mundo. Mientras que algunas personas pueden pensar que el estoicismo suena pesimista, la verdad es que rechaza los extremos tanto del pesimismo como del optimismo.

Mira de esta manera: un optimista mira un vaso de agua y dice que está medio lleno. Un pesimista mira un vaso de agua y dice que está medio vacío. Un estoico mira un vaso de agua y acepta la cantidad de agua que hay en el vaso.

Recuerda, el estoicismo se trata de aceptar el mundo tal como es, ya que está más allá de nuestro control. Tenemos cierto control sobre nuestro futuro cuando tomamos el mando de nuestras propias acciones, pero aún no podemos controlar cómo las personas y las cosas reaccionarán a nuestras acciones y el efecto mariposa que nuestras decisiones podrían crear.

La otra cosa que hay que recordar es que el estoicismo trata de trascender etiquetas como bueno y malo. Un optimista espera que sucedan cosas buenas, un pesimista espera que sucedan cosas malas, mientras que un estoico espera que las cosas sucedan.

Sin Expectativas

Una cosa que un estoico debe evitar son las expectativas confiadas sobre lo que sucederá en el futuro. Esto se debe a que el estoico entiende que lo único que controla es a sí mismo. El mundo está lleno de fuerzas que están más allá de nuestro control. Podemos buscar entender e influir en estas fuerzas, pero incluso en nuestro mayor poder estamos severamente limitados.

So many people believe that their life should be like a symphony, where all the notes are perfectly laid out in front of them and all they need to do is play along and everything will work out just fine. The Stoic understands that this is folly.

El estoicismo nos dice que la vida es más como un concierto de jazz. Los patrones pueden surgir de vez en cuando, pero están en constante cambio, y depende de nosotros improvisar y tratar de crear algo hermoso a partir del caos que nos rodea. El momento en que piensas que conoces la melodía y puedes apagar tu mente es el instante en que el tempo cambiará y te quedarás atrás.

Para algunas personas, esta es una revelación sumamente frustrante. Lucharán por aferrarse a su antigua forma de pensar incluso mientras el mundo viola constantemente sus creencias y confunde su pensamiento. Una cantidad desafortunada de personas experimenta vidas de frustración porque nunca pueden entender este hecho.

Aquellos que tienen éxito son los que aceptan la realidad tal como es, con caos y todo. Incluso si no es como preferirías que fueran las cosas, aún puedes encontrar belleza si sabes dónde mirar. Cuando la vida no está dispuesta de manera perfecta frente a ti, es posible experimentar la sensación de libertad en el momento, aprovechando cada oportunidad que encuentres para buscar la superación personal y la realización.

Visto a través de esta lente, el mundo del estoicismo no se ve tan sombrío. Creo que encontrarás que muchas creencias estoicas que parecen sombrías o oscuras a primera vista, en realidad resultan ser edificantes y afirmativas de la vida si te tomas el tiempo para comprenderlas adecuadamente.

Leyendo Más Allá de los Titulares

A medida que aprendas a ver el mundo a través de una lente estoica, llegarás a entender cuán pocas personas adoptan este enfoque. Muy pocos seres humanos buscan trascender sus emociones, permitiendo que la pasión nuble su visión y controle las acciones que toman.

Ningún lugar es más claro que cuando miras a los medios modernos. Ya sea que estés mirando el periódico, la televisión, la pantalla del cine o internet, puede parecer que todo está diseñado para hacerte enojar, deprimir o sentirte cohibido.

Los seres humanos son propensos a pasiones negativas por nuestra propia naturaleza. Aquellos en los medios entienden que la manera más fácil de hacernos involucrarnos con sus productos es avivando estas pasiones. Por eso los estoicos deben estar en guardia al tratar con los medios. No todos los medios son malos, pero debes entender que la mayoría de los medios están más interesados en intensificar tu pasión que en fomentar el cultivo de la virtud personal.

Si quieres mejorar tu propio estado de ánimo y vivir de acuerdo con las virtudes estoicas, entonces definitivamente debes tomarte el tiempo para reconsiderar tu dieta de medios.

Manipulación de los Medios Masivos

¿Alguna vez te has preguntado cuál es el objetivo de los medios? ¿Es entretener? ¿Es informar? ¿Es producir obras de gran valor? Sin duda, puede ser todas estas cosas, pero en esta era de consumismo, necesitas recordar que lo más importante que cualquier medio debe hacer es generar dinero.

Esto es algo que la mayoría de las personas sabe intelectualmente, pero sigue siendo fácil de olvidar cuando estás viendo una pieza de contenido producida profesionalmente que ha sido elaborada utilizando enormes cantidades de dinero para eludir tus defensas y así estés abierto a lo que tenga para vender.

Uno de los sectores más problemáticos de los medios modernos es el de las noticias. Esto se debe a que todos podemos coincidir en que una industria de noticias saludable es importante para mantener al público informado y controlar las ambiciones de quienes manipularían y abusarían de la población. Pero no puedes olvidar que muchos productos noticiosos modernos son tanto entretenimiento como información, difuminando las líneas de modo que se vuelve difícil saber cuándo te están informando y cuándo te están manipulando.

"Si sangra, lidera." Este adagio es algo que todo estoico debería tener en cuenta. Si enciendes las noticias en cualquier día, es probable que te encuentres lidiando con un diluvio de muerte, destrucción y horror que puede ser difícil de digerir.

Con todo el horror que desfila por nuestras pantallas a cada hora del día, puede ser fácil creer que estamos viviendo en uno de los peores períodos de la historia humana. Pero si te tomas el tiempo de comparar las estadísticas sobre el mundo moderno con las de hace solo unas décadas, verás un panorama muy diferente.

Por muchos indicadores, en realidad estamos viviendo en uno de los períodos más saludables, seguros y prósperos de la historia registrada. Por favor, entiendan que no estoy sugiriendo que aquellos que señalan el sufrimiento real en este mundo estén haciendo un mal servicio. Las noticias deben resaltar la injusticia y atraer la atención de las personas que podrían ser capaces de hacer un cambio. Pero en un mundo que está repleto de más de seis mil millones de almas, nunca habrá un fin a las historias tristes.

Cuando veas las noticias o consumas los medios, recuerda que no siempre están retratando una imagen precisa de la vida. Los actos de violencia siempre ocuparán la primera página, mientras que los actos de bondad suelen relegarse a la parte de atrás. Las personas que crean los medios entienden que es más fácil ganar dinero con tus pasiones insalubres que apelar a tus pensamientos más saludables.

Por eso, los estoicos siempre deberían mirar más allá de los titulares. No saques conclusiones precipitadas ni sobregeneralices a partir de una cantidad limitada de información. Deberías ver el tiempo que pasas viendo o leyendo las noticias como una oportunidad para practicar tus virtudes estoicas, esforzándote por evitar aplicar etiquetas mientras buscas la verdad más profunda.

Esta no es una forma fácil de consumir medios, pero es una forma más saludable y virtuosa de hacerlo. Recuerda, cada momento de tu vida es una oportunidad para desarrollar tu virtud, ya sea que estés con amigos o sentado en casa deslizando por tu teléfono. El verdadero estoico está constantemente alerta a las oportunidades para desarrollarse y crecer.

Enfermedad de las Redes Sociales

Mientras que los medios tradicionales siempre han apelado a las pasiones humanas, la última innovación mediática ha llevado este enfoque a un nivel completamente nuevo. Las redes sociales son una versión más potente y adictiva de los antiguos medios de comunicación de masas. Es cierto que las redes sociales pueden hacer muchas cosas maravillosas, pero también pueden tener una amplia gama de efectos secundarios destructivos de los que demasiadas personas no son conscientes.

Las redes sociales como Facebook, Twitter e Instagram están diseñadas para aprovechar tu subconsciente y crear un sentido de dependencia. Te atraen afirmando que fomentan la comunidad y luego te enganchan con la descarga de dopamina que sientes cuando las personas "les gusta" el contenido que compartes.

Nada de esto significa que tengas que eliminar tus cuentas de redes sociales. Para bien o para mal, los sitios de redes sociales se han convertido en lugares importantes para recopilar información, conectarse con colegas y hacer negocios. Con todo esto en mente, puede que tengas muchas buenas razones por las que no puedes simplemente abandonar las redes sociales. Pero eso no significa que no puedas replantearte la forma en que usas estos sitios.

Al reducir o replantear la forma en que utilizas las redes sociales, puedes mitigar su impacto negativo mientras te concentras en los aspectos más positivos. Este es un camino difícil de seguir, pero si deseas llevar una vida más feliz y saludable, vale la pena reflexionar crítica y cuidadosamente sobre el papel que juegan las redes sociales en tu rutina diaria.

Desconectándose de la Matrix

El negocio de manipular las pasiones insalubres de los seres humanos es un negocio de miles de millones de dólares. La publicidad, el entretenimiento, las noticias, la política, todos estos campos están dirigidos por profesionales que están entrenados en el arte de manipular las pasiones humanas para lograr ciertos objetivos. Algunos objetivos son más virtuosos que otros, pero al final, el hilo conductor que los conecta a todos sigue siendo su naturaleza manipuladora.

Incluso cuando entiendes que estás siendo manipulado, es probable que encuentres difícil escapar de las trampas que se han tendido para ti. Esta es la insidiosa genialidad de la manipulación de los medios modernos; incluso las personas que comprenden que las redes sociales les están provocando depresión siguen regresando día tras día debido a su dependencia personal y la red global de presión por pares que los rodea.

Por favor, entiende que no estoy diciendo que necesitas convertirte en un ludita que abandona todas las formas de tecnología y medios para vivir una vida de meditación silenciosa en un monasterio. Incluso si este fuera el curso de acción más saludable para todos, lo cual dudo que sea, el hecho es que no es una sugerencia realista. Lo que es realista es un esfuerzo concertado para intentar contrarrestar los efectos de la manipulación mediática para que puedas intentar obtener un mayor nivel de estabilidad emocional y control mental.

Intenta reducir tu consumo de medios. Sé más selectivo con las cosas que pones en tu mente. Practica un escepticismo saludable cuando encuentres historias de noticias que están diseñadas para jugar con tus pasiones.

Memento Mori

Preparemos nuestras mentes como si hubiéramos llegado al final de la vida. No post pongamos nada. Equilibremos las cuentas de la vida cada día... Quien da los toques finales a su vida cada día nunca carece de tiempo.

—Séneca

La frase "memento mori" es central en el pensamiento estoico. Es latín, que se traduce aproximadamente como "recuerda que debes morir."

Es una frase contundente que nos enfrenta a un hecho de la vida con el que la mayoría de nosotros preferiría no lidiar. Podrías estar pensando que es demasiado mórbido y que no pertenece a un libro sobre cómo liberarte del estrés. Después de todo, ¿qué podría inspirar más estrés que el espectro de la muerte?

Pero debes recordar que una de las prácticas fundamentales del estoicismo es la aceptación del destino. Te guste o no, todos compartimos un destino común. Esta es una de las razones por las que un libro escrito por alguien tan singularmente poderoso como un emperador romano podría inspirar a personas de todos los ámbitos de la vida.

La muerte es una constante para todos nosotros, no importa cuán ricos o poderosos podamos ser. Es un recordatorio de que, aunque algunas personas parecen haber trascendido más allá del reino de los simples mortales a través de su talento, prestigio o belleza, al final todos deben enfrentar la muerte.

No es algo que ninguno de nosotros quiera aceptar, pero practicar el estoicismo significa aceptar verdades difíciles. Pero esto no significa que el estoicismo sea una filosofía mórbida. Toda filosofía honesta debe lidiar con la muerte. La pregunta es cómo lo hacen.

¿Vida Después de la Muerte?

En este punto, algunos de ustedes pueden estar preguntándose qué dice el estoicismo sobre la vida después de la muerte. Después de todo, casi todos están de acuerdo en que la muerte es inevitable, pero casi nadie puede ponerse de acuerdo sobre lo que sucede después de la muerte.

Aquí es importante recordar que el estoicismo es una filosofía, no una religión. A lo largo de la historia, los estoicos han tenido muchas creencias religiosas diferentes. Los primeros estoicos eran politeístas griegos y romanos que creían en todo un panteón de dioses. Luego, cuando el Imperio Romano se convirtió al cristianismo, muchos pensadores cristianos combinaron la teología cristiana con ideas estoicas para crear nuevas formas de pensar sobre la vida. Hoy en día, personas de todas las fes y creencias pueden llamarse escépticos, cada uno encontrando alguna manera de combinar las ideas del estoicismo sobre esta vida con sus convicciones religiosas acerca de la posibilidad de una vida después de la muerte.

Recuerda que el estoicismo es una filosofía práctica. Está diseñado para responder a la pregunta de cómo deberíamos actuar en esta vida. Nada en el estoicismo excluye la posibilidad de una vida después de la muerte, pero tampoco está comprometido con la idea de una.

Esta es una área en la que debes llegar a tus propias conclusiones. Solo entiende que, sean cuales sean tus creencias, no estás solo en la comunidad estoica. Es un grupo diverso y acogedor que está abierto a personas de todas las creencias.

Viviendo a la sombra de la muerte

Cuando las personas son expuestas por primera vez al estoicismo, la idea de "memento mori" puede surgir a menudo como una creencia que parece bastante mórbida y de mal gusto. Esto es comprensible, es fácil mirar a alguien que piensa regularmente en la inevitabilidad de la muerte y asumir que es una especie de "adorador de la muerte" que ama la muerte más que la vida. Pero esto no podría estar más lejos de la realidad cuando se trata de la gran mayoría de los estoicos.

La verdad es que los estoicos no piensan en la muerte porque sea placentera, nos recordamos la muerte porque es desagradable. Es el chapuzón de agua fría que nos despierta a la dura realidad, que es que la vida es limitada.

La mayoría de los estoicos ama la vida. Sin ninguna certeza con respecto a la vida después de la muerte, solo podemos estar seguros de que esta vida es nuestra oportunidad para vivir virtuosamente y buscar una mejora constante. El hecho de que la muerte sea inevitable es un recordatorio de que solo tenemos una cantidad finita de tiempo disponible para lograr todas las cosas que queremos lograr.

No recordamos la muerte porque valoremos la muerte, la recordamos porque nos recuerda cuánto deberíamos valorar la vida. Ninguno de nosotros sabe cuánto tiempo estará en esta tierra. Puedes vivir hasta los 120 años o podrías morir mañana. Por eso es importante aprovechar al máximo cada momento, porque nunca sabes cuál momento será el último.

Conclusión Práctica

La muerte es algo con lo que nadie quiere lidiar, pero todos lo enfrentaremos un día. Los estoicos siempre han creído que aceptar las realidades de la vida es esencial para vivir la mejor vida posible. En este ejercicio, examinaremos una forma saludable y productiva de abordar el tema de la muerte.

Saca tu papel y utensilio de escritura. Ahora tómate unos momentos para escribir la elocuencia que te gustaría que se leyera en tu funeral algún día.

¿Has terminado?

Este es un ejercicio clásico que está diseñado para ayudarte a concentrarte en cuáles son tus verdaderos valores en esta vida. En una sociedad consumista, puede ser demasiado fácil perderse en un bosque de preocupaciones materiales. Pero cuando todo está dicho y hecho, la mayoría de las personas valoran las relaciones por encima incluso de sus posesiones físicas más preciadas.

Lee tu elogio y pregúntate cómo te sientes al respecto. ¿Sientes que has vivido una vida de la que puedes estar feliz cuando todo esté dicho y hecho? ¿O sientes que la manera en que estás viviendo tu vida no se alinea con tus prioridades más profundas?

Pensar en tu propia muerte no es una actividad placentera, pero puede ayudar a enfocar tu mente en lo que realmente es importante en tu vida.

Capítulo 7: Vivir de acuerdo con la naturaleza

Para un ser racional, actuar de acuerdo con la naturaleza y de acuerdo con la razón es lo mismo.

—Marcos Aurelio

Un estoico a menudo se entiende como alguien que permanece en silencio y soporta el dolor y la lucha, pero esto es solo una parte de una imagen más grande. El estoicismo nos enseña que debemos soportar dificultades cuando sea necesario, pero el punto más importante es que debemos intentar seguir el flujo de la naturaleza en lugar de luchar contra ella.

Una vida de estoicismo no tiene por qué ser una vida de lucha. Los estoicos siempre han buscado vivir una vida de paz y armonía, donde las decisiones humanas estén alineadas con la naturaleza.

El Mundo Natural, Por Dentro y Por Fuera

El Sabio Estoico se supone que acepta la naturaleza en su totalidad, tanto por dentro como por fuera. Esto significa que acepta la naturaleza humana que lo rige como individuo y a la sociedad en general, al tiempo que acepta las leyes de la naturaleza que rigen todo en este planeta y en todo el universo. La vida no es una lucha para el Sabio porque no solo acepta la naturaleza a regañadientes, sino que se mueve con sus mareas y es llevado a través de la vida.

Antes de profundizar demasiado en este tema, es importante tomar un momento para entender qué quieren decir los estoicos cuando hablan de la naturaleza. Cuando los individuos modernos hablan de la naturaleza, se imaginan el mundo natural, con plantas, animales y cielo azul. Pero cuando los filósofos estoicos consideraban la naturaleza, estaban pensando en las características fundamentales de todo lo que existe.

Entonces, cuando hablamos de aceptar la naturaleza, eso incluye aceptar el mundo natural que nos rodea, pero también significa algo que es simultáneamente más grande y más íntimo.

El Mundo Natural

Una de las primeras y más importantes cosas que un estoico debe aceptar es el mundo natural que rige toda la vida. Solo podemos sobrevivir en este planeta porque las leyes de la naturaleza lo permiten. Los estoicos también entendían que, aunque los humanos pueden ser diferentes de otras formas de vida en algunos aspectos cruciales, aún encajamos en el ecosistema más grande como una pieza que se coloca en un gran rompecabezas.

La razón exige que aceptemos respetuosamente las fuerzas de la naturaleza y nuestro propio lugar en el vasto e imposiblemente complejo mundo natural en el que residimos. Esto puede parecer otra sugerencia obvia, pero descubrirás que a menudo las personas tienen dificultades para aceptar el mundo natural.

Considera cuántas veces has escuchado a personas quejarse de las leyes básicas de la naturaleza. Esto es algo que es especialmente común cuando se trata de personas que están tratando de perder peso. ¿Quién no se ha preguntado por qué la comida poco saludable parece saber tan bien mientras que la comida saludable parece tan poco atractiva? Después de un largo día de ejercicio, casi cualquiera se sentirá obligado a preguntar por qué engordar es tan fácil mientras que quemar calorías es tan difícil.

Todos sentimos la necesidad de quejarnos de las muchas formas en que el mundo puede ser frustrante. El estoicismo enseña que no debemos sentirnos mal por este impulso natural, pero también dice que no debemos ceder a él. Cuando sentimos la necesidad de quejarnos de las leyes de la naturaleza, debemos, en cambio, practicar la aceptación.

También debes recordar que cada vez que nos sentimos frustrados, tenemos la oportunidad de desarrollar nuestra virtud personal. Cualquiera puede avanzar sin problemas a través de una vida sin desafíos, se requiere una persona virtuosa para enfrentar los obstáculos de frente y superarlos sin quejarse.

Esto no significa que siempre podrás afrontar cada hecho frustrante de la vida con perfecta gracia, pero puedes esforzarte por ser como un Sabio en todo lo que haces. El objetivo es el crecimiento; siempre que te empujes constantemente a crecer y mejorar, estás actuando de acuerdo con la virtud estoica.

Naturaleza Humana

Otro aspecto de la naturaleza con el que cada estoico tiene

que lidiar es la humanidad. Como humanos, compartimos una naturaleza común que nos conecta. Tenemos nuestras propias naturalezas individuales, y luego tenemos una naturaleza colectiva que rige cómo interactuamos entre nosotros en grupos.

Mucho antes de que los antropólogos entendieran la importancia de la comunidad para todos los seres humanos, los estoicos comprendieron que, como humanos, somos criaturas sociales.

Como dijo Marco Aurelio, los humanos "nacieron para la cooperación, como los pies, como las manos, como los párpados, como las filas de dientes superiores e inferiores. Por lo tanto, trabajar en oposición unos a otros es ir contra la naturaleza: y la ira o el rechazo es oposición."

No todos somos igualmente sociales por naturaleza. Algunas personas necesitan más tiempo a solas, mientras que otras requieren casi una socialización constante. Pero los seres humanos, en general, necesitan conexiones sociales fuertes para vivir vidas saludables y productivas.

Comprensión y Aceptación

Muchos estoicos modernos encuentran que la práctica de vivir de acuerdo con la naturaleza es una de las cosas más difíciles de hacer.

No hay forma de evitar la complejidad total de este asunto, pero hay atajos que puedes tomar para sortear algunas de las preguntas más técnicas y llegar a los problemas que son más relevantes para nuestras vidas diarias.

Como estoico, tu principal tarea es entender qué puedes cambiar en esta vida para que puedas aceptar las cosas que actualmente no puedes. Un punto que la filosofía estoica repite una y otra vez es que no debemos desperdiciar tiempo y energía luchando por cambiar cosas que no se pueden cambiar. Esto se considera la cima de la locura y la caída de muchas almas desafortunadas.

Por eso el estoicismo pone tanto énfasis en la acción personal. Muchas cosas en este mundo están fuera de nuestro control, pero si miras dentro de ti mismo, encontrarás que puedes lograr muchas cosas. Puede que no puedas reescribir las reglas de la sociedad moderna, pero si estás dispuesto a hacer lo que es necesario, puedes cambiar drásticamente la forma en que vives dentro de esta sociedad.

El Estado No Natural de la Vida Moderna

Mientras que los estoicos antiguos no se centraban en cosas como cielos azules y campos verdes cuando discutían el poder de la naturaleza, estaban viviendo en un mundo muy diferente al que vivimos actualmente. Incluso en las grandes ciudades de Atenas y Roma, los estoicos nunca podrían haber imaginado un mundo tan alejado de la naturaleza como las ciudades que los seres humanos modernos han creado.

El estoicismo no está en contra de que los humanos hagan cambios en su entorno. La invención y la innovación son partes esenciales de la naturaleza humana; muchos estoicos argumentarían que vivir una vida sin ropa, herramientas o viviendas construidas violaría la naturaleza humana. Pero también hay un punto en el que los humanos se alejan tanto de los entornos que nos moldearon que somos como peces que han sido sacados del agua. Muchas personas que viven vidas solitarias en habitaciones oscuras están prácticamente ahogándose, privadas de muchas de las cosas que su naturaleza humana anhela a un nivel fundamental.

Nada de esto sugiere que el estoicismo exige que dejes la ciudad atrás y te dirijas al campo. La idea es más humilde que eso, lo que se necesita es una mayor exposición a entornos naturales y un regreso a los patrones más naturales de vida que existían antes de que los humanos comenzaran a intentar transformar el mundo.

Pasa menos tiempo mirando imágenes del mundo en una pantalla de computadora y más tiempo observando el mundo con tus propios ojos. Toma descansos regulares de tus apartamentos y oficinas compactos para salir bajo el cielo abierto.

La Importancia del Sueño

Un cambio especialmente crucial a considerar es tu horario de sueño. Pocas personas modernas duermen tanto como necesitan. Y incluso cuando las personas duermen lo suficiente, a menudo experimentan un sueño de baja calidad que les deja sintiéndose cansadas e irritables a medida que pasan el día.

La persona promedio necesita más sueño del que está obteniendo. Un estudio mostró que "el cuarenta y cinco por ciento de los estadounidenses dice que un sueño pobre o insuficiente afectó sus actividades diarias" a lo largo de la semana promedio (National Sleep Foundation, 2014). También hay preguntas sobre los patrones de sueño. Durante la mayor parte de la existencia humana, las personas se iban a la cama alrededor del atardecer y se despertaban alrededor del amanecer. Esto tiene perfecto sentido si consideras el hecho de que la mayoría de las personas tenía elecciones limitadas para iluminar la oscura noche, por lo que no había mucho que pudieran hacer una vez que el sol se ponía.

Pero gracias a la llegada de la electricidad, ahora podemos extender nuestras actividades diarias hasta altas horas de la noche. Esto puede ser a veces beneficioso para nuestras vidas sociales, pero puede causar problemas en nuestros horarios de sueño. Solo porque puedas desobedecer el reloj interno de tu cuerpo, no significa que debas hacerlo. Conectarte con los ritmos naturales de tu cuerpo es una buena manera de volverte más feliz, más saludable y más enérgico.

Comida para el pensamiento

Otra área que deberías examinar seriamente es tu dieta. El cuerpo humano necesita ciertos nutrientes para hacer todo lo que está diseñado para hacer. Intentar vivir sin comer una selección diversa de alimentos nutritivos es como conducir tu coche sin poner gasolina en el tanque. La lógica dicta que eventualmente te quedarás varado al lado de la carretera.

Debes aceptar que tu cuerpo necesita ciertas cosas si quieres vivir una vida saludable y productiva. Así como la aceptación de la realidad es un requisito esencial que debe venir antes de la acción racional, una buena dieta debe preceder a una vida saludable. No puedes tener una sin la otra.

Mientras que el estoicismo se centra en lo que los seres humanos pueden lograr cuando dominan el control de sus mentes, no es una especie de misticismo que crea que la mente está desconectada de alguna manera del cuerpo. Una mente sana puede ayudar a mejorar la condición de tu cuerpo, pero lo mismo sucede al revés. Si no cuidas de tu cuerpo, entonces la condición de tu mente se deteriorará.

Cortando el desorden y encontrando el control

Los avances modernos en los campos de la ciencia, la tecnología y la medicina han mejorado nuestra calidad de vida de muchas maneras. Pero además de los muchos aspectos positivos que disfrutamos, también surgen muchos inconvenientes.

Por todos los lujos materiales que disfrutamos, muchas personas modernas se sienten sofocadas. Pasan por la vida en un mundo que es estrecho, concurrido y lejos del aire limpio y fresco que una vez disfrutaron nuestros antepasados. Experimentamos el mundo a distancia, mirando simulaciones y recreaciones en lugar de experimentar las cosas de primera mano.

La vida no tiene que ser así. No tienes que dejarte llevar por las multitudes y ser arrastrado hacia un futuro del cual no quieres ser parte. El poder para hacer un cambio y trazar tu propio camino está dentro de ti. Solo necesitas apoderarte de ello.

Lo que la aceptación no significa

Mientras estamos en el tema de la aceptación, es importante entender sus limitaciones. La aceptación estoica simplemente significa aceptar el mundo tal como es en el momento presente. No significa que tengas que amar el mundo tal como es o someterte a todo lo que hay en él.

Puede haber contaminación en el río cerca de tu casa. El estoicismo dice que debes aceptar que el agua está contaminada. ¿Eso significa que deberías bajar al río y beber? ¡No! El estoicismo se trata de acción racional; nunca te pedirá que hagas algo tan irracional y autodestructivo.

Para una comprensión más profunda de este concepto, veamos una gran cita de Marco Aurelio:

Un pepino es amargo. Deséchalo. Hay espinas en el camino. Aléjate de ellas. Esto es suficiente. No añadas: "¿Y por qué se pusieron tales cosas en el mundo?" Porque serás ridiculizado por un hombre que conoce la naturaleza, así como serías ridiculizado por un carpintero y un zapatero si criticases porque encontraste virutas y recortes en su taller de las cosas que hacen.

Lo que Aurelio está señalando aquí es que demasiadas personas desperdician su energía protestando contra cosas que no pueden cambiar. Cuando puedes tomar acciones simples para evitar lidiar con problemas, entonces deberías tomar esas acciones y continuar con tu vida. Cuando debes soportar frustraciones, entonces deberías soportarlas en silencio y luego continuar con tu vida. Quejarse sin cesar sobre circunstancias que están fuera de tu control solo agrega a tu sufrimiento, no hace que el mundo sea más agradable.

Esta cita también nos recuerda que el estoicismo no siempre se trata de soportar cualquier cosa desagradable que se presente en tu camino. Si no quieres comer un pepino, entonces no necesitas comerlo. Si un cierto dolor es difícil de atravesar, puedes encontrar una ruta diferente. Ser estoico significa que soportarás cosas desagradables cuando sea necesario, no significa que tengas que buscar o someterte a cada cosa negativa bajo el sol.

El estoicismo se trata de encontrar la paz a través de la aceptación. Se trata de cesar la lucha interminable contra las personas y cosas que están más allá de nuestro control. El Sabio Estoico trasciende las luchas de la realidad cotidiana al aceptarla tal como es, con un corazón y una mente tan abiertos que pierde el poder de influir en los pensamientos del Sabio de cualquier manera.

Cambiando lo que puedes y aceptando lo que no puedes

Cuando los estoicos hablan sobre la naturaleza, están considerando los rasgos fundamentales que hacen que algo sea lo que es. Esto se refleja en la forma en que hablamos sobre el mundo natural que existe más allá de la civilización humana. Los pájaros, los árboles y la hierba existieron antes de que los humanos inventaran el fuego, y reclamarán la Tierra si la humanidad alguna vez se extingue.

Las creaciones de la humanidad pueden ser maravillosas, pero no deberíamos perdernos tanto en nosotros mismos que pensemos que solo porque podemos sobrevivir sin algo, significa que podemos vivir vidas saludables sin ello. En todo el mundo, la gente está disfrutando de las últimas comodidades mientras se marchitan lentamente debido a la falta de recursos naturales básicos.

No tienes que convertirte en un revolucionario para mejorar tu calidad de vida. Es posible aceptar muchos de los cambios de la vida moderna sin abandonar las cosas básicas que siempre han hecho posible la vida humana saludable.

Cada estoico debe practicar la aceptación, pero eso no significa que no deban actuar. A veces, necesitas aceptar que tienes necesidades que no están siendo satisfechas, y luego actuar en función de esas necesidades.

Entonces, ahora es el momento de preguntarte, ¿estás viviendo en armonía con tu naturaleza básica?

Lección Práctica

En este mundo moderno, demasiadas personas están viviendo fuera de sintonía con sus necesidades naturales.

Saca un papel y un utensilio de escritura. Ahora escribe todas las cosas que crees que los humanos han necesitado para vivir vidas saludables a lo largo de la historia humana.

Una vez que tengas la lista, revísala y considera en qué áreas de tu vida podrías estar fallando. Rodéalas y luego haz una lluvia de ideas sobre cómo podrías abordar estas preocupaciones.

El estoicismo pone un gran énfasis en el pensamiento, pero los estoicos siempre han entendido que los humanos somos más que solo nuestros cerebros. Los pensamientos saludables son más propensos a surgir de cuerpos saludables. Así que comienza a dar cualquier paso que puedas para cuidar de ti mismo.

Capítulo 8: Estoicismo y Psicología

Las cosas en las que piensas determinan la calidad de tu mente.

—Marco Aurelio

Desde su creación, el estoicismo ha buscado explicar cómo funciona la mente humana y cómo puede ser remodelada en nuestra búsqueda por vivir vidas virtuosas. Cuando el estoicismo surgió por primera vez en la antigua Grecia, fueron los filósofos quienes estaban mejor equipados para profundizar en las preguntas relacionadas con la mente humana y los pensamientos y sentimientos que la rodean.

Pero han pasado dos mil años desde el nacimiento de la filosofía y muchas cosas han cambiado. Mientras los filósofos siguen trabajando arduamente para entender la naturaleza de la conciencia humana, ha habido un cambio importante que ha reescrito el papel de la filosofía. La filosofía ya no es la forma principal en que entendemos la mente humana; ahora nuestra comprensión fundamental proviene del estudio científico de nuestros cerebros y patrones de pensamiento.

Campos de estudio como la psicología, la biología y la neurología han reformulado la manera en que pensamos sobre el pensamiento. ¡Pero esto no significa que la filosofía esté fuera del juego! Sigue leyendo para descubrir cómo los estoicos modernos lidian con las últimas revelaciones producidas por los científicos que han desentrañado los secretos de la mente humana.

La Filosofía Antigua se Encuentra con la Ciencia Moderna

El cerebro humano es una cosa increíblemente compleja. Desde la llegada del método científico, hemos llegado a comprender muchas cosas sobre cómo funciona el cerebro, pero cada pregunta que hemos respondido ha planteado muchas otras.

Aún así, podemos decir ciertas cosas sobre el cerebro humano que los antiguos estoicos no pudieron. Los antiguos griegos eran increíblemente inteligentes y entendían más de lo que muchos individuos modernos les dan crédito. Aún así, no tenían forma de saber cómo funcionaba la mente. Como tal, muchos filósofos tenían creencias sobre el pensamiento humano que podrían chocar con la ciencia moderna.

Una área de controversia es la cuestión del "libre albedrío." Los filósofos han debatido durante mucho tiempo que los humanos pueden lograr un control total sobre su mente simplemente por la fuerza del pensamiento. La idea era que había una mente o espíritu inmaterial que reinaba sobre el cuerpo físico, operándolo fuera de la cadena normal de causa y efecto que rige la mayor parte del reino físico.

Esta creencia tiene sentido intuitivo. La mayoría de las personas sienten que están en completo control. Pero siglos de estudios científicos nos han mostrado un lado diferente del pensamiento humano.

La Importancia de la Química Cerebral

Una de las preguntas más desconcertantes que los humanos han tenido que hacerse es cómo los pensamientos que pensamos y las emociones que sentimos están conectados a nuestros cuerpos físicos. Una vez hubo un tiempo en que la gente creía que los pensamientos eran completamente inmateriales, totalmente desconectados de nuestras formas físicas. Pero a medida que hemos podido investigar más de cerca el cerebro humano, hemos sido testigos de conexiones sorprendentes.

Por un lado, parece que las alteraciones realizadas en el cerebro pueden afectar la forma en que las personas piensan y sienten. Uno de los ejemplos más convincentes del impacto que la fisiología cerebral tiene en la elección y personalidad humanas es el caso de Phineas Gage.

Gage era un trabajador de construcción de ferrocarriles en el siglo XIX. Según todos los informes, era un individuo educado y agradable hasta el día en que una explosión lanzó una varilla de hierro por el aire y le dio en la cabeza a Gage. Por todas las cuentas, el accidente debería haber sido mortal, pero Gage logró sobrevivir milagrosamente con el gran trozo de metal atascado en su cerebro (O'Driscoll).

Pero mientras el cuerpo de Gage sobrevivió al accidente, muchos cercanos a él sintieron que el Gage que conocían murió en el accidente. Phineas sufrió un cambio rápido en su personalidad. El hombre que antes era amable se volvió vulgar y grosero. El daño en su cerebro parecía convertirlo en una persona completamente diferente, y de repente la gente comenzó a pensar de manera diferente sobre el vínculo entre la fisiología y la identidad.

Aunque estudios adicionales han demostrado que algunas de

las afirmaciones más grandiosas sobre la transformación de Gage fueron exageradas, su historia es solo un ejemplo entre muchos donde los cambios en la composición cerebral han llevado a cambios marcados en el pensamiento, la toma de decisiones y la personalidad.

Tales revelaciones científicas recientes han llevado a los estoicos modernos a replantear algunas de las creencias antiguas en torno al pensamiento humano. Los estoicos antiguos creían que cualquier persona podía lograr un control total sobre su cerebro si seguía al pie de la letra las prescripciones estoicas. Hoy en día, las personas son más escépticas respecto a esta proposición, entendiendo que cada individuo tiene una composición cerebral única que podría predisponerlo en ciertas direcciones.

Esto significa que algunas personas pueden encontrar que el enfoque estoico les resulta fácil, mientras que a otras les costará especialmente lidiar con sus disposiciones naturales. Esto requiere un cuidadoso reexamen del pensamiento estoico, pero no ataca el núcleo del estoicismo. Quizás no todos puedan convertirse en un Sabio, pero eso no significa que la gente no pueda buscar progresar desde donde están.

Un cambio en la forma de pensar

Una manera en que la neurociencia moderna apoya el sistema estoico es la complejidad que ha revelado dentro de la mente humana. Las viejas creencias que sugerían que las mentes humanas eran relativamente simples y fáciles de controlar han sido reemplazadas por una comprensión más matizada de todo lo que se suma para crear la conciencia humana.

Algunas personas creen que las revelaciones modernas sobre la compleja red de factores que influye en nuestra toma de decisiones deshumaniza. Esto es comprensible, cuando te enseñan a creer que tienes el control total de cada pensamiento y acción, puede ser perturbador darse cuenta de que hay tantas cosas que moldean nuestras elecciones sin nuestro conocimiento consciente. Pero, ¿es esto deshumanizante?

Propondría que esta información implica revelar una nueva capa de lo que significa ser humano. El hecho de que no reconociéramos nuestra plena complejidad en el pasado no significa que hayamos sido criaturas simples que tenían un control total. Siempre hemos tenido mentes complejas y contradictorias, y la ciencia ahora nos permite entender las razones detrás de las luchas que han estado ocurriendo desde los días de los antiguos estoicos y hasta el amanecer de la humanidad.

Finalmente, el estoicismo nos recuerda a todos los peligros de reaccionar negativamente ante la realidad. Puede que no te guste el mundo, pero tus preferencias no reescribirán la realidad. Fingir que la química cerebral no existe no te dará un mayor control sobre tus pensamientos y acciones. Por el contrario, si no estás dispuesto a enfrentar los factores demasiado reales que dan forma a tu pensamiento, entonces en realidad te estás atando las manos a la espalda, limitando nuestras opciones en una época en la que nosotros, como humanos, estamos recibiendo la oportunidad de tomar el control de nuestro futuro.

Terapia Cognitivo-Conductual

Una área donde el estoicismo antiguo y la ciencia moderna están en notable alineación es la práctica de la terapia cognitivo-conductual, o TCC.

CBT es un enfoque terapéutico que busca ayudar a las

personas cambiando sus patrones de pensamiento. La idea es que los pensamientos que tenemos, las emociones que sentimos y la forma en que nos sentimos están todos interconectados, y que los cambios realizados en un eslabón de esta cadena pueden cambiar drásticamente todo el sistema.

Muchas personas terminan en un ciclo vicioso de descenso porque crean bucles de retroalimentación negativa. Piensan en pensamientos negativos, lo que les lleva a sentir emociones negativas, lo que lleva a acciones destructivas. A medida que la persona lidia con las consecuencias de sus malas decisiones, su autoimagen negativa se refuerza y el ciclo comienza de nuevo, solo que esta vez todo es aún más vicioso de lo que era antes.

Este tipo de comportamiento es demasiado común, y cualquiera que haya experimentado una espiral descendente puede entender cuán desesperada puede parecer la situación. Pero la Terapia Cognitiva Conductual y el Estoicismo ofrecen ambos una salida de este ciclo.

Ves, tanto la TCC como el Estoicismo proponen que un cambio holístico puede llevarse a cabo si las personas pueden tomar el control de sus pensamientos. De repente, la espiral se invierte, ya que los pensamientos positivos elevan la emoción y la acción y contrarrestan la antigua negatividad.

Este es solo el comienzo de las similitudes. El estoicismo y la TCC comparten una visión similar, un énfasis compartido en la acción y la priorización del pensamiento claro y racional. Al estudiar los paralelismos entre la filosofía y la terapia, puedes ver cómo las ideas antiguas están conduciendo a resultados sólidos en el mundo de la ciencia moderna.

La Importancia de la Acción

El estoicismo es una filosofía centrada en la acción y la TCC es un enfoque centrado en la acción para la terapia. Ambos creen que, para lograr un cambio real, este debe surgir desde dentro de la persona que desea crecer. Además, el cambio no provendrá solo del aprendizaje. La sabiduría es importante, pero nadie internaliza la información que aprende hasta que la pone en práctica.

Mientras que tanto el estoicismo como la TCC comienzan con cambios en la forma en que las personas piensan, la prueba definitiva del cambio se ve en la forma en que actúan. La gente siempre está lista para decir que ha aprendido su lección, pero luego, cuando se les pide poner en práctica su nuevo conocimiento, se desmoronan. Los estoicos entendían que aprender es un proceso que lleva tiempo. Ya sea que estés en terapia por un trastorno psicológico o simplemente buscando ganar más control sobre tu vida, hasta que los cambios comiencen a manifestarse en tus acciones, no verás el impacto completo de lo que has aprendido.

La Importancia del Pensamiento Claro

Otro vínculo entre la TCC y el Estoicismo es el énfasis en el pensamiento claro y cuidadoso. Todo tipo de problemas pueden surgir cuando no ves el mundo como es. Incluso las personas que están bendecidas con una mente libre de trastornos o problemas similares pueden desarrollar una visión distorsionada del mundo por muchas razones. La situación es más pronunciada cuando surgen problemas dentro de la estructura física del cerebro. Pero no importa cuán profundo sea el problema, la TCC ha demostrado que se pueden tomar medidas para corregir patrones de pensamiento.

Por supuesto, algunas personas tendrán más dificultades para lograr un pensamiento claro que otras. Esta es una área donde la ciencia moderna corrige a algunos de los pensadores antiguos. En otro tiempo, la gente culpaba a las personas con trastornos mentales por sus problemas. Pensaban que si esas personas trabajaran más duro, serían como todos los demás. La ciencia nos ha demostrado que este no es el caso.

La delicada química cerebral dentro de cada uno de nosotros puede salirse fácilmente de control. Por eso, casi todos confesarán que están luchando con sus propios problemas si logras que se abran. Algunos de estos problemas son más graves que otros, pero todos podríamos usar ayuda para liberarnos de nuestras trampas mentales y ver con mayor claridad. El estoicismo describió todo esto hace tantos años, y hoy en día la TCC ofrece a las personas un camino concreto hacia un pensamiento más claro.

Combinando Terapia y Filosofía

Los seres humanos son criaturas complejas. Rara vez estamos satisfechos con soluciones unidimensionales. Anhelamos tanto la razón como la emoción. Esta es la razón por la cual la combinación de la TCC y el Estoicismo puede ser una combinación poderosa.

Muchas personas pueden apreciar la ciencia de la TCC y el pedigree intelectual que casi cualquier practicante aporta. Pero las personas aún pueden sentirse deseosas de más. La mayoría de las personas anhelan ser parte de algo más grande que ellas mismas, algo que puede ayudarlas a conectarse con una gran tradición. Esta es una de las razones por las que la creencia religiosa y el patriotismo son fuerzas tan poderosas, ya que unen a las personas como parte de una tradición que se remonta al pasado.

El estoicismo es un sistema de creencias secular que puede ofrecer a las personas la historia y la belleza que anhelan. Es una filosofía de dos mil años de antigüedad que está respaldada por algunos de los escritos más bellos y conmovedores jamás producidos por la filosofía occidental. Combina el intelectualismo y el romanticismo en un paquete que sigue atrayendo a las personas miles de años después de que su fundador falleciera.

Cuando el poder emocional del Estoicismo se combina con el atractivo científico de la TCC, pueden ocurrir cosas maravillosas. Pero más allá del nivel práctico, también sirve como un recordatorio de lo asombrosos que fueron esos estoicos originales. Incluso con todos los avances en conocimiento que han ocurrido desde los días de la antigua Grecia, todavía estamos utilizando su sabiduría para iluminar nuestro camino hacia adelante.

Trabajando con la Química Única de tu Cerebro

Los antiguos estoicos tenían cierta comprensión de la variedad que existía entre los seres humanos, pero no podían haber conocido la naturaleza arraigada de estas diferencias. La idea de que podríamos tener un software bioquímico como el ADN guiando nuestras acciones o reacciones electroquímicas complejas en nuestro cerebro moldeando nuestros pensamientos estaba muy por encima de su capacidad para descubrir.

Esto no significa que los aprendices modernos deban desechar el trabajo de los antiguos. Un estudio cuidadoso de las obras estoicas fundamentales revela que, aunque los escritores pueden no haber sabido lo que ahora sabemos sobre la composición física de la mente humana, todavía produjeron ideas y teorías que se alinean notablemente bien con los últimos avances científicos.

En 2015, un consejero llamado Ian Guthrie llevó a sus pacientes a través de una discusión sobre las Meditaciones de Marco Aurelio. Descubrió que, aunque sus pacientes estaban "seriamente y persistentemente enfermos mentales", sus pacientes se beneficiaron de una discusión guiada sobre el tema. (Guthrie 2015)

Esto demuestra que todo tipo de personas puede beneficiarse de estudiar y practicar el estoicismo. Puedes sentir que las circunstancias de tu nacimiento o las situaciones negativas que has experimentado a lo largo de tu vida te pueden frenar, pero nada de esto significa que no puedas obtener un mayor entendimiento de ti mismo y un mayor control sobre tu mente a través del estudio del estoicismo. Ciertamente, algunas personas son más privilegiadas que otras, pero todos pueden beneficiarse si se comprometen a seguir la sabiduría transmitida por los antiguos estoicos.

Una Palabra de Precaución

En este punto, vale la pena reiterar que este no es un libro médico. Aunque algunas personas informan que practicar comportamientos y pensamientos estoicos ha mejorado su calidad de vida, eso no significa que esta filosofía o cualquier otra sea un sustituto del tratamiento médico. Si tienes problemas de salud física o mental, entonces tu primera prioridad debería ser ver a un profesional médico capacitado que pueda ayudarte a controlar tu situación.

Mientras que los estoicos modernos no se ponen de acuerdo en muchas cosas, hay un área en la que existe un amplio consenso: que el verdadero estoicismo debe estar en consonancia con los últimos descubrimientos científicos. Los antiguos estoicos fueron capaces de desarrollar muchas ideas increíbles sobre la naturaleza de la mente humana mucho antes de la creación del método científico moderno, pero eso no es razón para dar más credibilidad a sus palabras que a los últimos descubrimientos de científicos y profesionales médicos.

Ciencia y Estoicismo: Trabajando Juntos

El estoicismo se trata de mejorar tu mente, y todos podemos estar agradecidos de que la ciencia nos ha dado increíbles conocimientos sobre cómo funciona la mente, cómo puede fallar y cómo podemos mejorarla a través de una amplia gama de enfoques. La terapia, la medicación, el ejercicio y muchas otras opciones pueden usarse para mejorar tu salud mental y permitirte tomar el control de tu vida.

Nunca deberías sentir que tienes que elegir entre el estoicismo y los tratamientos propuestos por profesionales médicos capacitados. Los estoicos modernos son abrumadoramente pro-ciencia y están constantemente trabajando para integrar los últimos descubrimientos en su entendimiento del estoicismo. Cuando la ciencia y la filosofía trabajan juntas, pueden ocurrir cosas increíbles; nunca te sientas como si tuvieras que elegir entre una u otra en tu búsqueda de una vida más feliz y saludable.

Conclusión Práctica

El pensamiento es una de esas cosas que viene tan naturalmente que simplemente lo damos por sentado. Pero si deseas tomar el control de tus pensamientos, entonces es útil tomarte un tiempo para examinar cómo piensas.

Para este ejercicio, necesitarás encontrar un lugar tranquilo y pacífico.

Una vez que tengas un área para ti y unos minutos libres,

puedes utilizar la meditación para examinar el funcionamiento interno de tu mente.

Cierra los ojos, respira lentamente y cuenta lentamente hacia atrás desde diez con cada exhalación. Una vez que llegues a uno, simplemente sigue repitiendo ese número. Esto ayudará a aquietar tu monólogo interno consciente.

Tómate el tiempo para estar en el momento y observa cómo reacciona tu mente. Observa cómo los pensamientos entran en tu mente. Siente cómo reacciona tu cuerpo ante la paz y el silencio.

Muchos de nosotros pasamos nuestros días con los pensamientos corriendo constantemente por nuestra mente, pero nunca examinamos realmente cómo nos llegan estos pensamientos. Este tipo de meditación no solo es una buena manera de calmarse y tomar un descanso del caos de la vida moderna, sino que también te proporcionará una comprensión más profunda de cómo funciona tu mente.

Capítulo 9: Aceptando lo Inaceptable

No importa lo que soportes, sino cómo lo soportas.

—Séneca

A lo largo de este libro, hemos examinado los principios más fundamentales del estoicismo y cómo puedes utilizar estos principios para navegar por las altibajos de tu vida diaria. Pero, ¿qué sucede cuando enfrentas luchas que van más allá de lo ordinario?

Nadie en esta tierra puede vivir una vida libre de tragedia. Por eso, cualquier filosofía debe luchar con las verdaderas profundidades del sufrimiento humano. Cualquiera puede idear una manera de dar sentido a una vida fácil; se necesita una verdadera sabiduría para encontrar un camino a seguir cuando el sufrimiento se vuelve tan profundo que sentimos que estamos impulsados a la desesperación.

Enfrentando el dolor y el sufrimiento

A lo largo de este libro hemos llegado una y otra vez a las diferentes maneras en que los estoicos manejaron el dolor, la decepción y otras formas de sufrimiento. Pero hasta ahora, principalmente hemos considerado el tipo de problemas que nos causan molestias pero no nos estremecen hasta el fondo.

¿Qué sucede cuando un estoico siente el tipo de dolor que podría destruir a una persona?

Es una cosa buscar oportunidades en los pequeños contratiempos que sufrimos cada día, pero ¿qué pasa con las verdaderas instancias de tragedia? A veces puede parecer que nuestras filosofías se desmoronan cuando enfrentamos el sufrimiento a gran escala. Cuando el dolor nos desgarra y parece que nadie más ha sufrido tanto, toda la sabiduría del mundo puede sonar vacía.

No Estás Solo

Lo primero que hay que entender es que, no importa por lo que estés pasando, no eres la primera persona en sufrir como lo haces. Tu situación puede ser única, pero el dolor y el sufrimiento son tan antiguos como la humanidad.

Por esto, buscamos la sabiduría de los ancianos en estos temas. Todo se siente nuevo cuando lo experimentamos nosotros mismos, pero la verdad es que las mismas emociones se han manifestado una y otra vez durante generaciones incontables. Una de las cosas que une a la humanidad es nuestro sufrimiento compartido.

Lo siguiente que hay que entender es que, aunque algunas formas de dolor pueden sentirse tan extraordinarias que los consejos normales no son válidos, el hecho es que estas son las situaciones en las que es absolutamente crucial que nos aferremos a cualquier sabiduría que tengamos. Cuando la primera oleada de dolor te golpea, puede parecer que nunca puedes recuperarte, pero el hecho de que te sientas así no significa que sea cierto. Aún puedes practicar el estoicismo y negarte a reflexionar sobre lo que has experimentado. Puede que te requiera cada onza de fuerza que puedas extraer de cada fibra de tu ser, pero si puedes hacerlo, entonces puedes detener la hemorragia y prevenir que la situación se convierta en algo peor de lo que tiene que ser.

Este tipo de dolor y sufrimiento es la razón por la cual es tan valioso practicar el Estoicismo en todo lo que haces. No quieres tener que aprender el arte de la aceptación mientras lidias con algo que parece evidentemente inaceptable. Necesitas empezar con pequeñas cosas y crear un hábito de aceptación que pueda crecer con el tiempo hasta que un día te lleve a través de momentos de dolor y conflicto.

Nunca es demasiado pronto para prepararse para el dolor

Si estás pasando por un período relativamente positivo en tu vida, es posible que sientas que puedes pasar por alto todo esto. Cuando la vida va bien, la mente humana tiende a asumir que las cosas continuarán yendo bien para siempre. Pero la realidad es que toda vida tiene altibajos. Todos experimentan buenos y malos momentos. Si estás viviendo un buen período ahora mismo, entonces una de las mejores cosas que puedes hacer es prepararte para cuando tu fortuna cambie.

“Es en tiempos de seguridad cuando el espíritu debe prepararse para tiempos difíciles; mientras la fortuna le otorgue favores, entonces es el momento de fortalecerse contra sus reveses.”-Seneca

Nadie disfruta de la adversidad. Pero aquellos que están acostumbrados a la adversidad están mucho mejor preparados para manejarla que aquellos que nunca la han experimentado. Es por eso que las personas nacidas en la pobreza no son tan propensas a ser destruidas por ella como aquellas que nacieron en la riqueza y luego cayeron en desgracia por el destino.

La buena noticia es que en realidad no tienes que hacerte daño para prepararte para el dolor que podría venir en el futuro. Puedes comenzar a prepararte a través de la práctica estoica de la visualización. Imagina que las cosas salen mal. Pero no te detengas ahí. Imagina lo que podrías hacer si tu fortuna cambiara. Piensa en cómo podrías convertir la adversidad en oportunidad.

Ves, si solo visualizas el dolor, es probable que solo te deprimas. Pero si superas el dolor, puedes recordar la verdad esencial del estoicismo, que cada momento es una oportunidad para desarrollar tu virtud.

Esto puede que no redima el sufrimiento a tus ojos ni explique por qué tienes que pasar por ello. Pero el estoicismo no se trata de explicar por qué suceden las cosas. Los estoicos no preguntan por qué el destino nos reparte las cartas que reparte; los estoicos simplemente aceptan lo que se les da y hacen lo mejor de la situación.

Procesando el duelo

De todos los tipos de dolor que la humanidad se ve obligada a soportar, ninguno es más temible que el duelo. El duelo es el dragón que derriba incluso los corazones más poderosos.

Es difícil poner en palabras la enormidad del duelo, pero eso no significa que esté más allá de ti. El duelo es algo que casi nadie puede comprender, y sin embargo, todos deben aprender a lidiar con ello en algún momento de su vida.

Incluso si no puedes imaginar cómo el estoicismo puede

ayudarte a lidiar con el duelo, debes confiar en que puede. Tienes el poder dentro de ti, y si puedes practicar la sabiduría del Sabio, puedes superar cualquier obstáculo.

Para obtener instrucciones sobre cómo manejar el duelo, podemos mirar a Séneca.

"La naturaleza exige de nosotros algún dolor, mientras que más que esto es el resultado de la vanidad. Pero nunca te pediré que no llores en absoluto. ... Deja que fluyan tus lágrimas, pero que también cesen, deja que los suspiros más profundos salgan de tu pecho, pero que también encuentren un final."

Lo primero que hay que recordar es que un estoico no es alguien que no siente dolor. Si sientes dolor tras una gran pérdida, no significa que no seas un estoico, simplemente significa que eres humano.

Lo que separa a los estoicos de los demás es cómo procesan el dolor.

No importa cuán malo se sienta el dolor, necesitas practicar el arte estoico de pensar de manera clara y racional. Debes ser capaz de dar un paso atrás y darte cuenta de que, aunque sientas que el dolor durará para siempre, la realidad es que todo en esta vida es impermanente. Esto también pasará.

Puede parecer que el dolor nunca se irá, pero la verdad es que se atenuará con el tiempo. Puede que nunca desaparezca por completo, pero no siempre te amenazará con devorarte por completo. Esto es lo que debes recordar y en lo que debes hallar consuelo.

Finalmente, recuerda que el estoicismo enseña que podemos tomar control de nuestras emociones y redirigirlas. Puedes tomar las emociones negativas y moverlas en una dirección más saludable. Puedes pasar tus días reflexionando sobre el dolor que sientes después de perder a alguien, o puedes pensar en lo afortunado que eres de haber podido experimentar la vida con ellos mientras estaban contigo.

Nunca hay una sola cosa que debamos sentir. Siempre tenemos una elección que podemos hacer. Revolcarse en el dolor es algo que tienes que elegir. También puedes elegir levantarte de tu tristeza y avanzar hacia algo más constructivo. No es fácil y no sucede rápidamente, pero cuanto antes empieces a moverte, antes alcanzarás tu destino.

Luchando con Grandes Preguntas

Una vez más, en esta etapa vale la pena reconocer las limitaciones del estoicismo. Si bien el estoicismo tiene las respuestas a muchas de las preguntas apremiantes de la vida, hay otras áreas donde las cosas quedan abiertas a interpretación.

¿Cuál es el significado último de la vida? ¿Hay un Dios? ¿Sucede algo con nosotros después de morir?

Estas son todas preguntas profundas, significativas y muy personales de las que el estoicismo moderno se aparta.

Algunos de ustedes pueden sentir que esto es una excusa, pero la verdad es que proviene de un lugar de humildad intelectual. Hay estoicos modernos que pertenecen a cada sistema de creencias imaginable, religioso o no. Cada uno encuentra una forma de reconciliar el pensamiento estoico con sus convicciones personales para que puedan entender el mundo que les rodea y sobrellevar los altibajos de cada día.

Al final, el estoicismo no se trata de responder a cada

pregunta. Se trata de cómo te abres camino en la vida. Las preguntas que van más allá de esto también están fuera del alcance de este libro.

Soltar

Lo único que el estoicismo nos dice claramente en esta área es que la aceptación es clave. Esta es una de esas áreas donde la aceptación es increíblemente difícil, pero por eso es tan importante. Nadie quiere aceptar o reconocer la pérdida, pero es un paso que debe ser dado antes de que el proceso de sanación pueda comenzar.

Nada en el estoicismo puede quitar la punzada del dolor, pero si practicas la aceptación estoica, puede que encuentres que estás mejor preparado para aceptar incluso las verdades más agonizantes cuando llegue el momento. Aceptar es como cualquier otra habilidad, la práctica hace al maestro. Cuanto antes comiences a enfrentarte a la realidad en toda su fealdad y gloria, mejor preparado estarás para los peores golpes que la vida pueda lanzarte.

El dolor de la pérdida permanecerá mientras sigas aferrándote a él. El estoicismo nos enseña que todo dolor se puede eliminar si nos convencemos de soltarlo. Nunca es fácil, pero es lo correcto. Hasta que no dejes ir, no puedes avanzar.

Interacción con los demás

Si te comprometes plenamente a practicar el estoicismo, serás testigo de cómo ciertas transformaciones ocurren en tu vida. Con el tiempo, tu forma de ver el mundo cambiará, así como la manera en que piensas y sientes. A medida que pasa el tiempo y asimilas más y más el pensamiento estoico, puede que descubras que los demás te miran de manera diferente, con algunos conocidos preguntándose si eres la misma persona que una vez conocieron.

Una cosa que los estoicos comprometidos se dan cuenta es que puede parecer que hay un abismo entre ellos y la persona promedio, un abismo que se amplía con el tiempo. La realidad es que la mayoría de las personas no son estoicos. Aunque la sabiduría estoica podría beneficiar a todos, la mayoría de las personas nunca abrazará esta filosofía.

Con esto en mente, vale la pena considerar cómo deben actuar los estoicos alrededor de los no estoicos. Si quieres vivir una vida productiva y placentera, necesitas pensar con cuidado y actuar de manera reflexiva.

Viviendo en un mundo lleno de no estoicos

El estoicismo se trata de aceptación, y una cosa que cada estoico necesita aceptar es que no todos comparten sus creencias. Tal vez el mundo sería un lugar mejor si todos fueran estoicos, pero es probable que un mundo así nunca llegue a existir.

Esto significa que como estoico debes entender que no todos pensarán como tú o compartirán tus valores.

Por ejemplo, tu lema personal podría ser "memento mori" y podrías descubrir que los recordatorios constantes de tu propia mortalidad son una buena manera de fomentar la productividad y una vida significativa. Esto no significa que aquellos a tu alrededor aprecien ser recordados de que algún día van a morir.

Siempre que alguien es introducido a un nuevo sistema de creencias que le habla de una manera profunda y significativa, su primer impulso suele ser compartir su nueva sabiduría con todos los que puede. Este es un impulso natural y comprensible, pero también puede ser peligroso.

Empatía Estoica

Una forma en que el estoicismo puede ayudarte a lidiar con quienes te rodean es la empatía que puede ayudarte a desarrollar. Una vez que te comprometas en serio a trabajar para abordar tus propias deficiencias y debilidades, podrás apreciar las luchas que otras personas están enfrentando. Profundizar dentro de ti mismo revelará las causas raíz del mal comportamiento, y una vez que entiendas esto en ti, podrás verlo en los demás.

De repente, podrás observar cómo alguien te insulta o te interrumpe sin ser insultado de la manera en que lo eras antes. Esto se debe a que entiendes que este tipo de comportamiento no suele ser sobre ti, es un reflejo de las luchas internas con las que esa otra persona está lidiando.

Finalmente, cuanto más practiques el estoicismo, mejor preparado estarás para mantener la calma ante circunstancias negativas.

Practicando la Humildad Estoica

Quiero que consideres una vez más la idea de que debemos aceptar el destino. El estoicismo nos invita a aceptar el destino porque hay tanto en esta vida que está más allá de nuestro control. Luego pasamos de la aceptación del destino a enfocarnos en tomar el control de nuestros pensamientos, emociones y acciones.

Pero, ¿qué pasa si pensamos más en el destino? Considera cuánto hay más allá de tu control. El universo es un lugar gigantesco y solo tienes control sobre tu cuerpo y algunas de las cosas con las que entra en contacto.

Entendido correctamente, el estoicismo es increíblemente humillante. Incluso un gran emperador como Marco Aurelio llegó a entender sus limitaciones a través del estoicismo. Otros emperadores se veían a sí mismos como deidades, pero Marco entendió que en realidad no era diferente a ningún otro hombre.

El estoico entiende que nuestro control es extremadamente limitado, pero aún así somos increíblemente afortunados de estar bendecidos con lo que tenemos. La vida puede estar llena de luchas, pero también es demasiado breve. Por eso debemos aprovechar al máximo cada momento que tenemos en este planeta.

Conclusión Práctica

Toda la vida es temporal. Este es un hecho doloroso de la vida. Aun así, es una de las cosas que hace que la vida sea tan valiosa. El hecho de que aquellos más cercanos a nosotros no estarán con nosotros para siempre debería recordarnos que debemos atesorar nuestro tiempo con ellos mientras estén aquí.

Saca un trozo de papel y un utensilio de escritura. Piensa en alguien que te importa. Date cuenta de que no estarán contigo para siempre.

Ahora escribe un mensaje para ellos. Hazles saber cuánto significan para ti.

Puedes entregarles la carta, decirles el mensaje de tu propia boca, o mantener el mensaje en privado. La elección es únicamente tuya.

Algunas prácticas estoicas pueden parecer mórbidas a primera vista, pero si las entiendes en su contexto adecuado, verás que son afirmativas de la vida. Tantas palabras quedan sin decir porque la gente opera bajo la suposición de que siempre habrá otro día, otra oportunidad para encontrarse. La verdad es que la vida pasa volando, así que necesitas aprovechar cada oportunidad que se te presente.

No vivas en el arrepentimiento, haz que las personas sepan cómo te sientes acerca de ellas antes de que sea demasiado tarde.

Capítulo 10: El estoicismo en la práctica

Mientras esperamos la vida, la vida pasa.

—Séneca

Entender los fundamentos filosóficos puede ayudarte a reorientar tu forma de pensar, pero si quieres ver un cambio real en tu vida, entonces necesitas tomar acción práctica. La palabra acción aquí no tiene el mismo significado que en frases como "película de acción"; en su lugar, se refiere a

Recuerda, el estoicismo no es solo una forma de pensar sobre la vida. El estoicismo es una forma de vivir la vida. Si pasas todo el día leyendo las grandes obras de la literatura estoica, pero nunca pones en práctica nada de lo que has leído, entonces no estarás mejor que alguien que nunca ha oído la palabra antes.

En este capítulo, examinaremos algunos de los pasos más prácticos que puedes tomar para desarrollar tus habilidades estoicas. Aprenderás a tomarte tiempo para reflexionar, a vivir con la incomodidad y a practicar el impulso hacia adelante. Estos pasos pueden asegurar que logres resultados reales en tu camino estoico.

Separar Entrada y Acción

Cada programa de computadora se basa en una larga cadena de entradas y acciones. Un cálculo lleva a otro hasta que se logra un resultado. Cada vez que ejecutas un programa de computadora o abres una aplicación en tu teléfono, se realizan innumerables ecuaciones matemáticas para producir todo lo que ves desarrollarse en la pantalla frente a ti.

La mente humana a menudo se compara con una computadora, pero lo asombroso es que poseemos la capacidad de reprogramar nuestro propio software. Al pensar cuidadosamente sobre la forma en que funciona nuestra mente, observar nuestra mente en acción y entrenarnos activamente, podemos usar nuestras mentes para transformar nuestras mentes.

Pero lo que realmente separa al hombre de la máquina es el valor del pensamiento rápido. Mientras que las reacciones rápidas son esenciales en la computación, si los humanos piensan demasiado rápido, pueden meterse en muchos problemas.

La sabiduría llega cuando eres capaz de reflexionar sobre las cosas antes de actuar.

"Entre el estímulo y la respuesta, hay un espacio. En ese espacio está nuestro poder para elegir nuestra respuesta."

-Viktor Frankl

En nuestro estado natural, la brecha entre la entrada y la

acción es casi inexistente. Cualquiera que haya criado a un niño sabe con qué frecuencia actúan sin ninguna reflexión previa. Solo a través de la educación, la experiencia personal y el paso del tiempo las personas desarrollan la capacidad de realmente pensar en nuestras elecciones.

Pero no todos desarrollan su pensamiento de igual manera. La mayoría de las personas aprenden suficiente moderación para evitar ingerir productos de limpieza venenosos solo porque se parecen a dulces. Pero, ¿cuántas personas llenan sin pensar sus cuerpos con comida que saben que les está envenenando de maneras más sutiles?

El hecho es que todos podrían ampliar el tiempo entre la entrada y la acción en sus vidas. Es valioso pensar en tu mente como un músculo. Si quieres poder sostener un peso pesado durante mucho tiempo, entonces necesitas practicar levantando pesos cada vez más pesados hasta que tus músculos se fortalezcan lo suficiente para la tarea en cuestión. Lo mismo ocurre con tus músculos mentales. Al practicar la paciencia, la moderación y la previsión en cada oportunidad que tengas, puedes desarrollar esta capacidad.

Es importante recordar que, al igual que con el desarrollo de la fuerza física, puede llevar mucho tiempo desarrollar la fuerza mental. Puede que tengas que trabajar durante años solo para ganar unos pocos segundos entre la acción y la reacción. Aun así, cualquier atleta de clase mundial te dirá que a veces un segundo es la diferencia entre perder la carrera y romper un récord mundial. Nunca subestimes el poder de las ligeras ventajas que puedes obtener sobre tu competencia.

También debes recordar que simplemente leer este libro no hará nada para convertirte en una persona más paciente y reflexiva, así como leer un libro sobre levantamiento de pesas no te hará una persona físicamente más fuerte. Si quieres ver resultados reales, entonces necesitas poner en práctica los principios de este libro.

Si puedes convencerte de practicar realmente la paciencia y poner más pensamiento en cada acción, entonces puedes lograr cosas increíbles. El mundo está lleno de personas que actúan sin pensar, cada poco de autocontrol que puedas reunir te ayudará a destacarte de la multitud. Compruébalo por ti mismo.

Abrazando la incomodidad/Practicando la desgracia

Los seres humanos temen muchas cosas, pero uno de los impulsos más poderosos detrás de todo comportamiento humano es el miedo a la pérdida. Tenemos un miedo mortal a perder lo que tenemos. A veces, este impulso produce resultados positivos, pero más a menudo de lo que pensamos, todo lo que hace es crear estrés y dolor sin prepararnos para la pérdida real.

Los estoicos entendieron esto. Vieron cuántas personas vivían vidas de miedo porque se habían acostumbrado a una cierta calidad de vida y no podían imaginar vivir si perdieran su riqueza y privilegio.

Séneca fue uno de estos filósofos. Vio el miedo que dominaba a quienes lo rodeaban y lo reconoció en sí mismo. Como estoico, sabía que necesitaba encontrar una manera de enfrentar este problema. La solución que ideó fue impactante, pero innegablemente poderosa.

"Dedica un número determinado de días durante los cuales estarás contento con la alimentación más escasa y barata, con un vestido tosco y áspero, diciéndote a ti mismo mientras tanto: '¿Es esta la condición que temía?'"

Palabras radicales. Palabras que son más fáciles de decir que de hacer. Pero según el registro histórico, Séneca practicaba lo que predicaba. De vez en cuando, dejaba atrás la seguridad y la estabilidad de su vida normal y salía a las calles para vivir como la clase baja romana pobre y sufriente.

Algunos pueden sentirse ofendidos por esta idea, llamándola "turismo de la pobreza". Pueden, con razón, señalar que hay una gran diferencia entre dormir en la calle por una noche sabiendo que tienes un hogar al que regresar por la mañana y vivir con el dolor y la incertidumbre constantes de la falta de hogar crónica. Pero estos argumentos se desvían del punto.

Séneca no estaba tratando de sugerir que las personas pobres no tienen nada de qué quejarse o de mostrar el hecho de que podía hacer cualquier cosa que pudiera hacer. Como estoico, no estaba interesado en probarse a sí mismo ante los demás, estaba concentrado en cultivar su propia mente. Descubrió sus propios miedos respecto a la privación y decidió enfrentarlos de frente.

Seguir el estoicismo no significa que debas renunciar a todas tus comodidades mundanas y vivir una vida de pobreza y privación. El estoicismo trata de reconocer que, si por alguna razón te vierassumergido en una vida de pobreza y privación, podrías sobrevivir. Más allá de eso, se trata de cultivar tus virtudes personales para que incluso puedas prosperar en tales circunstancias extremas.

Cómo Practicar la Incomodidad

Tómate un minuto para pensar en las cosas en este mundo de las que no puedes vivir sin. Ahora reduce esa lista a cosas que moralmente podrías permitirte renunciar. No deberías abandonar a tu familia solo para intentar construir tu propio carácter.

Si eres como la mayoría de las personas, tendrás una lista de cosas que son agradables de tener pero que, en última instancia, son innecesarias. Teléfonos inteligentes, televisores, bebidas caras, ropa de marca, y así sucesivamente. Profundiza lo más que puedas, puede que te sorprenda descubrir cuántos lujos disfrutas como alguien que vive en el mundo moderno.

Ahora mira esa lista e imagina la vida sin cada elemento. Presta atención a cómo reacciona tu cuerpo. ¿Hay algo que tenga tal control sobre ti que tu corazón empiece a latir más rápido solo al pensar en un día sin ello? Cuanto más miedo tengas de vivir sin algo, más valioso sería intentar vivir sin ello.

Ya puedo decir que muchos de ustedes que están leyendo esto ya están poniendo excusas. Dirán que necesitan este dispositivo para su trabajo, o que si no se visten de la manera correcta podrían perderse alguna oportunidad, y así sucesivamente. ¡Y sus objeciones podrían ser lógicas! Pero deben saber que la mente humana tiene un miedo mortal a la pérdida y hará todo lo posible por aferrarse a lo que tiene. Por eso necesitan preguntarse si realmente están actuando en su propio interés o si están permitiendo que el miedo les controle.

Con la mayoría de las cosas en tu lista, puede ser útil recordar que hubo un tiempo en el que no tenías tus lujos actuales. Si eres más joven, puede que tengas que pensar en cuando eras niño para recordar los días antes de que siempre tuvieras un teléfono inteligente contigo, pero incluso si tienes que retroceder hasta la infancia, aún demuestra que en un tiempo podías vivir sin una conexión constante a Internet. También vale la pena recordar que muchos de los mayores milagros de la historia fueron logrados por personas que carecían de nuestros lujos modernos, ¡o incluso de nuestras necesidades modernas!

¿Significa esto que tienes que renunciar a todo y perderte en el bosque? En absoluto. Como hemos hablado al discutir la fuerza de voluntad, el desarrollo humano lleva tiempo. Y aunque algunas personas pueden permitirse renunciar a todo y dejarse llevar por la vida, la mayoría de nosotros no tenemos el privilegio o la constitución para un cambio tan radical.

Lo que todos podemos hacer es realizar pequeños pero significativos cambios que nos recuerden lo que realmente necesitamos en esta vida.

Tal vez tu trabajo significa que necesitas estar disponible en todo momento. Está bien, pero ¿eso significa que necesitas todos los juegos modernos y gadgets integrados en tu último smartphone? ¿Podrías mantenerte en contacto con el trabajo usando un teléfono plegable o incluso un buscapersonas?

También podemos mirar a Séneca como un ejemplo de cómo podríamos practicar la incomodidad. Llevó una vida normal la mayor parte del año, sacrificando solo un día al mes como recordatorio de lo que era posible. Tal vez no te sientas cómodo viviendo la vida en el escalón más bajo de la sociedad ni siquiera por un día, pero aún podrías dedicar un día al mes a vivir con lo menos posible.

Cuando la mayoría de las personas piensa en renunciar a lujos, se enfocan en cómo su vida estará limitada. Imágenes de lo que no podrán hacer pasan ante sus ojos. Cuando tus días están llenos de entretenimiento moderno, es fácil pensar que no tendrás nada que hacer si lo dejas.

Pero una cosa curiosa suele suceder cuando las personas renuncian a los lujos modernos, se dan cuenta de que no son todo lo que se dice de ellos.

Claro, el smartphone ha abierto un mundo de oportunidades increíbles. Pero también ha traído muchas consecuencias negativas imprevistas. Recuerda que el pensamiento estoico no se trata de etiquetar cosas como los smartphones como buenas o malas, se trata de verlas tal como son. Y lo que son es complicado y, al final, innecesario.

Si todos los teléfonos inteligentes del mundo desaparecieran mañana, la vida seguiría. Lo mismo ocurre con cualquier otro artículo de lujo que puedas imaginar. Recuerda que incluso los grandes emperadores de Roma vivieron sin electricidad, gasolina, internet o medicina moderna. Si las personas de entonces podían vivir sin cosas que razonablemente etiquetamos como esenciales, ¿cuán difícil sería realmente la vida si aprendemos a prescindir de cosas que todos consideramos lujos?

Enfrentando Tu Miedo

Algunos pueden ver todo este concepto como una forma de masoquismo o locura. Después de todo, ¿quién en su sano juicio se somete voluntariamente al dolor y la incomodidad?

Y sin embargo, todos vamos al médico para ponernos la vacuna contra la gripe a pesar de que no hay nada agradable en recibir una aguja clavada en nuestra piel.

Nadie recibe una inyección porque le guste recibir una inyección, las reciben porque saben que los preparará para lo que está por venir. Lo mismo ocurre con el estoico. No buscan el malestar porque amen el malestar, lo buscan porque saben que es un hecho de la vida. El malestar vendrá, la pregunta es si estarás preparado o no.

Movimiento Adelante Constante

El estoico busca el desarrollo constante. Aunque aceptan las cosas tal como son, saben que siempre pueden trabajar hacia algo más grande.

Esto es algo que casi cualquier aficionado moderno del estoicismo te dirá. Sin embargo, también puede ser engañoso. Debes recordar que los objetivos de un estoico no son los objetivos de la persona promedio.

La mayoría de las personas piensan que para mejorar su vida deben acumular continuamente una mayor riqueza material. Muchas personas piensan que a menos que estén constantemente sumando números, se están quedando atrás en la vida. El estoico rechaza todo esto.

El estoicismo se trata de entender que la vida tendrá altibajos. De hecho, es más que eso. Todo verdadero estoico recuerda que la vida terminará en muerte. Con esto en mente, reconocen la futilidad definitiva de la cinta de correr interminable en la que parece que gran parte de la sociedad está atrapada.

Así que, cuando el estoico habla de desarrollo y mejora constante, se refiere a trabajar en sí mismo. Se esfuerzan constantemente por entrenar sus pensamientos, agudizar su mente y fortalecer su alma. Esto se debe a que el estoico entiende que lo único que verdaderamente poseemos en este mundo somos nosotros mismos.

La Importancia de la Rutina

Regresemos a uno de los conceptos principales del estoicismo, la idea de vivir en sintonía con la naturaleza. Recuerda que no se trata de convertirte en un naturalista o un luddita, se trata de trabajar con la naturaleza en lugar de en contra de ella. Y la fuerza natural más importante con la que todos debemos vivir es la naturaleza humana.

Cada ser humano debe aprender a vivir con sus inclinaciones naturales. Prácticamente nadie vive una vida libre de la tentación de hacer cosas que están mal. Es tan tentador tomar malas decisiones, y las malas decisiones pueden convertirse rápidamente en malos hábitos.

Por eso vale la pena invertir el tiempo y la energía necesarios para desarrollar rutinas positivas. Es una ley del universo que el orden tiende a degradarse en desorden con el tiempo. Solo al insertar energía en el sistema puedes preservar el orden, y mucho menos construir algo más grande y grandioso. Si no estás dispuesto a invertir en una mejora constante, entonces tendrás que conformarte con un lento descenso hacia el olvido.

Por eso deberías establecer una vida llena de rutinas que te impulsen continuamente hacia una vida mejor. La idea es que puedes usar el poder del hábito para asegurarte de que te mantengas en el camino correcto incluso cuando tu fuerza de voluntad te falle.

Los estudios han demostrado que se necesita alrededor de dos meses en promedio para crear un nuevo hábito (Clear, 2018). Por eso, debes comenzar a integrar actividades inspiradas en el estoicismo en tu rutina lo antes posible. Cuanto antes empieces a practicar, más pronto te surgirán de manera natural.

Conclusión Práctica

No tienes que renunciar a todo lo que posees para tener una idea de cómo sería vivir sin ellos. Todo lo que necesitas es un poco de creatividad.

Saca tu papel y utensilio de escritura. Escribe todas las cosas sin las que sientes que no podrías vivir. Lee la lista hasta que la tengas en tu memoria.

Ahora cierra los ojos e imagina una vida sin nada en la lista. Piensa en las consecuencias y cómo las manejarías. Intenta proyectarte lo más lejos posible en el futuro.

Entonces, ¿cómo fue? ¿Te imaginaste colapsando y rindiéndote a la vida? ¿Te imaginaste muriendo? ¿O era posible que la vida continuara incluso sin todo lo que dependes y valoras?

El hecho es que estás hecho de cosas más fuertes de lo que podrías pensar. No necesitas todas las cosas que sientes que necesitas. Si estás dispuesto a intentar prescindir de estas cosas, entonces verás esto de primera mano. Sin embargo, también puedes aprender esta lección a través de la visualización. La elección es tuya.

Conclusión: Una Filosofía para la Vida

Ahí lo tienes. Ahora posees todas las herramientas básicas necesarias para empezar a transformar tu vida. Aún así, debes tener en cuenta lo que implica esta transformación.

La vida de un estoico no es una vida fácil. No es una vida perfecta, libre de dolor y contratiempos. No es la vida para aquellos que sueñan con el éxito de la noche a la mañana.

Lo que el estoicismo ofrece es una vida de mejora constante y gradual. Es una subida lenta y constante hacia la cima de la montaña que existe dentro del corazón humano.

Lo que descubrirás a medida que practiques el estoicismo es que gran parte del dolor y el sufrimiento experimentados en la vida no son obligatorios, sino que son autoinfligidos. No puedes controlar las malas cartas que el destino pueda ofrecerte, pero con una práctica cuidadosa puedes tomar el control de la forma en que tu mente reacciona a estas situaciones.

Una vez que aprendas a dejar de preocuparte por los aspectos negativos de las situaciones y comiences a buscar oportunidades para crecer como persona, puedes aumentar considerablemente tu calidad de vida, disminuir tu nivel de estrés y alcanzar una calma que quizás nunca pensaste que fuera posible.

Por supuesto, estos grandes cambios no sucederán de la noche a la mañana. Hay una gran brecha entre aceptar la proposición de que el sufrimiento puede ser trascendido y realmente poner esa idea en práctica. El estoicismo no es un tónico milagroso que te transformará de la noche a la mañana, es un estilo de vida que debe ser practicado y perfeccionado a lo largo de tu vida.

Esto puede parecer una propuesta desalentadora, pero debes recordar que este es el camino de toda verdadera superación personal. No hay soluciones milagrosas que eliminarán instantáneamente los obstáculos en tu camino. Las únicas personas que consistentemente se enriquecen con esquemas de "enriquecerse rápidamente" son aquellas que los venden a personas que no tienen paciencia. Los caminos probados y verdaderos hacia el éxito implican trabajo duro, compromiso y perseverancia.

Sin embargo, esto no significa que tengas que esperar meses o años para empezar a ver resultados. Si has leído detenidamente el libro y has tomado el conocimiento que contiene en serio, entonces ya deberías ver el mundo con nuevos ojos. Cuando cambias tu perspectiva de una de pesimismo y frustración a una de fe en oportunidades infinitas, entonces puedes ver cambios maravillosos ocurrir en tu vida.

El mundo está lleno de personas que sienten que la vida las ha derrotado. Miran a su alrededor y deciden que no tienen esperanza porque el mundo está en su contra. Muchas de estas personas están lidiando con un verdadero prejuicio que deben esforzarse por superar, pero muchas otras en realidad están luchando contra su propia actitud poco saludable. Y en ambos casos, la negatividad les impide alcanzar su máximo potencial.

Un tú más tranquilo, fresco y controlado es posible. Después de leer este libro, tienes todas las herramientas que necesitas para tomar el control de tu vida. La única pregunta es si harás lo que sea necesario para alcanzar tus metas.

www.ingramcontent.com/pod-product-compliance
Lightning Source LLC
Chambersburg PA
CBHW051522020426
42333CB00016B/1737

* 9 7 8 1 9 1 4 2 7 1 5 6 4 *